南京理工大学知识产权学院文库

当前江苏知识产权保护问题研究
——从知识产权大省到知识产权强省

董新凯 著

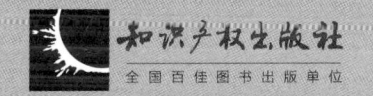

知识产权出版社
全国百佳图书出版单位

图书在版编目（CIP）数据

当前江苏知识产权保护问题研究：从知识产权大省到知识产权强省／董新凯著．—北京：知识产权出版社，2018.12

ISBN 978-7-5130-3259-9

Ⅰ.①当… Ⅱ.①董… Ⅲ.①知识产权保护—研究—江苏 Ⅳ.①D927.530.340.4

中国版本图书馆 CIP 数据核字（2018）第 289729 号

责任编辑：刘 睿 刘 江		责任校对：潘凤越	
文字编辑：刘 江		责任印制：刘译文	

当前江苏知识产权保护问题研究
——从知识产权大省到知识产权强省
DangQian JiangSu ZhiShiChanQuan BaoHu WenTi YanJiu

董新凯　著

出版发行：知识产权出版社 有限责任公司		网　址：http://www.ipph.cn	
社　　址：北京市海淀区气象路 50 号院		邮　编：100081	
责编电话：010-82000860 转 8344		责编邮箱：liujiang@cnipr.com	
发行电话：010-82000860 转 8101/8102		发行传真：010-82000893/82005070/82000270	
印　　刷：保定市中画美凯印刷有限公司		经　销：各大网上书店、新华书店及相关专业书店	
开　　本：720mm×960mm　1/16		印　张：18.5	
版　　次：2018 年 12 月第 1 版		印　次：2018 年 12 月第 1 次印刷	
字　　数：272 千字		定　价：72.00 元	
ISBN 978-7-5130-3259-9			

出版权专有　侵权必究

如有印装质量问题，本社负责调换。

谨以此书献给

为南京理工大学知识产权学院的建设作出贡献以及为之不懈奋斗的人们

研究支持单位：
江苏省知识产权发展研究中心
江苏省知识产权思想库
江苏省版权研究中心
江苏省商标品牌发展研究中心

出版资助项目：
中央高校基本科研业务费专项资金资助，No. 30916014111
中央高校基本科研业务费专项资金资助，No. 30918014113

前 言

江苏省自2009年颁布《江苏省知识产权战略纲要》以来,知识产权战略实施工作不断深入,知识产权工作体制机制不断创新,知识产权事业发展的制度保障、人才保障、资金保障、服务保障不断加强,知识产权创造、知识产权运用、知识产权管理和知识产权保护工作全面快速推进,知识产权示范试点城市建设、知识产权强县工程建设、知识产权示范园区建设、企业知识产权管理的标准化等标志性工作成就居于全国前列,多项核心知识产权指标多年位于全国首位,牢固确立了知识产权大省地位。为了实现知识产权事业发展的质的跨越,更加有力地支撑和引领经济社会的发展,江苏省委省政府出台了《关于加快建设知识产权强省的意见》,全面推进知识产权强省建设。

江苏省建设知识产权强省的战略行动是国家知识产权强国建设的重要组成部分。为了加快实现我国由知识产权大国到知识产权强国的转变,国务院发布了《关于新形势下加快知识产权强国建设的若干意见》,国家知识产权局将知识产权强省建设作为知识产权强国建设的重要支撑,在全国分类推进引领型知识产权强省、支撑型知识产权强省和特色型知识产权强省试点建设工作,江苏省因其扎实的知识产权工作基础和突出的知识产权发展成果而被遴选为首批引领型知识产权强省建设试点省份。

引领型知识产权强省对于知识产权保护工作有很高的要求,虽然自知识产权战略实施以来江苏省在知识产权保护方面取得了巨大的成就,但与引领型知识产权强省建设的目标定位相比,在知识产权保护体制机制、知识产权保护政策法规、知识产权保护条件保障、知识产权行政保护、知识产权司法保护、知识产权主体的自我保护以及知识产权社会保护等方面都还存在差距，在有些方面存在的问题还比较多。

对照江苏省建设引领型知识产权强省的要求，找出江苏在知识产权保护的各个环节及相关支撑条件方面存在的不足，分析其成因，研究和提出解决现实问题的主要对策，不仅有助于加快推进江苏省知识产权强省建设的进程，对于全国其他省、自治区、直辖市进行知识产权强省（市或者区）建设也能够提供较多有益的启示。

本书对于江苏省实践情况的分析聚焦于 2010 年以后的数据或者工作，特别是近些年江苏知识产权工作的新进展和新问题。力求问题的分析和对策的构建更具时效性，从而增强其参考价值。

目 录

第一章 引领型知识产权强省建设对知识产权保护的需求 （1）
第一节 引领型知识产权强省建设的目标及主要任务 （1）
第二节 知识产权保护与引领型知识产权强省建设的关系 （13）
第三节 引领型知识产权强省知识产权保护的应有水平 （26）

第二章 地方政策法规应对知识产权保护新要求的问题 （47）
第一节 江苏地方性知识产权政策法规的现状 （47）
第二节 现有地方性政策法规不适应知识产权保护需求的问题 （53）
第三节 提高地方性政策法规知识产权保护水平的对策 （61）

第三章 适应知识产权强化保护需求的体制机制创新问题 （74）
第一节 江苏当前知识产权管理的体制机制 （74）
第二节 影响江苏知识产权保护效果的体制机制因素 （90）
第三节 强化知识产权保护的体制机制创新对策 （103）

第四章 知识产权司法保护主导作用进一步彰显的问题 （115）
第一节 知识产权司法保护的主导地位 （115）
第二节 江苏当前知识产权司法保护状况 （123）
第三节 江苏知识产权司法保护存在的主要问题 （135）
第四节 提高江苏知识产权司法保护水平的对策 （147）

第五章　知识产权行政保护应有能量充分释放的问题 …………（159）

  第一节　知识产权行政保护的价值及其实现条件 …………（159）

  第二节　当前江苏专利权行政保护的问题与对策 …………（169）

  第三节　当前江苏商标品牌行政保护的问题与对策 ………（178）

  第四节　当前江苏版权行政保护的问题与对策 ……………（186）

  第五节　当前江苏其他知识产权行政保护的问题与对策 …（194）

第六章　市场主体知识产权自我保护能力亟待增强的问题 ………（200）

  第一节　当前市场主体的知识产权保护风险 ………………（200）

  第二节　江苏市场主体应对知识产权保护风险的能力问题 ………（209）

  第三节　江苏提升市场主体知识产权保护能力的对策 ……（225）

第七章　知识产权社会保护体系健全与优化的问题 ………………（238）

  第一节　知识产权社会保护体系及其价值 …………………（238）

  第二节　江苏当前知识产权社会保护体系的问题 …………（244）

  第三节　发挥江苏知识产权中介机构作用的对策 …………（254）

  第四节　发挥江苏行业组织知识产权保护作用的对策 ……（263）

参考文献 ……………………………………………………………（269）

后记 …………………………………………………………………（285）

第一章　引领型知识产权强省建设对知识产权保护的需求

第一节　引领型知识产权强省建设的目标及主要任务

当下，我国正在加快建设知识产权强国，而知识产权强国建设是以各个地方知识产权发展水平的大幅提高为基础的，特别是具有较强知识产权实力的省、自治区或者直辖市的支撑。因此，2015年10月国家知识产权局印发《加快推进知识产权强省建设工作方案（试行）》，在全国范围内大力推进知识产权强省建设，努力在2030年前形成布局合理、科学发展、支撑有力的知识产权强省建设战略格局，分类建设若干引领型、支撑型与特色型知识产权强省。江苏省被国家遴选为首批建设引领型知识产权强省的试点地区，加强知识产权保护工作也是建设引领型知识产权强省的重要要求。

一、引领型知识产权强省的界定

对于引领型知识产权强省的理解，主要是明确两个概念，即"知识产权强省"和"引领型"，下面分别进行阐述。

1. 知识产权强省之界定

自从有了"知识产权强省"这一概念以来，学者们对于这一用语的理解一直有着争议或者差异。要全面地把握好知识产权强省，对于知识产权强省的界定应从"静态意义"与"动态意义"两方面进行。[1]

就静态意义而言,这里的"强"字作形容词,是"强大"的意思。在此种意义下,知识产权强省应当包括五个方面的内涵。

第一,应建立在较好的知识产权绝对实力基础之上。知识产权强省应具有良好的知识产权创造、运用、保护、管理与服务能力,在核心知识产权的数量与质量上应有较为突出的成绩;特别是拥有数量可观的美、日、欧三方专利或者 PCT 国际专利,在商标国际注册量、世界知名品牌拥有量、精品版权等方面都有较强的实力。比如,江苏省被很多人看成具有建成知识产权强省的较好基础,就是因为江苏省在知识产权创造与运用等多方面表现较为抢眼;以专利为例,2016 年全省专利申请量 512 429 件、授权量 231 033 件,发明专利申请量 184 632 件、授权量 40 952 件,持续在全国保持前列。[2]

第二,应当基于国内的比较。"强大"具有相对性,比较的范围主要是在国内。知识产权强省的知识产权相关工作应在全国处于领先地位,主要的知识产权指标应在国内位于前列。江苏省之所以被作为知识产权强省建设的试点地区,一个重要的依据就是其知识产权实力在全国处于较强的地位。根据由高文律师事务所组织编写的《中国知识产权指数报告 2017》,江苏省知识产权指数位于全国第二位,除知识产权综合实力进步指数外,各项二级指标均居于全国前列。

第三,应当与我国经济发展目标相契合。知识产权强省建设是我国经济建设的一个重要方面,应当与我国的经济发展水平相匹配才显得有价值。目前我国经济发展正处于第三阶段,目标为向世界中等发达国家迈进,因此,知识产权强省的知识产权发展水平应达到中等发达国家水平,至少应达到中等发达国家平均水平,而不仅仅是做到在国内强大。

第四,应当是综合实力的比较,而非全面强大。考虑到各个地区在知

---

[1] 董新凯,田源. 知识产权强省界定及其评价指标体系构建 [J]. 科技进步与对策,2015(7).

[2] 2016 年江苏省知识产权发展与保护状况白皮书 [R].

识产权方面都会有弱点,如果将知识产权强省定位在知识产权创造、运用、保护、管理与服务等各个方面均有突出成绩和强大实力,可能没有一个地方能够满足条件,也就不存在知识产权强省。因此,我国知识产权强省建设,应当力求与各省份自身发展特点相适应,考量和提升一个地方的知识产权综合实力,尤其是核心知识产权的实力,而不是追求一个地方各个方面、各个环节知识产权工作的高水平。

第五,应当是"硬实力"与"软环境"的有机结合体。基本的知识产权硬实力体现在知识产权创造与运用的数量与质量上,知识产权软环境体现在各省、直辖市、自治区的知识产权发展环境与发展空间。由于知识产权"硬实力"与"软环境"相辅相成,必须两个方面均表现良好才能显示出一个地方知识产权发展的高水平。

就动态意义而言,"强"是"使强大"的意思。在此种意义下,知识产权强省主要有两层含义。

第一,通过有效的知识产权工作促进一省的经济繁荣与社会发展。知识产权制度是创新驱动发展战略的重要支撑与有力保障,各项知识产品作为智力劳动成果是创新的直接体现。有学者研究发现,知识产权保护对技术密集型省份的生产率贡献影响显著为正。[1] 知识产权强省就是要将知识产权工作作为一个地方经济社会发展的重要手段,要拥有较多高质量核心知识产权,且通过有效运用、保护和管理这些核心知识产权,作用于经济社会的不同方面,产生良好的经济效益,为社会发展做出较大的贡献。

第二,通过有效的知识产权工作提升一省在全国乃至世界上的地位。由于知识产权工作及其成果的影响范围大且影响较为深远,有效的知识产权工作除了直接提升一个地方的综合实力外,还可以显著提升一个地区的地位和影响力。通过知识产权工作使得一个地方的地位变得强大,也因此成为知识产权强省的应有之义。

---

[1] 张源媛,兰宜生.知识产权保护、技术溢出与中国经济增长——基于东部、中部和西部面板数据的检验[J].当代经济研究,2014(7).

2."引领型"之界定

就字面意思而言,"引领"有牵引、带领之义,而在知识产权强省建设方面,"引领型"是有其特定含义的,是与"支撑型""特色型"相区别的一个概念。根据国家知识产权局 2015 年 10 月发布的《加快推进知识产权强省建设工作方案(试行)》,"引领型"意味着该地区知识产权实力强且知识产权对于经济社会发展支撑力强,而且该地区在知识产权工作方面进行较多的先行探索、其方案或者经验对于其他地区具有较强的带动、示范作用。在理解"引领型"时着重把握以下四点。

第一,知识产权的绝对实力较强,可以作为其他地区追赶的目标。特别是每万人口有效发明专利拥有量、美日欧三方专利数量、PCT 国际专利申请量、知识产权密集型产业产值占 GDP 的比重、知识产权许可费收入、知识产权示范工程项目数量等指标在全国范围内处于领先地位。

第二,知识产权对于地方经济社会发展的引领支撑作用较为明显,可以成为其他地区学习的榜样。处于"引领"地位的地区,其知识产权工作应当有效融入经济社会发展,在经济社会发展过程中始终发挥着牵引或者推动作用,尤其是形成若干知识产权密集型产业,这些知识产权密集型产业能够对该省的经济发展做出突出贡献。

第三,在知识产权工作方面进行了较多探索或者改革,其知识产权工作方案对于其他地方具有较高的借鉴价值,可以在其他地方进行适当的推广。而且,其很多做法能够为知识产权强国建设提供可复制的方案。

第四,其知识产权发展水平能够对标西方主要发达国家或者地区。我国知识产权工作的区域性差异显著,引领型知识产权强省在知识产权方面应具有国际视野,着眼于提升知识产权工作及区域经济发展的国际竞争力,能够为我国参与国际知识产权事务、解决对外交往中的知识产权问题提供中国方案。

二、引领型知识产权强省建设的目标定位

对于引领型知识产权强省的目标定位,作为全国知识产权强省建设工

程推动者的国家知识产权局有明确的要求。国家知识产权局于2015年10月印发的《加快推进知识产权强省建设工作方案（试行）》对2030年前引领型知识产权强省建设的目标做出了专门规定：以运用知识产权提升区域经济发展国际竞争力为重点，对标西方主要国家知识产权发达区域，大幅提升知识产权对经济社会发展的贡献度，推动知识产权创造、运用、保护、管理和服务能力全面提升。每万人口有效发明专利拥有量、美日欧三方专利数量、PCT国际专利申请量、知识产权密集型产业产值占GDP的比重、知识产权许可费收入等指标达到国际一流水平，行政区域内60%地级市成为知识产权示范城市，建成一批知识产权执法强局，形成一批知识产权强企，知识产权在经济社会发展中的引领带动作用显现。❶ 根据这一规定，引领型知识产权强省建设的目标可以概括为以下四个方面。

1. 在核心知识产权成果方面取得明显成效

作为引领型知识产权强省的建设试点区域，不仅在知识产权创造、运用、保护、管理和服务等方面的能力要有全面提升，而且应当在专利、商标品牌、版权等方面取得较多高质量的成果和工作成效，特别是每万人口有效发明专利拥有量、美日欧三方专利数量、PCT国际专利申请量、知识产权密集型产业产值占GDP的比重、知识产权许可费收入等体现知识产权创造、运用工作成果的核心指标取得较大的提升。也就是说，作为引领型知识产权强省，绝对不能仅仅在知识产权工作成果的数量上下功夫，不能满足于知识产权数量上的优势，而是要本着量质并重、以质为主的思路，在能够较好地体现质量的核心知识产权指标上多做文章，将这些核心知识产权成果作为本地区"强"的基础。

2. 知识产权对经济社会发展产生巨大推动作用

知识产权强省建设实质上是创新驱动战略实施的一部分，其核心是促进创新驱动经济社会发展的作用得到更好的发挥。知识产权强省建设要能够使创新工作更好地融入经济社会发展，成为经济社会发展最重要的刺激

---

❶ 参见国家知识产权局《加快推进知识产权强省建设工作方案（试行）》之（三）之规定。

因素。在当前，各地大力开展知识产权工作，都是为了带动本地经济社会的发展。作为引领型知识产权强省试点建设地区，在这方面要比较突出，要明显优于一般的地区。也就是说，相对于其他地区而言，建设引领型知识产权强省的地区，其知识产权工作与经济社会发展结合更加密切，能够更好地反映和服务于经济社会发展的需求，知识产权相关产业在经济社会发展指标中的比重更大。

3. 在知识产权示范性项目上取得较突出的成绩

为了推进知识产权强国建设，国家实施了一系列知识产权示范工程项目，如知识产权示范城市建设、知识产权试点示范园区建设、知识产权保护规范化市场培育、知识产权服务品牌机构培育、重大经济科技活动知识产权评议工程示范项目、知识产权分析评议服务示范机构培育、知识产权强企工程、专利导航试点工程、知识产权示范企业和优势企业、国家知识产权运营公共服务平台国际运营试点平台、知识产权军民融合试点工程、中小企业知识产权战略推进工程试点城市建设、知识产权强县工程、传统知识产权保护示范或试点县（区）建设等。这些工程项目本身便具有示范引领作用，作为引领型知识产权强省，在这些工程项目的建设上要有突出的成绩，不仅示范性工程项目的数量多，而且在项目的质量和层次上要比较高。行政区域内60%地级市成为知识产权示范城市，形成一批知识产权强企，就是这种建设成效的典型要求。此外，我国正在大力推进知识产权管理体制机制改革，作为引领型知识产权强省，在这方面应当走在全国的前列，尽快建成科学的知识产权治理体系，特别是严格的知识产权保护体系。

4. 知识产权工作具有较强的国际竞争力

这是引领型知识产权强省在建设目标上与支撑型知识产权强省和特色型知识产权强省的显著区别所在，引领型知识产权强省的竞争对象不能限于国内，其知识产权本身的发展水平、知识产权带动经济社会发展的能力都应当在国际上具有较强的竞争力，要强于中等以上发达国家。引领型知识产权强省建设应具备良好的国际视野，对标西方知识产权水平较高的发达国家的相关区域，以一些中等发达国家为参照对象，将一些体现国际竞争力的知识产权成果指标和知识产权效益指标作为其知识产权工作的核心。

三、引领型知识产权强省建设的主要任务

对于引领型知识产权强省建设的主要任务，国家知识产权局在《加快推进知识产权强省建设工作方案（试行）》中做出了明确规定。下面对其规定的五个主要任务进行阐述。

1. 构建知识产权驱动型创新生态体系

国家知识产权局要求建设引领型知识产权强省的地区应当构建以市场为主导、以知识产权利益分享为纽带、市场主体平等参与的知识产权驱动型创新生态体系，使知识产权制度成为实现市场化配置各类创新资源的基本制度。对此可以做如下解读。

第一，在引领型知识产权强省建设地区，知识产权应当发挥驱动创新的重要作用，而这一作用的发挥应当以市场为基础，主要通过市场机制去实现。无论是借助知识产权促进创新成果的产出，还是通过知识产权推动创新成果的有效运用，都应当依托市场机制。

第二，在引领型知识产权强省建设地区，应当构建以利益分享为纽带的激励机制。为了促进高质量知识产权的产出和有效运用，必须平衡相关各方的利益，使付出劳动或者资源的各方都能在经济利益上得到应有的回报，特别是要通过利益激励提升发明创造的创新积极性，鼓舞知识产权权利人积极运用其创新成果的热情。

第三，在引领型知识产权强省建设地区，应当营造市场主体平等参与、公平竞争的良好氛围。在知识产权创造、运用、服务等各种事务中，应当使各种市场主体获得平等的机会，使各种市场主体的创新能量获得释放的条件。政府部门和司法机关应当努力创新管理模式，强化知识产权保护力度，使公平竞争的市场主体获得其应有的利益。

总之，在国家创新体系中，知识产权制度是其必不可少的制度环境与法律保障。在引领型知识产权强省建设地区，知识产权制度要实现对于创

新资源的有效配置，必须有效发挥市场机制的基础性作用，重视和顺应市场规律，尊重市场主体正当的利益需求。在完全竞争市场中，市场可以调节市场主体的关系，以价格主导市场内的经济活动，使之达到帕累托最优。❶ 但由于市场外部性、信息不对称等因素的存在，市场无法达到理想的完全竞争状态，造成市场失灵。知识产权制度还要作为"一只看得见的手"，从宏观方面对市场活动进行调节，弥补市场失灵造成的损失，保证市场机制和市场规律能够有效发挥作用。

2. 推进中国特色知识产权制度的地方实践

国家知识产权局要求建设引领型知识产权强省的地区应当积极探索实践各具特色的地方知识产权工作，推动形成与中国特色社会主义市场经济体制相适应的知识产权制度体系，推动知识产权制度高效运转，为完善中国特色知识产权制度提供地方实践。

党的十九大报告再次强调，我国仍处于并将长期处于社会主义初级阶段的基本国情没有变，我国是世界最大发展中国家的国际地位没有变。我国知识产权制度建设与实践应立足于我国基本国情，立足于我国发展客观现实条件，不能一味照搬西方发达国家。吴汉东教授指出，中国知识产权事业建设是一场伟大的制度创新实践。与西方国家发展的模式、进程不同，知识产权事业建设在中国具有不同于以往大国崛起的国际背景、时代情景和本土背景，这就导致"中国问题"的存在及其解决的"中国路径"的特殊性。❷ 中国特色知识产权制度要与中国特色社会主义市场经济体制的需要相适应，而中国特色知识产权制度的形成是经过多方面多种形式的探索的，建设引领型知识产权强省的地区在这方面应当发挥带头示范作用。引领型知识产权强省建设，就是要在省域范围内，结合本省经济社会发展的特点，本着通过高效运转的知识产权制度推动地方经济社会高质量发展的

---

❶ 在完全竞争市场中，生产者追求利益极大化，消费者追求效用极大化，帕累托最优是指一种分配状态，即不可能在不使任何其他人受损的情况下再改善某些人的境况。

❷ 吴汉东．知识产权理论的体系化与中国化问题研究［J］．法制与社会发展，2014(6)．

目标，积极进行知识产权创造、运用、管理、保护、服务等各方面制度与机制的探索和实践，为其他地方的知识产权制度建设提供可借鉴的经验，为我国中国特色知识产权制度的构建和发展提供地方实践经验和现实素材。

3. 全面深化知识产权领域综合改革

国家知识产权局要求建设引领型知识产权强省的地区应当围绕全面深化体制机制改革，加快实施创新驱动发展战略的需求，以知识产权权益分配改革为核心，以严格保护和高效监管为重点，以放开和搞活市场为突破口，破除制约知识产权创造、运用、保护和管理的体制机制障碍。这是对于建设引领型知识产权强省的地区在知识产权综合改革方面的基本要求。

知识产权领域综合改革是我国全面深化改革时代背景下的重要环节，是实施创新驱动发展战略、实行严格知识产权保护、加快转变政府职能、实现更高水平对外开放的迫切需要。[1] 2016年12月国务院办公厅印发《知识产权综合管理改革试点总体方案》，标志着我国全面深化知识产权改革已逐步展开。吴汉东教授认为，从某种意义上，知识产权机制作为财产分配机制的一种，其权利确认、权益分配机制等应在改革中占主导地位，且知识产权与经济贸易密切相关，通过提高保护力度与提高市场监管效率，增强知识产权市场活性。打通知识产权创造、运用、保护、管理、服务全链条，建立权界清晰、分工合理、权责一致、运转高效的知识产权综合管理体制。[2]

根据国家知识产权局的部署，引领型知识产权强省建设地区在知识产权领域的综合改革应当贯彻全面深化体制机制改革和加快实施创新驱动发展战略的指导思想。综合改革的核心任务是解决好知识产权权益分配问题，改革和优化现行知识产权权益分配机制，确保利益激励的能量在知识产权领域得到有效释放。综合改革的重点内容是努力形成严格保护和高效监管

---

[1] 靳晶. 深化知识产权领域改革需要"全链条"打通——专访全国人大代表、国家知识产权局副局长何志敏 [J]. 小康, 2017 (7).

[2] 吴汉东. 知识产权理论的体系化与中国化问题研究 [J]. 法制与社会发展, 2014 (6).

的体制机制,关键问题是处理好政府与市场的关系,通过体制机制的改革实现市场对知识产权资源的基础配置作用,激发市场的活力。综合改革的直接任务就是精准找出制约知识产权创造、运用、保护和管理的体制机制障碍,并采取有效措施消除这些障碍。

4. 培育发展知识产权密集型产业

国家知识产权局要求建设引领型知识产权强省的地区应当出台培育发展知识产权密集型产业的政策,引导财政、税收等政策向知识产权密集型产业倾斜。建立专利导航产业创新发展机制,优化产业发展决策,提升产业发展层次。创新知识产权服务模式和服务业态,促进知识产权服务与产业融合发展。这实际上是为了充分体现知识产权促进经济社会发展的作用而要求建设引领型知识产权强省的地区所要完成的一个核心任务。

知识产权密集型产业的概念来自 2012 年美国商务部联合美国专利商标局发布的一份报告《知识产权与美国经济:以产业为视角》,其将知识产权密集型产业定义为专利密集型产业、商标密集型产业与著作权密集型产业的并集。其中专利与商标密集型产业与专利、商标保护密切相关,而著作权密集型产业则是创造与生产著作权资料密切相关的产业。❶ 知识产权密集型产业可以带来巨大的经济效益,以 2010 年为例,知识产权密集型产业产值对同年美国 GDP 的贡献率为 34.8%,随后欧盟等经济体以类似方法对知识产权密集型产业对欧盟地区经济贡献率进行测算,结果显示 2008~2010 年知识产权密集型产业对欧盟 GDP 的贡献率约为 39%,并直接提供了近 26% 的工作机会,以及间接提供了 9% 的工作机会。❷ 由此可见,知识产权密集型产业对西方主要发达国家的经济贡献巨大,并且提供了大量的就业岗位,对一国经济、科技与文化进步起支撑性作用。

---

❶ Intellectual Property and the U. S. Economy: Industries in Focus [EB/OL]. [2018-01-16]. http://www.esa.doc.gov/reports/intellectual-property-and-us-economy-industries-focus.

❷ Intellectual Property Rights intensive industries: Contribution to economic performance and employment in Europe [EB/OL]. [2018-01-16]. http://ec.europa.eu/internal_market/intellectual-property/studies/index_en.htm.

知识产权密集型产业在国家经济社会发展中的地位将越来越重要，建设引领型知识产权强省的地区应当在这方面做出突出的成绩。为了促进本地区知识产权密集型产业的发展，建设引领型知识产权强省的地区着重应当做好三个方面的工作：一是制定相应的政策文件。通过这些政策文件对于企业发挥明确的导向作用，通过财政、税收等政策手段引导社会各个方面关注知识产权密集型产业，使得各个方面的资源和力量向这类产业集聚。二是加强专利导航产业发展的工作。通过专利导航引导行业和企业在相关产业进行技术创新的方向选择、技术创新的合理布局、技术创新的资源配置，优化产业发展的定位和模式，提高产业的技术含量和竞争力。三是知识产权密集型产业发展所需要的知识产权服务工作。要根据知识产权密集型产业的内容和特点丰富知识产权服务的内容，创新知识产权服务的模式，加强知识产权服务的力量，增强知识产权服务的效果。

5. 提升区域知识产权国际竞争力

就知识产权能力与实力而言，国家知识产权局强调引领型知识产权强省的国际竞争力，并提出了相应的任务：支持引导相关企业加强重点产业和技术领域知识产权国际布局；推动提升货物贸易中的知识产权竞争优势，利用财政、税收、金融、贸易便利化等政策，加大知识产权密集型商品出口；促进知识产权服务贸易发展，提升知识产权服务机构的国际竞争力，鼓励从事服务外包的企业加强知识产权储备；建立有效应对国际知识产权风险的维权援助机制。

第一，加强提升区域知识产权国际竞争力的宏观谋划。政府部门应当根据本地企业的产品和技术特点、企业对外贸易的对象和趋势、主要国际竞争对手的情况，引导企业从国际竞争的视角规划产业发展的重点，技术创新的方向，获取知识产权的国家、领域、类型和方式等，实现科学、有效的知识产权国际布局。

第二，提高企业"走出去"的知识产权含量。知识产权或知识产权相关产品可以相对轻松地跨过价格壁垒，或以许可、转让知识产权的方式，使企业获得大量收益，尽管昔日芬兰通信业巨头诺基亚在手机硬件制造上已经风光不再，但其高质量的专利储备仍使创新型企业代表苹果公司在2017年向其支付了高额的专利费。❶ 因此，从提升国际竞争力的角度考虑，政府应当引导企业提升出口货物的知识产权含量，努力出口具有自主知识产权的产品；特别是要利用财政、税收、金融、贸易便利化等政策，增加知识产权密集型商品的生产和出口。提升服务企业"走出去"的知识产权含量是一个亟待解决的问题。对外服务知识产权含量的提升涉及两个方面：一是努力提高对外服务的技术含量，二是促进对外知识产权服务贸易的发展，鼓励更多的知识产权服务机构提升国际竞争能力，向境外输出知识产权服务。

第三，增强应对国际知识产权风险的能力。知识产权规则是国际经贸体系的重要组成部分，是发达国家在国际分工中取得控制地位的核心要素。❷ 从 TRIPs 协议到 TPP、TTIP，在国际贸易规则越发纷繁复杂的今天，知识产权无论是在双边、多边还是国际区域贸易中都扮演着重要角色。建设引领型知识产权强省的地区应当通过各种方式直接或间接参与国际知识产权规则的设计，尽可能减少国际知识产权规则对我国企业不利的因素，减少或者消除我国企业因国际知识产权规则不合理所遭受的不利局面。另外，针对我国企业遭遇的涉外知识产权风险较多、很多企业应对涉外知识产权风险的能力较弱等问题，建设引领型知识产权强省的地区在这方面应当率先行动，通过政府引导、行业自治、企业联合、社会协助、争取外援等多种途径增强企业单独或者协同应对涉外知识产权风险，特别是政府部门应当在其职能范围内，发挥其所具有的影响力，通过设立维权援助基金、构建维权联盟、完善公共信息服务平台等方式建立或者健全有效应对国际知识产权风险的维权援助机制。

---

❶ 焦立坤. 苹果向诺基亚支付 20 亿美元专利费 [EB/OL]. [2018-01-16]. http://news.xinhuanet.com/tech/2017-07/31/c_1121404387.htm.

❷ 李俊，崔艳新. 新一轮国际知识产权规则重构下的中国选择——以知识产权强国建设为目标 [J]. 知识产权，2015（12）.

第一章　引领型知识产权强省建设对知识产权保护的需求

第二节　知识产权保护与引领型知识产权强省建设的关系

一、知识产权保护是引领型知识产权强省建设的重要内容

在我国实施创新驱动战略的时代背景下，引领型知识产权强省建设工作应该贯穿知识产权的每一个环节。我们应该认识到，知识产权保护是国际贸易体系的标配，更是中国创新发展的刚需，❶ 更是引领型知识产权强省建设的重要内容。

1. 知识产权保护是引领型知识产权强省建设的必要环节

引领型知识产权强省需要在知识产权工作的整体上形成较强的竞争力，具有较强的整体实力。这种知识产权整体实力是很难通过某些方面的突出成绩形成的，而必须全面推进各个领域、各个环节的知识产权工作。国务院于 2008 年 6 月发布的《国家知识产权战略纲要》将其战略目标设定为"把我国建设成为知识产权创造、运用、保护和管理水平较高的国家"。❷ 自此，在提及知识产权工作时，各部门、各地方和相关组织与个人一般会将其分为知识产权创造、知识产权运用、知识产权管理和知识产权保护四个方面。由于知识产权服务的独立性和重要性，国家将它作为知识产权工作的另一个重要方面。目前，人们在提及知识产权工作时，通常便认为它包括知识产权创造、运用、管理、保护和服务等五个方面。建设引领型知识产权强省的地区需要推进各方面的知识产权工作，当然包括知识产权保护工作。

2. 知识产权保护是引领型知识产权强省建设的重要环节

知识产权保护不仅是引领型知识产权强省建设的内容之一，而且是非常重要的一个环节。习近平总书记在《中国共产党第十九次全国代表大会

---

❶ 吴汉东. 中国制造业发展与企业品牌战略实施［J］. 山东经济战略研究，2016（Z2）.

❷ 参见《国家知识产权战略纲要》第（6）条之规定。

13

上的报告》（以下简称《十九大报告》）中强调，要"倡导创新文化，强化知识产权创造、保护、运用"。❶ 为了突出知识产权保护工作的重要性，国务院专门发布了《"十三五"国家知识产权保护和运用规划》。这些党和国家的纲领性文件都强调了知识产权保护工作的重要性，并将其作为知识产权工作部署的重点。一方面是因为，加强知识产权保护可以为我国营造良好的国际贸易环境，提升我国企业长远的竞争能力。另一方面是因为，加强知识产权保护也是我国自身的现实需求，知识产权制度及在其保护下的技术创新日益成为我国综合国力竞争的决定性因素。比如，在我国，政府加强知识产权保护执法力度，可以提升企业创新能力，表现为企业专利产出和研发投资的增加；加强知识产权执法力度还可以通过减少研发溢出损失和缓解外部融资约束两条途径来促进企业创新。❷

与国家、地方和企业对于知识产权保护的需求相比，我国目前的知识产权保护水平还不能令人满意，还存在一些薄弱环节。就知识产权保护方面来看，世界经济论坛（WEF）公布的《全球竞争力报告2015~2016》显示，我国知识产权保护水平指数为4.0（满分为7），在140个在列国家/地区中仅排名63位，与我国知识产权数量规模不相匹配，我国知识产权保护水平仍有较大的上升空间。❸ 有研究表明，中国现有的知识产权保护强度并没有达到最优值，继续加强知识产权保护对经济增长有着正向的促进作用。❹ 作为引领型知识产权强省的建设地区，更应当顺应国家对知识产权工作的这一重大要求，完善知识产权保护政策，加强知识产权行政执法工作，充分发挥知识产权司法保护的主导地位，推动行业和社会参与知识产权保护工作，提升企业自我知识产权保护能力，并在知识产权保护方面进

---

❶ 参见《十九大报告》之五（三）。

❷ 吴超鹏，唐菂. 知识产权保护执法力度、技术创新与企业绩效——来自中国上市公司的证据［J］. 经济研究，2016（11）.

❸ WORLD ECONOMIC FORUM：Global Competitiveness Report 2015-2016［EB/OL］.［2018-01-22］. http：//reports.weforum.org/global-competitiveness-report-2015-2016/.

❹ 蔡虹，吴凯，蒋仁爱. 中国最优知识产权保护强度的实证研究［J］. 科学学研究，2014（9）.

行更多的路径探索和模式创新。

二、知识产权保护是引领型知识产权强省建设的重要保障

引领型知识产权强省建设的内容是多方面的，各个方面的建设内容并非相互孤立的，而是相互联系、相互作用的。就知识产权保护而言，可以看作其他建设事项的重要保障，是引领型知识产权强省建设的各项任务得以完成的重要保障。

1. 知识产权驱动型创新生态体系的构建需要强有力的知识产权保护

只有加强知识产权保护，使创新主体获得其知识产权成果所产生的收益，才能激发创新主体的创新热情和运用创新成果的积极性，也才能产生更多经济社会发展所需要的创新成果。只有加强知识产权保护，才能遏制寄生性企业盗用他人创新成果的不正当竞争行为，才能弘扬积极进取、不断创新的竞争精神。以市场作为资源配置基础的创新生态体系需要有大量具有平等地位的市场主体的参与和竞争，而市场主体的平等地位需要科学的知识产权制度的维护。知识产权驱动型创新生态体系的构建和知识产权驱动创新能力的提升需要严格的知识产权保护。有研究表明，随着行业技术差距的缩小，知识产权保护对技术创新的效应会越发明显，尤其是高技术密集度行业，其对知识产权保护的敏感程度更高。[1]

2. 地方知识产权保护实践是推进中国特色知识产权制度建设的重要力量

中国特色知识产权制度的建设是一个长期的系统工程，需要各个层级、各个方面的共同努力。中央对中国特色知识产权制度的构建进行科学规划、笼统协调和严密组织，各个行业和地方则应当基于行业和地方的特殊性不断进行多样化的探索和尝试。刘春田教授指出，中国知识产权界既要抬头看天下，也要埋头看中国，尤其有义务对中国经验进行调查研究，做出符合实际的理论概括，以提升自己的理论品质，完成理论自觉的使命，并最

---

[1] 许培源，章燕宝．行业技术特征、知识产权保护与技术创新［J］．科学学研究，2014（6）．

终建构中国特色知识产权理论体系,并把这些成果贡献给世界。❶ 这虽然是针对中国的知识产权理论研究的,但其道理同样适用于中国特色知识产权制度的构建。

从总体上看,中国特色知识产权制度包括全国层面的制度和地方层面的制度两个部分,这两个部分都离不开地方知识产权保护的实践探索。一方面,各地根据本地情况在知识产权保护方面努力探索一些行之有效的模式、路径、方法、组织机制和措施,形成具有较强特色的地方知识产权制度的一部分。另一方面,一些可复制、可推广的地方知识产权保护经验可以在全国其他地方采用,并适时上升为全国性知识产权制度的一部分。基于建设引领型知识产权强省的地区往往在知识产权领域的影响较大,更容易成为其他地方学习甚至模仿的对象,其对于知识产权保护的实践探索也就更容易对中国特色知识产权制度的形成和完善做出较大的贡献。

3. 知识产权保护工作关系到知识产权领域综合改革的成败

在现代国家里,治理体系包含与治理活动有关的一整套制度安排、组织形态和治理体制机制所构成的制度系统;在知识产权治理活动中,政府治理较之市场治理、社会治理具有更为重要的地位和作用;知识产权综合管理是治理体系的重要变革。❷ 知识产权领域的综合改革也因此成为引领型知识产权强省建设的重要任务,而知识产权保护工作及知识产权保护方面的改革则对于这一任务的完成具有重要的意义。

我国知识产权领域综合改革的重要内容是充分发挥市场在知识产权创造、运用、服务等方面的基础作用,消除因政府治理体系的某些不合理因素而导致的市场功能障碍。从完成综合改革的任务角度考虑,在改革过程中需要充分考虑知识保护体制机制的完善,因为只有完善的知识产权保护体系才能增强知识产权保护的效果,才能使知识产权相关市场主体的合法权益得到较好的保护,市场规律的作用在知识产权创造、运用和服务的过

---

❶ 刘春田. 知识产权制度与中国的现代性 [J]. 中小企业管理与科技, 2012 (7).

❷ 吴汉东. 知识产权综合管理改革势在必行 [N]. 中国知识产权报, 2017-03-29 (8).

程中才能显现出来。知识产权领域综合改革的难点是如何构建科学合理的知识产权保护体系，而作为知识产权刚性保护手段的知识产权行政执法则是知识产权保护体系的重要组成部分。有学者对于知识产权行政执法的确立与职责、管理机构设置、具体的执法数据等情况进行了研究，分析了知识产权行政执法存在的问题和优势，认识到在知识产权综合管理改革背景下完善知识产权行政执法体系的重要性。❶ 也就是说，能否解决好知识产权行政保护问题，能否处理好知识产权行政保护与其他保护方式的关系，能否构建合理的知识产权行政保护体系，在很大程度上决定着知识产权综合改革的成效。

4. 知识产权保护状况对知识产权密集型产业的培育发展具有重要影响

国家将知识产权密集型产业的培育发展作为引领型强省建设的重要任务，虽然各种形式优惠政策的激励和以专利导航为代表的高端知识产权服务在这方面发挥着极其重要的作用，但离开大力度的知识产权保护，知识产权密集型产业的发展必然会受到严重影响，甚至举步维艰。

目前，我国经济发展已经进入创新导向阶段，创新能力与创新成果是该阶段的核心要素，如何行之有效地将创新成果及其收益保护起来是我国现阶段经济发展需要面对的主要问题。专利、商标、版权与商业秘密等知识产权客体作为创新的载体，其背后蕴含了大量的经济效益。如果任由他人肆意窃取、模仿，将使知识产权权利人对创新的大量研发投入付诸东流，也将使创新行为置于付出无果、肆意模仿的恶性循环中。严格的知识产权保护机制对经济的影响存在倒 U 形关系。马斯库斯（Maskus）研究发现专利保护强度与国家经济总量无关，与人均国民收入相关，且呈倒 U 形关系，即在人均经济水平未达到中等发达国家水平这一临界点时，专利保护强度随人均国民收入增加而降低，一旦人均国民收入达到临界点，专利保

---

❶ 徐波，刘辉．知识产权综合管理改革背景下知识产权行政执法探析［J］．电子知识产权，2018（1）.

护水平随人均国民收入增加而增加。❶ 2006 年联合国工业发展组织（UNIDO）在其报告中指出，以 1980 年美元不变价为基准，人均 GPD 为 5 100元人民币是个阈值，当人均 GDP 低于该阈值时，知识产权保护对经济增长并无显著性贡献，当人均 GDP 高于该阈值时，知识产权保护对经济增长存在显著且积极的影响。❷ 根据我国国家统计局统计数据，2008 年我国人均 GDP 已经达到 5 074元（1980 美元不变价），基本达到 UNIDO 研究报告中的阈值。我国学者以专利司法保护与产业利润率为切入点，研究发现 2002~2014 年，我国专利司法保护与典型产业利润存在倒 U 形关系，其中我国专利司法保护对专利密集型产业的产业利润率影响更为显著。❸ 另外，文化产业往往是知识产权密集度较高的产业，而知识产权保护是目前我国文化产业繁荣的重要保障。尤其是在互联网技术逐渐成熟的今天，互联网作品与互联网作者的数量和规模均处于历史各发展阶段的顶峰，知识产权保护水平对于与网络相关的文化产业的发展具有特别大的影响。数字作品的便捷性、全球性与可复制性使得其在互联网环境下可以快速地被大量复制，侵害权利人利益。自国家版权局开展"剑网行动"以来，我国互联网环境下数字作品被侵权情况得到极大改善。根据国际唱片业协会 IFPI 报告，2015 年中国音乐市场收入同比增长 63.8%，达 1.7 亿美元，中国在全球音乐市场的排名连升 5 个名次，达到史无前例的第 14 位。2016 年排名再次上升，位于全球第 12 位。更重要的是，如果仅看数字音乐收入，中国已经排名全球第 9。❹

---

❶ Maskus K E. Intellectual property rights in the global economy [R]. Peterson Institute, 2000: 143-170.

❷ Falvey R E, Foster N, Memedovic O. The role of intellectual property rights in technology transfer and economic growth: theory and evidence [R]. UNIDO, 2006.

❸ 李黎明. 专利司法保护与产业经济发展的倒 U 型关系——测度与事实 [J]. 科学学研究, 2016 (6).

❹ 葛杰晨. 8 月数字音乐在中国：正版化进程"阵痛" [EB/OL]. [2018-01-21]. http://www.sohu.com/a/164525039_ 114778.

5. 知识产权保护是提升区域知识产权国际竞争力的关键所在

知识产权国际竞争力涉及多方面的实力和能力。从近些年我国与西方发达国家在知识产权方面的分歧和争端来看，知识产权保护水平一直是西方国家政府和企业关注的一个焦点，因此，从世界范围看，知识产权保护能力和保护水平自然就成了评判一个国家知识产权国际竞争力的重要指标。对于一个地方而言，其知识产权保护水平也是该区域知识产权国际竞争力的主要体现；加强区域知识产权保护，创新区域知识产权保护模式，提高区域知识产权保护效果，无疑是增强区域知识产权国际竞争力的重要举措。近些年，我国的知识产权工作在国际上的影响不断扩大，一个很重要的因素就是我国在知识产权保护方面做了大量的工作，取得了较为显著的成绩。我国是实行知识产权"双轨制"保护的代表国家，尽管近年来司法保护与行政保护在实际协调合作中的问题逐渐显现，❶但其在一定程度上仍为我国知识产权保护做出了突出的贡献。以 2016 年为例，我国全国各级司法机关共新收知识产权民事一审案件 136 534 件，审结 131 813 件，一审结案率达到 83.18%；共新收涉及知识产权的刑事一审案件 8 362 件，审结 8 601 件，一审结案率为 89.06%。生效判决人数 10 431 人，其中给予刑事处分 10 334 人。在行政保护方面，国家知识产权局全年专利行政执法办案总量达到 48 916 件，全国工商和市场监管部门共立案查处侵权假冒案件 4.9 万件，办结 4.5 万件，涉案金额 5.6 亿元。国家版权局联合多部委开展"剑网 2016"专项行动，查处行政案件 514 件、罚款 467 万元，移送司法机关刑事处理 33 件、涉案金额 2 亿元。此外，农业部、文化部、国家林业局与海关总署等各个部门均对知识产权相关案件予以严格查处。❷这些都足以证明我国目前知识产权保护已初具成效。

知识产权国际竞争力还体现在一个国家或者地区在国际知识产权领域

---

❶ 吴汉东，锁福涛. 中国知识产权司法保护的理念与政策 [J]. 当代法学，2013 (6).

❷ 国家知识产权局. 2016 年中国知识产权保护状况 [R]. [2018-01-22]. www.sipo. gov.cn/gk/zscqbps/201704/t20170425_ 1310328.html.

的话语权和影响力。知识产权强国往往是那些影响甚至支配知识产权国际规则的形成与修改,其知识产权保护工作得到较多认同的国家或者地区。对标新时代新任务,对标党的十九大提出的新要求,我国知识产权保护还存在一些不相适应的地方,需要我国加快建成世界一流、中国特色的知识产权保护强国,为世界知识产权保护提供"中国方案"。❶ 如果我们在严格保护知识产权的同时,能够在知识产权保护路径、保护模式、保护机制、保护方式、保护措施等方面形成一些富有成效、值得推广的方案和经验,我国的知识产权保护工作在世界上的影响力必然会显著提升,我国的知识产权国际竞争力当然也会提升到一个很高的档次。

三、引领型知识产权强省建设是知识产权保护水平提升的重要基础

知识产权保护水平的提升受到时代背景、社会环境、现实基础、政策支持等多方面因素的影响,而引领型知识产权强省建设则蕴含着多方面的影响因素。

1. 引领型知识产权强省建设为加强知识产权保护提供了时代背景

经过多年的艰苦努力,我国的知识产权工作取得了举世瞩目的成就。2016 年我国国内有效发明专利申请量突破 100 万件,发明专利申请量连续 6 年位居世界第一,商标注册量连续多年位居世界首位,我国已经跻身世界知识产权大国行列。❷ 量的积累达到一定程度就具备了谋求质量的条件,我国也因此适时开展了建设知识产权强国的战略行动,并将这一战略举措与创新驱动战略、军民融合战略、互联网强国战略、可持续发展战略等重大战略行动相协调,共同推动我国由知识产权大国迈向知识产权强国的伟大复兴目标的实现。

可以说,我国当前正处于一个全面由大向强转变的伟大时代,知识产

---

❶ 陈泉. 新时代强化知识产权保护对策研究 [J]. 中国发明与专利,2018 (4).
❷ 王湘浦,申宁. 中国知识产权事业令世界刮目相看 [EB/OL]. [2018-01-22]. http://ip.people.com.cn/n1/2017/0808/c179663-29456147.html.

权强国建设是这一时代的重要组成部分，也是这一时代要求的必然行动。知识产权强国建设需要示范力量的带动，也需要地方行动的支撑，而引领型知识产权强省建设正是这种示范力量和地方行动。因此可以说，引领型知识产权强省建设是一种时代的要求。在这一大的时代背景下，知识产权保护工作的强化自然也就成为时代主题的一部分，从中央到地方，从政府部门到行业组织再到企业，从专业机构到社会公众，各个方面都会重视这项工作，知识产权保护工作也会更容易得到社会的认同和支持。

2. 引领型知识产权强省建设为加强知识产权保护提供了政策支持

多年的实践证明，我国的知识产权事业取得突飞猛进，一个很重要的原因是各级政府部门的引导和推动，而政府部门促进知识产权工作的重要手段便是政策指引和激励。从 2008 年国务院印发《国家知识产权战略纲要》以后，各级政府部门出台了很多知识产权相关的规划、计划和配套文件，使知识产权战略实施取得了一系列重大成就。2015 年国务院印发《关于新形势下加快知识产权强国若干意见》，我国的知识产权战略实施迈进一个新的阶段，知识产权政策支持也开始有了新的方向和目标。

围绕知识产权强国建设的目标，国家和地方积极进行相关政策文件的制定和实施工作。国家知识产权局以知识产权强省建设为抓手，出台了《加快推进知识产权强省建设工作方案（试行）》，江苏和广东等知识产权基础较好、知识产权发展水平较高的地区则率先提出进行知识产权强省建设，并出台了相关的政策文件。比如，江苏省在 2015 年出台了知识产权强省建设纲领性文件《中共江苏省委江苏省人民政府关于加快建设知识产权强省的意见》（苏发〔2015〕6 号），随后又发布了《关于知识产权强省建设的若干政策措施》《江苏省"十三五"知识产权发展规划》《江苏省"十三五"知识产权人才规划》《江苏省知识产权强企行动计划》《关于开展 2018 年度江苏知识产权强省建设区域示范工作的通知》等一系列的政策文件。这些政策文件要么直接就知识产权保护做出了规定，要么规定了一些与知识产权保护相关联的内容，都在新形势下明确了知识产权保护工作的目标和任务，提供了加强知识产权保护的路径和措施，为知识产权保护水平的提升奠定了较好的政策基础。

3. 引领型知识产权强省建设能够为加强知识产权保护奠定现实基础

与其他类型的知识产权强省建设不同，引领型知识产权强省建设更加关注知识产权水平的全面提升，致力于使各方面的知识产权工作都能取得长足的进步。因此，通过引领型知识产权强省建设行动，相关地区在知识产权的整体实力和知识产权主要领域的能力都会有较大的提高，这会为知识产权保护水平的提升奠定深厚的现实能力基础，原因在于知识产权事业是一个系统工程，各方面的工作具有较强的关联性。知识产权保护能力的提高和知识产权保护效果的改善需要其他知识产权工作的支撑和配合，正如有学者所说，一般来说，知识产权保护水平，尤其是司法保护水平与知识产权发展密切相关。[1]

一个地区知识产权整体实力通过引领型知识产权强省建设得到大幅提升，自然会推动该地区知识产权保护水平的显著提高，因为知识产权保护工作会得到多方面的支持。比如，如果一个地区的企业取得的知识产权创造成果比较多，且分布或者布局较为合理，对于其他地区或者境外企业的相关知识产权侵权指控就会具有较强的对抗能力，并能够较好地维护自身的权益；一个地区的企业如果知识产权运用成效比较好，就会因知识产权收益高而更加重视知识产权的保护，而较多的知识产权运用收益又可以对于知识产权保护能力的提升给予较大的经费支持；一个地区知识产权专业人才队伍建设的加强，能够为知识产权保护提供多样化的智力支持和人才保障；一个地区知识产权服务水平的提升，能够为知识产权保护提供必要的信息支持、专业支持和交流沟通平台；一个地区知识产权公共管理能力的增强，能够为知识产权保护工作提供较多的引导、统筹、协调和科学的资源配置，而企业知识产权管理能力的提升则可以直接优化企业的知识产权保护策略和措施。

---

[1] 丁巨涛，宋振东，张岗. 中国知识产权发展水平主要影响因素研究——基于《中国知识产权指数报告 2014》数据的实证分析 [J]. 科技进步与对策，2016（5）.

4. 引领型知识产权强省建设为加强知识产权保护创造了良好的社会环境

知识产权保护工作的强化和知识产权保护水平的提升，不只是政府部门、司法机关的事情，需要有良好的社会环境，特别是需要有企事业单位、行业组织、社会团体和广大公众的广泛认同，需要全社会尊重知识产权、保护知识产权意识的提升，还需要广大社会成员的积极支持与配合，更需要权利人自身强烈的维权意识和必要的维权能力。

引领型知识产权强省建设是知识产权强国建设框架下的重大战略行动，更是特定地区带有全局性的重大工程，在各方面的大力推动和全面深入的宣传之下，全社会都会高度重视这一战略行动的推进，也会重视其中每一项重要工作的开展。知识产权保护是引领型知识产权强省建设的核心内容之一，自然也会受到社会各方面力量的重视，从而能够在很大程度上为知识产权保护工作的强化营造良好的社会氛围。企业、社会组织、广大公众不仅会理解各种知识产权保护行动，也会根据政府部门、司法机关和权利主体的要求给予相应的协助，甚至还会直接推动相关的维权工作。

四、引领型知识产权强省建设是知识产权保护水平提升的推动力量

引领型知识产权强省建设对于特定地区的知识产权保护工作而言是一个巨大的推动力量，这种推动作用主要是通过完成引领型知识产权强省建设任务的方式实现，包括直接的推动作用和间接的推动作用。

1. 对地方知识产权保护水平提升的直接推动

无论是国家出台的知识产权强省建设相关政策文件，还是各个地方所进行的知识产权强省建设探索，都将知识产权保护工作作为一个重要的建设内容或者建设抓手，并规定了明确的目标、具体的任务和相应的措施，引领型知识产权强省建设试点地区则更加重视知识产权保护工作。因此，通过引领型知识产权强省建设，相关地区的知识产权保护水平会直接得到大幅提升，知识产权保护能力会得到明显的强化。

引领型知识产权强省建设对于知识产权保护工作的直接推动主要是发挥知识产权政策文件的作用。知识产权制度是政府公共政策的重要组成部分，其政策功能在于维护知识权利的正义秩序和实现知识进步的效益目标。❶ 在各国知识产权的制度设计以及实践上，无不体现出强烈的产业政策立场。❷ 知识产权制度和政策对于知识产权保护工作的推动在知识产权强省建设过程中表现得还是比较明显的。

以引领型知识产权强省建设试点地区江苏省为例，该省较早开始有意识地进行知识产权强省建设工作，并于2015年2月2日由江苏省委、省政府颁布了统领知识产权强省建设的政策文件《中共江苏省委江苏省人民政府关于加快建设知识产权强省的意见》，此后围绕知识产权强省建设的目标又发布了《关于知识产权强省建设的若干政策措施》《江苏省"十三五"知识产权发展规划》《关于开展2018年度江苏知识产权强省建设区域示范工作的通知》等多个综合性知识产权政策文件和涉及专利、商标品牌、版权等各主要知识产权工作的专项政策文件。这些知识产权政策文件的实施都可以直接推动江苏省知识产权保护水平的提高，因为它们都规定了明确的知识产权保护目标和切实的政策措施。《关于加快建设知识产权强省的意见》，将"知识产权保护环境明显优化"作为重要的目标，并规定了一些切实加大知识产权保护力度的重要任务，如"创新知识产权保护机制""实施知识产权护航工程""强化知识产权维权援助"等。《关于知识产权强省建设的若干政策措施》规定了六个方面的措施，其中之一便是"实施高标准的知识产权保护"，具体包括"加强知识产权行政执法与司法保护""强化知识产权协同保护"和"加大海外知识产权保护力度"三个重要的举措。《江苏省"十三五"知识产权发展规划》规定了"知识产权保护从执法监管向社会共治转变"的战略导向和"知识产权保护环境更加优化"的发展目标，并规定了"严格知识产权保护，优化创新创业环境"这一重

---

❶ 吴汉东. 利弊之间：知识产权制度的政策科学分析 [J]. 法商研究，2006（5）.
❷ 张平. 论知识产权制度的"产业政策原则" [J]. 北京大学学报（哲学社会科学版），2012（3）.

要任务,包括"完善知识产权保护体系""强化知识产权执法与市场监管""健全知识产权维权和纠纷处理机制"和"提升涉外知识产权保护能力"等具体要求。这些政策文件所设定的目标任务只要顺利完成,江苏省的知识产权保护水平无疑就会得到较大的提升。

2. 对地方知识产权保护水平的间接推动

国家为试点进行引领型知识产权强省建设的地区规定了多方面的任务,这些任务虽然不是知识产权保护专项任务,但由于各方面知识产权工作的高度关联性,这些建设任务的实现能够间接促进知识产权保护工作。比如,"构建知识产权驱动型创新生态体系"任务的完成,会使全社会充分认识到知识产权的重要价值,高度重视知识产权工作,知识产权保护工作自然也会成为人们关注的焦点之一。"推进中国特色知识产权制度的地方实践"任务的完成,意味着在试点进行引领型知识产权强省建设的地区会进行多方面知识产权工作的创新和探索,包括在知识产权保护工作方面结合地方情况采取一些符合地方特点的做法。"全面深化知识产权领域综合改革"任务的完成,会使地方的知识产权工作体制机制更加合理、顺畅,特别是在知识产权保护上真正确立司法主导地位,并充分发挥行政保护的作用。"培育发展知识产权密集型产业"任务的完成,在若干产业领域知识产权工作必然提到全方位的加强,知识产权保护工作也会得到协同推进。"提升区域知识产权国际竞争力"任务的完成,一般会使当地知识产权保护水平有较大的提升,因为在当地与国外知识产权实力较强的国家或者地区进行对标或者竞争时,通常会在知识产权保护方面受到较大的压力,这在客观上会迫使该地区在知识产权保护方面做出更多的努力。知识产权保护水平与一个国家或者地区国际竞争力有着密切的关系,这一点从美国的情况可以看出;美国发起知识产权保护国际化攻势的原因就是其国际竞争力下降的现实和提高国际竞争力的客观需要。[1]

---

[1] 凌金铸. 美国在知识产权保护国际化进程中的作用[J]. 江海学刊, 2007 (2).

第三节 引领型知识产权强省知识产权保护的应有水平

从我国知识产权强国建设的要求以及知识产权强省建设的目标来看，引领型知识产权强省无论是从国内不同地区的比较来看，还是从与西方发达国家的比较来看，都应当具有较强的知识产权实力，要有与知识产权整体实力和引领型知识产权强省建设需求相适应的较高的知识产权保护水平。这种较高的知识产权保护水平主要体现在六个方面。

一、健全的知识产权保护组织

知识产权保护组织是知识产权保护政策的制定者、知识产权保护工作的规划者、知识产权保护活动的协调者、知识产权保护服务的提供者和知识产权保护措施的实施者。高水平的知识产权保护需要健全的知识产权保护组织，对于引领型知识产权强省而言，健全的知识产权保护组织涉及以下五个方面。

1. 知识产权保护组织体系的完整性

知识产权保护是一个系统工程，需要各种相关力量的共同推进。对于引领型知识产权强省而言，构建健全的知识产权保护组织，关键是充分调动各种相关力量的积极性，并将各种保护力量有机地协调起来。健全的知识产权保护组织体系涉及国家、社会和企业三个层面，主要包括知识产权行政保护机关、知识产权司法机关、拥有知识产权成果的企业以及能够为知识产权保护提供相关服务的社会组织。健全的知识产权保护组织体系应当满足三个方面的要求：一是各类组织的参与，即知识产权保护所需要的行政机关、司法机关、社会组织和企业均切实参加到知识产权保护的过程中。二是每个组织内部的有效运行，即每个组织都有必要的知识产权专业人员，具有相应的知识产权保护机制，内部关系协调良好。三是不同组织之间的协同配合，特别是不同类型的知识产权保护组织之间能够进行有效的协调，在知识产权保护过程中能够做到资源供给上的互补和行动上的密切配合。

2. 司法保护组织主导地位的稳定

从世界范围看,司法机关在知识产权保护中处于基地地位,发挥着关键作用。虽然在我国对于知识产权司法保护的地位以及在知识产权保护中司法机关和行政机关的关系长期存在多方面的争论,但司法对于知识产权保护的作用一直受到高度的重视,人们对于知识产权司法保护的重要价值也越来越认同。为了充分发挥司法在知识产权保护中的作用,司法体系近些年不断进行组织机制和案件审判程序的改革,进行各种试点和探索,最高人民法院还专门颁布了《中国知识产权司法保护纲要(2016~2020)》。引领型知识产权强省必须健全知识产权司法保护体系,特别是加强审判组织的建设和改革,创新审判机制,为知识产权司法保护提供有力的组织保障。

从知识产权领先国家的情况看,司法保护始终在知识产权保护中处于主导地位。近些年,无论是从理论上,还是从实践情况看,知识产权保护的司法主导地位在我国越来越得到更多的认同。我国知识产权保护在实际运行中缺乏统一性、效率性和衔接性;发挥司法保护知识产权的主导作用,树立司法保护知识产权的优先性、全面性和终局性理念,是解决上述问题的关键。[1] 引领型知识产权强省应当率先树立知识产权司法主导地位的理念,并采取切实措施,消除阻碍司法主导地位确立的因素,在各个层面使司法保护始终成为知识保护最重要的力量,引导社会各界充分尊重知识产权司法保护的权威性。

3. 行政保护组织的高效运转

知识产权行政保护是我国富有特色的知识产权保护机制。知识产权行政保护主要是指在侵权行为发生后,国家行政机关依据法律赋予的准司法处罚权限,责令侵权行为人立即停止侵权,并对其处以没收和罚款等行政

---

[1] 吴汉东,锁福涛. 中国知识产权司法保护的理念与政策 [J]. 当代法学, 2013 (6).

处罚的行为。❶ 虽然对于知识产权行政保护的地位一直存在较多的争议，但在当下知识产权行政保护仍然有其重要的价值。在我国知识产权保护体系中，知识产权的行政保护有着司法保护不可替代的作用，其优势在于政府可以运用多种行政手段保护知识产权，加强保护力度，提高保护效率。❷ 知识产权行政保护的主体是相关的行政机关，包括专利行政执法机关、商标行政执法机关、版权行政执法机关及其他知识产权行政保护机关（如查处不正当竞争行为的行政机关、保护品种权的行政机关、知识产权边境执法机关等）。引领型知识产权强省应当配置各种类型的知识产权行政保护机关，合理定位各种知识产权行政执法机构的功能和职责，协调好各类知识产权行政执法机关的内部关系和对外关系。

知识产权行政保护在我国各地有悠久的传统，并且受到各方面的高度重视。但是，知识产权行政保护还存在一些问题，这些问题也经常使其受到人们的诟病。有学者认为，我国知识产权行政保护是权利的受害保护，即保护权利和处罚违法行为；❸ 但目前我国以及各省市政府型知识产权保护组织在各部门执法、协调与司法保护关系等方面仍存在不足，相较而言，机构职能交叉、法规试用冲突是我国目前知识产权行政保护的最大问题。❹ 这也直接导致我国政府型知识产权组织出现职能混淆、效率低下等问题。作为引领型知识产权强省，其知识产权行政保护组织应当优越于其他地区，这种优越性的突出体现应当是行政保护组织具有高度协调、运转顺畅、富有效率等特点。高度协调包括两个方面：一是行政保护组织内部的各个部分之间做到分工合理、相互配合、合作交流；二是行政保护组织与司法审判组织之间做到有机衔接和相互协作。运转顺畅是指知识产权行政保护组

---

❶ 宋惠玲. 我国知识产权行政保护的概念、问题及解决之策 [J]. 学术交流，2013（7）.

❷ 曲三强，张洪波. 知识产权行政保护研究 [J]. 政法论丛，2011（3）.

❸ 宋惠玲. 我国知识产权行政保护的概念、问题及解决之策 [J]. 学术交流，2013（7）.

❹ 聂洪涛. 知识产权行政保护的发展趋势及我国相关制度的完善 [J]. 江西社会科学，2014（5）.

织提供知识产权保护的机制清晰、程序合理、方式便捷，知识产权保护资源的配置较为科学。富有效率则是前两者所呈现出的一种结果，突出地体现为知识产权行政保护组织受到知识产权主体较高的认同。

4. 企业自我保护组织的合理配置

企业是知识产权成果的创造者和运用者，也是知识产权保护利益的直接相关者，一个地方企业知识产权保护意识的强弱和知识产权保护能力的高低直接关系到该地区知识产权保护的整体水平。企业知识产权保护水平是一个地方知识产权实力的重要体现，引领型知识产权强省应当具备良好的企业知识产权保护组织体系。这种企业知识产权保护组织包括两个方面：一是企业内部知识产权保护组织的构建。大企业应当根据企业的特点和知识产权保护需求在内部设置相应的组织机构，配备必要的专业人员。基于中小企业的巨大数量和广泛存在，中小企业的知识产权保护状况对于一个地区的知识产权保护水平具有很大的影响。面对复杂的知识产权保护形势，中小企业启动各种保护战略策略的基础是自身所具备和可培育的知识产权保护能力，❶这种保护能力的直观体现就是合理的知识产权组织机构和相应的专业人员。二是不同企业之间在知识产权保护过程中的协调组织。通过一定的组织形式协调企业，尤其是中小企业在知识产权保护中的行动，不仅可以提高知识产权保护的效果，而且能有效节约宝贵的知识产权保护资源。

5. 社会协同组织的有力支撑

知识产权保护工作是复杂而艰巨的，需要多方面的专业资源和其他相关的资源，而国家机关和企业自身的资源供给能力毕竟是有限的，需要充分发挥各种社会组织的作用，因为很多社会组织拥有知识产权所需要的专业资源和其他条件。引领型知识产权强省的知识产权保护水平能否得到大幅提升，一个重要的工作是积极动员和有效利用各种社会组织的力量，使社会组织广泛而深入地参与到知识产权保护行动中。能够在知识产权保护

---

❶ 余翔，李伟. 中小企业知识产权保护能力建设初探 [J]. 知识产权，2013（1）.

过程中发挥相应作用的社会组织是多种多样的，常见的有行业组织，如行业协会、社会团体（尤其是专业性的学术团体）、知识产权中介服务机构等。

这里的社会组织实际上主要指的是人们经常提及的非政府型知识产权保护组织。我国非政府型知识产权保护组织具有倡导政策法规、承接政府职能、凝聚社会资源、传播信息资源与国际交流窗口等重要功能。❶ 非政府型知识产权保护组织是我国知识产权保护工作的重要参与主体，连接着政府与各知识产权权利人，乃至各行业、产业协会，有着重要的连接与协调作用。这种非政府型知识产权保护组织在以美国为代表的西方国家得到了较好的发展，美国拥有大量的非政府型知识产权保护组织，如国际知识产权保护联盟、美国商业软件联盟与国际商标协会等，这些美国知识产权保护组织一般具有较高的权威性。它们能够集中权利人力量，协调各方利益，维护权利人权益；对社会而言，也起到了降低行政管理成本，配置市场资源，维护市场良好竞争环境等作用。

就知识产权保护而言，我国目前能够在这方面发挥作用的社会组织的基础还比较薄弱。我国非政府型知识产权保护组织发展起步较晚，1984年我国成立了第一个具有法人资格的学术性的知识产权非政府型保护组织——中国知识产权研究会。目前非政府型知识产权保护组织在我国仍属于凤毛麟角，直到2010年，在我国的非政府组织中，与法律相关组织仅占全部非政府组织（NGO）的1%，知识产权保护领域的组织更是少之又少。❷ 目前我国非政府型知识产权保护组织存在三点劣势：一是发展历史较短，组织构建尚不完善。相对于有上百年历史的美国国际商标协会等知识产权保护组织，我国知识产权保护组织发展历史较短，多数组织始建于我国加入WTO之后，目前正处在组织结构完善发展阶段，且国内以及各省市关于非政府性知识产权保护组织管理的相关法律法规缺位。二是组织分

---

❶ 张健佳. 我国知识产权非政府组织发展探析 [J]. 知识产权，2013（10）.

❷ 王名，孙伟林. 我国社会组织发展的趋势和特点 [J]. 中国非营利评论，2010（5）.

散。会员数量少。美国国际知识产权保护联盟下辖的五大协会（美国出版商协会、娱乐软件协会、独立电影电视联盟、美国电影协会与美国唱片工业协会）共有会员 3 200 家，而目前我国知识产权保护组织的注册会员多为 200 家以内，协会影响力亟待提高。三是组织国际化程度低。美国国际知识产权保护联盟在实际工作中已经与美国政府部门一道参与到 TRIPs 协议与 WIPO 互联网条约等相关谈判中，而我国知识产权保护组织多处理国内事务，国际权威性不足。

引领型知识产权强省在推动知识产权保护社会协同组织建设方面应当紧盯国际方向，走在全国的前列。就知识产权保护而言，引领型知识产权强省的社会协同组织建设应当达到以下水平：能够提供知识产权保护服务的社会组织类型多样，数量较多；知识产权保护社会组织自身建设良好，组织机制健全，专业化水平高；建设一批实力较强、具有较大影响力，特别是较强国际竞争力、能够熟练参与涉外知识产权保护活动的社会组织；社会组织参与知识产权保护活动的意愿较强，并且被有效地组织和协调起来；社会组织能够提供多样化的知识产权保护服务，既包括提供知识产权保护的辅助服务或者专业服务，也包括提供直接的知识产权保护服务，如全国工商联曾经向全国政协提出由社会组织建立知识产权纠纷调解机制的提案。❶ 这一提案的实施就是社会组织直接进行知识产权保护的有效途径。

二．高水平的知识产权保护队伍

知识产权保护是具有高度专业性的工作，需要各类专业性很强的人才队伍的支持。对于引领型知识产权强省来说，要想不断提高知识产权保护水平，必须有一支实力雄厚的知识产权专业人才队伍提供强大的智力支持。从知识产权保护工作的现实需求看，引领型知识产权强省的知识产权专业人才队伍至少应当满足五个要求。

---

❶ 张文燕．全国工商联建议：鼓励支持社会组织建立知识产权纠纷调解机制［N］．中华工商时报，2017-03-11（2）．

(一) 知识产权专业人才的数量充足

随着知识产权强国建设的全面推进,知识产权专业人才的需求将会跳跃式增长,而在引领型知识产权强省建设试点地区,对于知识产权专业人才的需求更是会出现前所未有的局面,甚至是一种爆炸式的需求。这种需求首先是人才数量的增长,在各个方面的知识产权工作全面开展和向纵深推进的时候,会不断出现新的知识产权工作岗位,这些岗位需要有相应的人才去填补。如果没有相应的知识产权专业人才去承担不断增长的知识产权工作岗位任务,就意味着一些知识产权工作根本没有人去做,更谈不上提高这些知识产权工作的质量和效果了。

现阶段,我国知识产权人才支撑体系还存在诸多结构弊端,人才绝对数量与相对数量均不足。[1] 引领型知识产权强省知识产权保护队伍建设的基础就是要拥有足够数量的知识产权专业人才,不能在一些知识产权工作岗位上出现较明显的专业人才供给的空白。江苏省在一定程度上意识到了知识产权强省建设在知识产权专业人才数量保障上的重要性,专门制定了《江苏省"十三五"知识产权人才发展规划》,明确到 2020 年要将知识产权人才队伍在数量上壮大到 9 万多人。暂且不论这一数量目标是否合理,但它至少表明足够数量的知识产权专业人才在引领型知识产权强省建设中的重要性,这种重要性对于引领型知识产权强省的知识产权保护工作也是一样的。

(二) 知识产权专业人才的分布合理

引领型知识产权强省对知识产权保护工作的需求是全方位的,其对于知识产权专业人才的需求也涉及各个领域。同时,在引领型知识产权强省,知识产权保护工作也存在轻重缓急,不同地区、不同行业、不同岗位对于知识产权专业人才的需求也会存在差异。因此,引领型知识产权强省在知识产权保护过程中需要对知识产权专业人才能够有一个合理的分布。这种

---

[1] 朱一青. 我国知识产权人才支撑体系建设研究 [J]. 中国人力资源开发,2015 (21).

知识产权专业人才的合理分布主要有两个要求。

1. 知识产权专业人才广泛分布于各个需求单位

对于引领型知识产权强省来说，只要知识产权保护工作有实际需求，就有一定的知识产权专业人才的供给。也就是说，知识产权保护所涉及的各主要领域，都有相应的知识产权专业人才。有学者认为，知识产权人才按照就业途径，可以分为企业知识产权人才、知识产权服务业人才、知识产权行政管理和执法人才、科研机构知识产权人才等四类。[1] 这总体上反映了我国目前知识产权保护所涉及的各专业领域的人才需求情况，但也有一定的欠缺，那就是没有将对于知识产权保护工作特别重要的司法人才考虑在内，另外，还应当考虑到一些行业性组织以及社会团体所需要的知识产权专业人才。因此，知识产权专业人才的合理分布首先就是保证在企业、知识产权服务领域、知识产权行政管理和行政执法部门、司法机关、行业组织和专业性社会团体都有相应的知识产权专业人才。

2. 各主要领域的知识产权专业人才需求得到较好保障

对于引领型知识产权强省来说，虽然知识产权保护需要各种主体的努力，但从现实情况看，这种保护力度与成效主要取决于大中型企业的知识产权管理机构、知识产权行政执法机关、司法机关和知识产权代理机构。因此，知识产权专业人才合理分布的关键是这些机构所需要的知识产权人才得到较好的保障。

首先，企业知识产权专业队伍的配备。企业自身是知识产权保护的第一要素，而企业知识产权保护水平的关键因素是企业知识产权管理机构的活动。但是，目前这一关键因素的情况并不理想。《2016年中国专利调查数据报告》抽样调查了全国23个省区市的专利情况，调查结果显示，56.7%的企业设有专门管理知识产权事务的机构或人员，43.3%的企业未设置专门管理知识产权事务的机构或人员；在设置专门机构或人员负责管理全公司知识产权事务的企业中，71.2%的企业知识产权管理人员在2人

---

[1] 王博雅，向晶. 我国企业知识产权人才建设问题分析及政策建议［J］. 知识产权，2018（2）.

及以下，15.3%的企业在3~5人，5.8%的企业在6~10人，只有7.65%的企业在11人及以上。❶ 对于引领型知识产权强省来说，理想的状态是绝大多数大中型企业，尤其是知识产权事务较多的大中型企业，应当设置专业化的知识产权管理机构，并配备足够数量的知识产权专业人才。

其次，知识产权司法队伍的建设。当前，国际上兴起了知识产权诉讼专门化改革的浪潮，这种知识产权诉讼专门化需要配备相应的专业法官。❷ 2017年中共中央印发《新形势下加强政法队伍建设意见》，强调目前我国应努力建设一支信念坚定、执法为民、敢于担当、清正廉洁的政法队伍。知识产权法官相对于其他领域法官来说还有一些特殊性，由于大量知识产权案件涉及较多科学技术领域的知识，加上跨国知识产权案件数量逐渐增加，使得高水平的知识产权司法队伍，尤其是专利权领域司法队伍，除具备专业的法律审判水平外，还应具备理工科相关背景、懂得经济学相关知识以及拥有国际视野。对于一般的地区而言，知识产权司法队伍达到这样的水平有比较大的困难，但是引领型知识产权强省的起点较高，知识产权保护工作的任务也比较重，知识产权司法队伍应当满足这样的要求。考虑到很多知识产权案件具有很强的技术性，在引领型知识产权强省应当率先建立起技术调查官队伍。技术调查官队伍是高水平知识产权保护队伍的新兴力量。大量知识产权案件具有高技术、高度专业化的特点，这使得在司法裁判过程中，非技术的专业法官无法对相关事实做出准确、高效的判断；在知识产权保护队伍中引入技术调查官队伍，规范技术审查意见的采信机制，将有效提高知识产权审判的质量与效率，并增加技术认定的中立性、科学性与客观性。

再次，知识产权行政执法队伍的构建。不论对于知识产权行政保护的争论如何发展，不可否认的是，知识产权行政执法在未来很长的一段时间

---

❶ 国家知识产权局.2016年中国专利调查数据报告［R/OL］.［2017-11-30］. http://www.sipo.gov.cn/zscqgz/2017/201706/P020170703338141249559.pdf.

❷ 唐永忠.面向知识产权诉讼专门化的人才培养模式研究［J］.高等教育研究，2014（9）.

内仍然会是我国知识产权保护的重要部分,而知识产权行政执法队伍则是这方面知识产权保护的基本保障。目前我国各省市知识产权队伍面临执法专业能力不足,法律背景执法人员数量不足,执法积极性不高等问题。对于引领型知识产权强省而言,要想使知识产权行政执法在强化知识产权保护方面继续发挥重要作用,就必须打造一支数量充足,执法业务能力强,法律意识高,积极执法、严格执法的知识产权行政执法队伍。

最后,知识产权法律服务队伍打造。知识产权法律服务队伍是知识产权保护的重要辅助力量,知识产权法律服务队伍的水平对于知识产权保护的水平有着重要的影响,在很多个案中甚至具有决定性的影响。目前,我国知识产权法律服务队伍还存在较多的问题,突出地体现在知识产权律师队伍和知识产权代理队伍方面。在知识产权律师方面,传统的单一法律背景的律师在面对著作权、商标权等案件时阻力相对较小,但面对专利案件等科技性较强的案件时,他们往往应对乏力,专利事业需要具有复合知识结构的人才。[1] 目前专利律师在我国仍存在大量空缺。除"双证"型律师外[2],随着我国国际贸易的发展,涉外知识产权案件数量的增加,拥有国际诉讼能力的知识产权律师更是少之又少。知识产权代理服务队伍是知识产权保护队伍不可或缺的部分。尽管专利代理人与商标代理人的工作主要集中在知识产权的创造与运营阶段,但代理人能力高低直接影响这些知识产权后续保护的效果。以专利权为例,专利权的保护范围主要由专利申请文件中的权利要求确定,而专利代理人对发明创造相关技术以及权利要求的表述直接影响专利权在以后能否得到较好的保护。与此同时,随着我国企业PCT专利与境外专利申请的与日俱增,英语、德语、法语等国际工作语言的需求量明显增加,具有良好外语能力的专利代理人仍是目前我国专利代理人才的主要缺口之一。不仅具有特定素质的知识产权代理人员比较欠缺,知识产权代理人员在总量上也不能满足需求。数据显示,截至2016年年底,全国执业专利代理人共14 977人,其中北京市执业人数最高为

---

[1] 张宝山.专利事业呼唤"复合型"人才[J].中国人大,2014 (11).
[2] "双证"即律师执业证、专利代理人资格证。

6 592人，占全国专利代理人数量的44%。❶ 广东、江苏、浙江三省等传统知识产权强省尽管在专利代理人数量排名上较为靠前，但三省专利代理人数的总和仅为北京市的一半；而同年度中，江苏省发明专利申请量是北京市的1.8倍，发明专利申请量与专利代理人数量不匹配现象严重。❷ 对于引领型知识产权强省来说，不仅要在短期内尽快壮大知识产权法律服务人员的数量，而且要在复合型知识产权法律服务人才、外向型法律服务人才的培养和输出方面做出巨大的努力，保证知识产权法律服务人才在总量上和结构上与日显重要的知识产权保护的需求相适应。

3. 知识产权专业人才的分布体现出合理的差异

知识产权专业人才的合理分布并非均匀分布，而是指知识产权人才的分布结构应当与知识产权保护各个方面的需求相适应。由于引领型知识产权强省的各个区域、各个行业、各个知识产权类别、不同类型的单位在知识产权保护方面的要求不同，各自对于知识产权专业人才的需求也就会存在差异，这就要求知识产权专业人才的分布应当具有相应的差异，这种差异既体现在的人才数量上，也体现在人才类型上。比如，在江苏省，苏南的经济社会发展水平要比苏北高得多，其知识产权发展水平和对于知识产权保护的需求也明显高得多，苏南对于知识产权专业人才的需求无论是数量还是素质都要远远高于苏北。相对于传统产业、劳动密集型产业等领域来说，高新技术产业、战略新型产业应当得到更多的知识产权专业人才的配置。相对于品种权、地理标志、非物质文化遗产等方面的知识产权保护工作，在专利权保护、商标权保护、版权保护、商业秘密保护等方面应当有更多的知识产权专业人才。相对于机关、事业单位、行业组织和社会团队，知识产权专业人才的配置应当主要面向企业；相对于中小企业，大型企业对于知识产权专业人才的需求更应得到重视。

（三）知识产权专业人才的水平较高

如果说在知识产权发展水平还不高的省市、地区，知识产权专业人才

---

❶ 2016北京市专利代理年报 [R].
❷ 2016年国家知识产权局年报 [R].

队伍的建设在目前还主要是解决人才数量的问题,在"有人才"上做更多的工作,在引领型知识产权强省,就要从强化知识产权保护工作的角度考虑,除了知识产权专业人才的数量要满足需求外,更要在知识产权专业人才的素质和能力上做足文章,需要在"高素质人才"上做出更多的努力。对于引领型知识产权强省来说,高水平知识产权专业人才队伍应当满足三个要求:一是具有相当数量的复合型知识产权人才。引领型知识产权强省更需要具有多方面的知识和多种技能的知识产权专业人才,特别是能够具有科技、法律、管理等方面知识产权和技能的专利人才,包括企业急需的专利创造人才、专利管理人才、专利服务人才等。❶ 二是知识产权人才具有较强的实践能力。知识产权人才应当熟悉我国及当地知识产权保护的需求和现状,具有较强的分析和应对现实问题的能力,对于其所从事或者协助的知识产权保护工作具有较强的适应性。三是具有相当数量的涉外知识产权人才。从近些年的情况看,我国企业"走出去"时所遭遇的知识产权侵权指控或者调查越来越多,同时我国企业的知识产权在境外遭受各种形式侵害的情况也越来越多,在境内我国企业在面临外国企业的竞争时也发生了更多的知识产权纠纷。这一切使得我国企业在保护自身知识产权或者应对境外知识产权侵权指控时需要更多具有较强的外语交流能力、熟悉其他国家知识产权法律制度、具有在境外进行知识产权维权经验的涉外知识产权专业人才。

(四) 知识产权专业人才的储备丰富

知识产权保护工作对于知识产权专业人才的需求具有持续性,而且,随着我国创新驱动发展的深入实施和军民融合等战略行动的推进,知识产权保护工作对于知识产权专业人才的需求无论是在人数上还是在素质上都会有较大的增长,这种增长在引领型知识产权强省会表现得更加明显,这就要求引领型知识产权强省具有较强的知识产权专业人才储备和供给能力。

---

❶ 于欣华,王世苗. 我国企业专利人才缺失原因及解决措施[J]. 知识产权,2014(12).

这种知识产权专业人才的储备和供给能力主要体现在知识产权人才的培育能力上。

对于引领型知识产权强省来说，要拥有储备丰富的知识产权专业人才，就是要拥有较强的知识产权人才培养和输送能力，这种人才培养和输送能力实质上首先是要求引领型知识产权强省的高校具有应用知识产权保护需求的知识产权人才培养能力，这种能力突出地体现在以下五个方面：(1) 要有较大的知识产权人才培养的能力。也就是说要有较多的高校有能力、也愿意从事知识产权人才培养工作，并且要有较大的招生规模。(2) 要注重应用型知识产权人才的培养。目前我国应用型知识产权人才不仅数量紧缺，素质也有待提高，应用型知识产权人才培养的质量堪忧。❶ 高校向社会输送的知识产权人才应当具有较强的适应性，具有较强的实践能力和操作技能，能够迅速承担相应的知识产权保护工作。(3) 要注重复合型知识产权人才的培养。在很多人看来，知识产权人才是一种复合型人才，也是一种专业知识交叉型人才。❷ 事实上，复合型知识产权人才也是社会需求量最大的一类人才，高校应当有效整合多学科的教育资源，将知识产权人才培养的精力集中在具有两种以上知识和技能的复合型人才的培养上。(4) 要注重多种类型的知识产权人才的培养。社会对于知识产权保护人才的需求是多样化的，高校应当根据自身的条件和特色从教育层次、学科专业类型等方面进行知识产权人才的错位培养，❸ 向社会输送多样化的知识产权专业人才。(5) 要注重高端、特殊技能知识产权人才的培养。从当前情况看，作为引领型知识产权强省的高校必须有能力向社会输送有能力从事复杂的知识产权国际保护、区域或者行业知识产权战略设计等服务的高端人才，能够提供军民融合涉及的知识产权保护服务或者其他较为

---

❶ 刘运华，杜伟．应用型知识产权人才培养的实证分析研究［J］．江南论坛，2015 (8)．

❷ 张建华．我国高校知识产权人才培养的反思与建议［J］．大学（学术版），2012 (3)．

❸ 钱建平．论高校对知识产权人才的错位培养［J］．江苏社会科学，2010 (6)．

特殊的知识产权服务的特色人才。

（五）知识产权专业人才的激励充分

在引领型知识产权强省，不仅要有相应的知识产权人力资源，而且必须保证这些知识产权人才资源不会被闲置，也就是说要让各种知识产权专业人才能够在知识产权保护方面切实发挥有效的作用。如果要充分发挥知识产权人才在知识产权保护方面的作用，就应当实行相应的激励机制。这种激励可以体现在多个方面：其一，知识产权专业人才应当具有良好的晋升通道。与其他专业人才一样，知识产权专业人才也会关注自身的发展，良好的发展前景会激励他们努力在知识产权保护方面发挥自己的才智。因此，引领型知识产权强省必须为各类知识产权专业人才提供在专业技术职务、行政职务、机构等级等方面的晋升通道和发展机会。其二，知识产权专业人才应当获得相应的利益回报。现实情况表明，物质利益的刺激是知识产权专业人才在知识产权保护方面积极贡献其智慧和充分发挥其作用的重要保障。这种物质利益刺激的具体形式是多方面的，如有效解决部分地区或者领域知识产权专业人才薪水待遇较低的问题，❶ 保证知识产权专业人才的劳动得到相应的报酬，使在知识产权保护方面做出突出成绩的知识产权专业人才能够获得一定的物质奖励，保护知识产权专业人才在提供专业服务时的合理收费等。其三，知识产权专业人才应当得到应有的尊重。全社会应当营造一种尊重知识产权专业人才的良好氛围，重视知识产权专业人才的劳动，知识产权专业人才在申报各类人才工程、荣誉称号等方面应当得到较多的机会。

三、便捷的知识产权保护机制

知识产权保护工作的效率是知识产权保护力度和成效的重要体现，高效率的知识产权保护工作需要有便捷的保护机制，这种保护机制更多地体

---

❶ 王博雅，向晶. 我国企业知识产权人才建设问题分析及政策建议［J］. 知识产权，2018（2）.

现为畅通的保护渠道和合理的保护程序。知识产权保护机制的创新是引领型知识产权强省在知识产权保护方面的应有内容。有学者通过对欧盟地区、上海自贸区与天津自贸区的知识产权保护机制对比分析，发现目前知识产权保护机制的创新主要集中在四个方面：管理体制创新、纠纷处置创新、深化服务运用与强化保护理念。❶ 从当前实际情况看，引领型知识产权强省所要着力构建的便捷的知识产权保护机制应当包括以下几个方面。

1. 多元化的知识产权保护模式

多元化的知识产权保护模式可以充分发挥各种模式在解决知识产权纠纷方面的优点，给知识产权纠纷当事人更多的选择机会。随着我国知识产权事业的蓬勃发展与我国知识产权保护水平的逐步提升，我国知识产权纠纷呈现出多元化态势，具体表现在：一是纠纷主体、客体多元化。国家知识产权战略的实施以及经济全球发进程的加快，参与到我国知识产权纠纷的主体也从国内大型企业扩展到国内小型企业及个人，也有越来越多的国外企业与个人参与到我国知识产权纠纷中，而纠纷客体也从专利权、商标权、著作权扩展到商业秘密、集成电路布图设计、植物新品种等众多知识产权。二是纠纷类型多元化，遍及知识产权归属纠纷、侵权纠纷、合同纠纷与行政纠纷等。面对日益复杂和多样化的知识产权纠纷，以司法为代表的任何一种知识产权纠纷的解决模式都不能独自、恒定地处理好这些纠纷。引领型知识产权强省应建立多元化的知识产权纠纷解决机制，除了确保司法和行政执法在知识产权保护方面的基础作用外，还要充分调动行业组织和社会团体、企业、中介机构以及其他民间力量的积极性，推动建立具有知识产权国际仲裁资质的仲裁庭，建设多种形式的调解机构，实现覆盖协商、调解、仲裁与诉讼的多元化知识产权纠纷解决机制。

2. 行政执法与司法保护的有机衔接

司法和行政执法是我国知识产权保护的主要力量，虽然两者都有自身的固有范围，但也存在一些交叉和配合的问题。知识产权行政执法与司法

---

❶ 李晓锋.三维视角下天津自贸区知识产权保护机制构建战略［J］.科技管理研究，2016（13）.

的衔接直接关系到能否对于知识产权侵权行为及时、合理地追究相应的法律责任，关系到国家保护知识产权的资源能否得到合理配置和有效利用。一般来说，知识产权司法、执法衔接机制是指在处理知识产权违法活动时，相关知识产权行政执法机构发现违法活动可能涉及犯罪的，向知识产权刑事司法机构移送案件，或知识产权刑事司法机构在审理涉嫌知识产权违法犯罪案件时，发现相关案件不构成犯罪但仍需依法追究行政责任时，向相关知识产权行政执法部门移送相关案件的知识产权保护办案协作机制。目前我国在"两法衔接"方面仍存在政出多头，内容冲突，效力等级低，体系不健全等问题。❶ 引领型知识产权强省应率先探索改革知识产权司法、执法衔接机制，完善相关地方立法，提升知识产权司法机构与执法机构的协作关系，提高惩处知识产权违法行为的办案效率。

3. 区域知识产权保护联动机制

从现实发生的一些知识产权侵权案件情况看，不少案件往往涉及不同的行政区域，由于涉及异地办案，对于知识产权保护的效果会产生一定的影响。只有构建和创新区域知识产权保护联运机制，使不同地区的知识产权行政执法机关和司法机关进行有效的协作，相互配合，才能使行政执法人员或者法官顺利开展调查和取证工作，案件的审理程序才能够有序进行，行政处理决定和司法裁判才能得到及时有效的执行。可以说，良好的区域知识产权保护联运机制是提高跨区域知识产权案件处理质量的重要保障。

4. 知识产权纠纷解决的合理程序

时间长、取证难、成本高是在长期的知识产权维权过程中知识产权人反映比较强烈的问题，这些问题的产生原因固然是多方面的，但现行法律所设计的知识产权纠纷解决程序的不合理是其中的重要一点。因此，优化知识产权纠纷解决的程序，包括在保证公正的前提下尽可能缩短一些案件处理时间，减少一些案件处理环节，设计更加多样化的取证方式和证据形式，适当扩大举证责任转移或者倒置的范围，降低部分知识产权案件审理

---

❶ 陈波. 知识产权"两法衔接"机制的立法完善[J]. 西安财经学院学报，2015 (11).

的收费等。行政执法机关和司法机关在处理知识产权纠纷时应当尽可能简化各种活动的程序，提高双方当事人参与知识产权纠纷处理的便捷程度。

四、良好的知识产权保护环境

知识产权保护工作的顺利开展需要良好的氛围，这种氛围涉及政策环境、社会意识和支撑条件等多个方面，它们也是一个地区知识产权保护水平的重要体现。一个知识产权保护环境不好的地区，即使在知识产权保护实效方面取得了一定的成绩，这种成绩也只能是短暂的现象。

1. 良好的知识产权政策导向

知识产权政策对于包括知识产权保护在内的各项知识产权工作具有重要的导向作用。知识产权政策理念上存在的误判，很容易使知识产权工作陷入一定的困境。❶ 高水平的知识产权保护工作需要有导向明确、相互协调、执行有力的政策体系，这一政策体系涉及国家和地方的法律法规、政府的规划和计划及其他与知识产权工作相关的激励性或者抑制性文件。适应知识产权保护工作的政策体系应当满足以下要求：知识产权法律制度比较完善，法律、法规、规划和计划及其他政策文件层层跟进；各种知识产权法律制度与政策文件都强调对于知识产权的保护，加强知识产权保护的导向非常明确；各类知识产权法律制度及政策文件之间协调一致，相互冲突的情形极少，每个法律文件、政策文件内部的协调性比较强。

2. 公众较强的知识产权意识

公众知识产权意识是加强知识产权保护的社会基础。公众知识产权意识的强弱和正确与否，对于知识产权制度价值实现的影响是显著的；在创新型国家建设进程中，公众良好的知识产权意识，可以为构建和谐创新环境提供重要支持力量。❷ 作为知识产权强省建设的软实力，较强的知识产权意识应当贯穿知识产权创造、运用、管理、保护、服务的全过程。普通

---

❶ 董涛. 中国知识产权政策十年反思［J］. 知识产权，2014（3）.

❷ 赵俊林，郭虹. 论公众知识产权意识与和谐创新环境构建［N］. 法制日报，2009-06-10（11）.

公众具有较强的知识产权意识，可以在很大程度上增加知识产权侵权行为实施的阻力，并增加知识产权侵权行为被曝光或者发现的概率，知识产权侵权行为被追究的程度会有效提高。企业知识产权意识的提高，就会尊重他人的知识产权，实施知识产权侵权行为的意愿会大大削弱，制止知识产权侵权行为和追究侵权人责任的意愿也会比较强。

3. 扎实的知识产权工作基础条件

任何知识产权工作，包括知识产权保护工作在内，必须在物质、技术条件、经费支撑等基础条件方面获得较好的保障，才能得以顺利推进。作为引领型知识产权强省，这些基础条件的保障程度应当处于比较高的水平。要有坚实的物质条件，主要包括知识产权保护需要的场所设施、设备器材、交通工具等；要有相应的技术条件，如相关的知识产权数据库、侵权行为识别技术、防范侵权行为的技术措施、查找或者固定侵权证据的技术等；要有比较充裕的工作经费或者维权经费，包括政府的经费支持和权利人自身安排的经费。

五、有力的知识产权保护措施

知识产权保护措施是知识产权保护工作的具体行动，知识产权措施的力度是知识产权保护力度的直接体现，并且直接关系到知识产权保护的实际效果。引领型知识产权强省要想将知识产权保护区维持在较高的水平上，就必须在多个方面采取一些有力的保护措施。

1. 坚决采取法律规定的严厉保护措施

知识产权保护主要是应对知识产权侵权行为，而对于知识产权侵权行为，现行法律一般都规定了相应的法律责任，包括民事责任、行政责任和刑事责任，并规定了一些执法措施或者强制措施。引领型知识产权强省应当进行更严格的知识产权保护，这种更严格的知识产权保护一般意味着在同等情形下采取更严厉的法律措施，追究更重的法律责任。在追究法律责任时，如果某一知识产权侵权行为涉及民事责任、行政责任和刑事责任的，只要三种法律责任相互之间没有冲突，应当同时追究三种法律责任，特别是不能仅仅追究民事责任和行政责任而不进行刑事制裁。在追究每一种法律责任时，通常情况下，严厉的保护措施体现为在法定的责任幅度内选择更重的责任；比如，在适用法定赔偿时从高确定具体的赔偿数额，在规定的有期徒刑幅度内判处较长年限的有期徒刑。

2. 自主采取切合实际的有效保护措施

在法律未规定知识产权保护措施的领域或者事项上，引领型知识产权强省应当尽可能采取各种形式的有力措施，力度的大小通常可以从与其他地区的相关措施的比较上体现出来。比如，在推动知识产权保护联盟的建设方面，最好能够在较多的地方、较多的行业开展此种联盟建设的试点示范工作；在利用行业组织的保护力量方面，最好能够指导和帮助各主要的行业协会构建本行业的知识产权自律保护组织；在开展维权援助工作方面，除在每个县区都建立维权援助中心外，最好能够在各个乡镇、街道建立起维权援助联络点，并且保证各个维权援助机构有适量的专职人员和给予外部支持的专业服务机构及专家队伍。自行采取有力的保护措施，意味着在引领型知识产权强省，尽量减少那些象征性的知识产权保护行动或者没有实质内容的名义上的知识产权保护行动。

六、显著的知识产权保护成效

引领型知识产权强省理想化的知识产权保护水平最终应当体现在显著的知识产权保护成效上。没有明显的知识产权保护成效，说明在前述各个方面的知识产权保护工作上存在某方面或者多方面的问题。通常来说，显著的知识产权保护成效主要体现在以下三个方面。

1. 社会对知识产权保护工作具有较高的满意度

社会对于知识产权保护工作的满意度是知识产权保护效果最重要的体现之一，引领型知识产权强省的知识产权保护工作必须获得社会较高的认可，一般来说其社会满意度应当明显高于一般地区的社会满意度。比如，据相关统计分析，我国2017年知识产权保护社会满意度指数为76.69分，❶对于引领型知识产权强省而言，这一指数就应当达到85分。这种较高的满意度主要包括以下几个方面：一是公众的感受较为强烈。社会公众深切感受到地方政府在知识产权保护方面做出了巨大的努力，大部分社会成员对于知识产权保护的重要性的认识有了明显的提升，尊重知识产权的意识明显增强。二是知识产权人较为满意。绝大部分知识产权的拥有者对于其知识产权的安全具有较强的信心，对于知识产权侵权行为受到的制裁以及其所受损失获得的补偿较为满意。三是具有良好的国际声誉。引领型知识产权强省建设地区在知识产权保护方面具有较好的国际形象，拥有知识产权的外商在进入该地方的市场时一般没有遭受侵权的担忧，尤其是在运用先进技术或投入知名品牌时没有心理障碍。

2. 新发生的知识产权侵权行为明显减少

知识产权保护的直接目的在于制裁知识产权侵权人，使遭受侵权损害的知识产权人获得合理的赔偿，而其根本目标在于减少乃至防止新的知识产权侵权行为的发生。只有新发生的知识产权侵权行为明显减少，才能说明引领型知识产权强省的各项知识产权保护工作产生了较好的实际效果。通常来说，新发生的知识产权侵权行为的减少要通过前后两个周期的比较才能做出判断。另外，在衡量新发生的知识产权侵权行为数量时，还应当将新发生的知识产权侵权行为与新发生的知识产权侵权案件区分开来。新发生的知识产权侵权案件可能是针对本周期内发生的知识产权侵权行为，也可能针对以前周期内发生而在本周期内提起诉讼的知识产权侵权行为，而新发生的知识产权侵权行为仅指本周期内发生的知识产权侵权行为。

3. 创新驱动发展环境明显改善

有研究表明，制度环境对企业的创新驱动发展水平具有显著正向影

---

❶ 吴珂. 我国知识产权保护社会满意度进步明显［N］. 中国知识产权报，2018-04-27（4）.

响。[1]这种制度环境是多方面的，而知识产权保护制度的作用无疑是其中很重要的一个方面。对于引领型知识产权强省来说，知识产权保护对于创新驱动发展环境的促进作用主要体现在各类技术创新活动、创新成果的运用与转化活动很少受到知识产权侵权行为的干扰，创新人才的劳动成果与相应的经济利益得到较好的保障，知识产权保护在激发创新热情与创新产出、提高创新成果运用效益方面发挥了很大的作用。

---

[1] 郑春美，余媛. 高新技术企业创新驱动发展动力机制研究——基于制度环境视角［J］. 科技进步与对策，2015（24）.

第二章 地方政策法规应对知识产权保护新要求的问题

第一节 江苏地方性知识产权政策法规的现状

一、综合的地方性知识产权政策法规

综合性知识产权政策法规指的是适用于多种不同类型的知识产权（专利权、商标权、版权、商业秘密等）相关事务的政策法规文件。自国家和江苏实施知识产权战略以来，江苏省及省属各地为了有效推进各项知识产权工作，根据国家的法律、法规和相关的政策文件制定了一系列地方性知识产权政策法规，其中包括较多综合性的知识产权政策法规。

1. 省级层面的综合地方性知识产权政策法规文件

近十年来，江苏省出台了较多适用于全省的综合性知识产权政策法规文件，如2009年发布的《江苏省知识产权战略纲要》，2012年发布的《江苏省知识产权"十二五"发展规划》，2016年发布的《江苏省"十二五"知识产权发展规划》《江苏省"十三五"知识产权人才发展规划》《中共江苏省委江苏省人民政府关于加快建设知识产权强省的意见》和省政府办公厅发布的《江苏省知识产权强企行动计划》《江苏省重大经济科技活动知识产权评议办法》，2017年发布的《江苏省关于知识产权强省建设的若干政策措施》，2018年发布的《江苏省"十三五"知识产权服务业发展规

划》，等等。❶ 另外，江苏省高级人民法院也出台了少量的知识产权保护政策文件，如 2017 年的《江苏省高级人民法院关于明确全省法院知识产权民事案件级别管辖标准的通知》。

从这些政策法规文件的内容看，就其与知识产权保护工作的相关性而言，主要有两种情况：一是政策法规文件包含关于知识产权保护的内容（或者专项规定）。比如，《江苏省"十三五"知识产权发展规划》中有"知识产权保护环境持续优化""知识产权保护从执法监管向社会共治转变""严格知识产权保护，优化创新创业环境"等涉及以往知识产权保护成绩、未来知识产权保护目标及任务等方面的内容；《关于加快建设知识产权强省的意见》中有"知识产权保护环境明显优化""切实加大知识产权保护力度"等关于知识产权保护目标和重要任务的内容；《江苏省关于知识产权强省建设的若干政策措施》中有"实施高标准的知识产权保护"的专项规定。二是政策法规文件包括为知识产权保护提供支撑的相关工作的内容（或者有关支撑工作的专门规定）。《江苏省"十三五"知识产权人才发展规划》和《江苏省"十三五"知识产权服务业发展规划》等文件是专门针对知识产权保护需要的知识产权人才、知识产权服务等支撑条件进行统筹规划的文件，而在其他的政策文件中都涉及了知识产权人才队伍、知识产权服务以及相关的组织保障机制等知识产权保护支撑条件方面的内容。

从地方性政策法规文件在强化知识产权保护方面的作用来看，省级层面的综合性政策法规文件的表现最为突出，是创造引领型知识产权强省建设制度环境的中坚力量。这些省级层面的综合性政策法规文件在实行更严格的知识产权保护方面的作用，也得到了社会的高度认同。比如，自 2009 年实施《江苏省知识产权战略纲要》以来，江苏知识产权工作经历了一个快速发展的时期，知识产权创造、运用、保护和管理水平均大幅提高，知

---

❶ 这些政策法规文件的内容可以参见江苏省知识产权局官网 http：//jsip.jiangsu.gov.cn/col/col3301/index.html。

识产权综合实力位居全国前列；❶《江苏省关于知识产权强省建设的若干政策措施》的出台，被认为可以促进江苏省"知识产权强省建设提档加速"，是在针对"举证难、周期长、成本高、赔偿低、效果差"等知识产权保护存在的难题"出实招"，有利于"整合行政执法力量，加大对知识产权侵权易发高发行业、市场区域的监管和整治力度，严厉打击各类知识产权违法违规行为"。❷

2. 全省各地的综合地方性知识产权政策法规文件

从江苏各个地方的情况看，在综合性地方知识产权政策法规文件的出台方面的行动并不平衡。总体来看，知识产权发展水平比较高的地方，对于综合性地方知识产权政策文件的制定和出台也比较重视，尤以南京和苏州为典型。南京市2010年发布《南京市知识产权战略纲要》，2011年公布《南京市知识产权促进和保护条例》，2017年南京市知识产权局发布《南京市知识产权强市建设行动计划（2017~2019年）》《南京市"十三五"知识产权发展规划》。苏州市2016年发布《中共苏州市委 苏州市人民政府关于加快建设知识产权强市的意见》《苏州市"十三五"知识产权发展规划》两个重要的综合性知识产权政策文件；此外，苏州市还陆续出台《苏州市知识产权专项资金管理办法》《苏州市知识产权维权援助管理办法》《苏州市知识产权维权援助实施办法》《中国（苏州）知识产权维权援助中心分支机构管理办法》《苏州市加强服务外包产业知识产权保护的指导意见》《姑苏知识产权人才计划实施细则（试行）》《姑苏区、保护区提升知识产权综合竞争力扶持政策》《苏州市知识产权服务业发展扶持实施细则》等综合性的知识产权保护政策文件或者支撑性政策文件。

在知识产权发展水平比较低的地区，尤其是苏北地区，不仅此类政策文件的数量少，而且内容比较粗糙。比如，在徐州市科技局网站上没有搜

---

❶ 胡莹莹，邹亮. 浅析江苏建设知识产权强省的路径 [J]. 中国发明与专利，2017 (3).

❷ 吴珂. 江苏："知识产权18条"释放创新活力 [N]. 中国知识产权报，2017-04-19 (2).

索到有关知识产权保护方面的地方政策法规。在淮安市科学技术局网站上查阅了近十年的政策文件，只有 2015 年发布的《淮安市知识产权（专利）战略推动三年行动计划（2015～2017 年）》这一个综合性知识产权政策文件。

就江苏各地的综合性知识产权政策文件的内容看，与知识产权保护相关的内容也是两个方面：一是直接关于知识产权保护的内容；二是涉及知识产权保护支撑工作的内容。以南京市为例，《南京市知识产权战略纲要》规定了知识产权保护的重点任务是"建立健全知识产权行政执法体系，营造经济建设与发展良好环境"，同时规定了知识产权服务体系、人才培养体系、资金投入等知识产权保护支撑工作；《南京市知识产权强市建设行动计划（2017～2019 年）》规定了知识产权保护社会满意度到 2019 年达到 80 分的目标和"实施知识产权强市保护计划，优化保护环境"的重点任务这两个方面直接的知识产权保护内容，并规定了政策资金支持、知识产权文化营造、知识产权人才计划和知识产权服务能力提升计划等涉及知识产权保护支撑工作的内容；《南京市"十三五"知识产权发展规划》规定了"知识产权保护环境不断优化"的目标和"实施知识产权保护强化工程"的重点任务，两者是直接关于知识产权保护的内容，同时又规定了"知识产权服务业加快发展"与"知识产权人才队伍不断壮大"的目标以及"实施知识产权服务能力提升工程"这一重点任务，并在组织保障方面规定了"进一步加强政策激励与资金投入"和"进一步提升全社会知识产权意识"两个方面的内容，这些都属于知识产权保护支撑工作。

二、关于专利保护的地方性政策法规

在江苏省级层面的地方性知识产权保护方面的政策法规文件中数量最多的就是关于专利保护的政策法规文件。近十年主要的政策法规文件有 2008 年发布的《行政执法人员执法行为规范》《江苏省专利行政处罚听证规则》和《江苏省专利案件移送暂行办法》等，2009 年颁布的《江苏省专利促进条例》，2010 年颁布的《江苏省专利行政执法规程》，2011 年颁布

第二章 地方政策法规应对知识产权保护新要求的问题

的《江苏省知识产权局行政执法监督检查办法（试行）》《江苏省知识产权局行政执法考核评议暂行办法》以及《江苏省知识产权局重大行政处罚备案审查制度（试行）》，2017年报送江苏省法制办的《江苏省专利行政执法办法》，等等。

在江苏的一些地方，也出台了一些专门关于专利的政策法规文件，其中涉及专利保护工作或者专利保护的支撑工作。以苏州为例，其在2011年发布《苏州市专利促进条例》，2012年发布《苏州市专利资助实施细则（试行）》；除此之外，苏州市的一些辖区也颁布了与专利保护支撑工作有关的政策法规，如《2014年常熟市专利资助办法》《吴中区专利专项资金管理办法》。

从内容上看，这些专利保护相关的政策法规文件主要涉及两类事项：一是有关专利保护程序的规定；二是有关专利保护支撑工作的实体性规定，主要是像资金资助等条件创造或者物质支持方面的规定。

三、关于品牌保护的地方性政策法规

长期以来，江苏在商标品牌保护方面制定颁布的政策法规文件不多，除了早些年江苏省及很多地市颁布的有关著名商标或者知名商标认定和保护的政策文件外，❶ 主要是一些工作推进的文件。近些年，在省级层面上比较重视商标品牌规划及执法等方面的政策文件的制定。比如，2014年发布《省工商局关于深化"护航品牌"专项活动的通知》，2015年为规范江苏商标代理行业发布江苏省地方标准《商标代理服务规范》，2016年为促进企业商标管理和保护发布江苏省地方标准《企业商标管理规范》，还发布《省工商局关于加快推进商标国际注册工作的意见》，2017年发布《江苏省工商局关于开展保护地理标志商标专用权专项行动的通知》《江苏省商标品牌战略三年推进计划（2017~2019）》。

江苏各地区为了落实国家和江苏工商行政管理部门的一些政策文件或

---

❶ 由于著名商标和知名商标的认定受到较大的争议，目前这些政策文件基本上已经停止执行。

者工作要求，也出台了一些工作推进文件。比如，在商标品牌工作做得最好的苏州市，[1] 2014年发布《关于实施商标战略、建设品牌强市的实施意见》《苏州市产业集群品牌培育基地确认和管理办法（试行）》《关于开展驰名商标企业商标管理行政指导的通知》《关于深化开展"护航品牌"专项活动的通知》，2015年发布《苏州市工商局2015年商标监督管理工作要点》《苏州市工商局2015年打击侵犯知识产权和制售假冒伪劣商品工作要点和任务分工》，2016年发布《2016年商标监督管理工作意见》。在商标品牌工作同样做得较好的南京市，此种专项文件相对较少，在南京市工商行政管理局网站上只查阅到2018年发布的《南京市工商局关于提升商标品牌工作全省首位度的意见》和2017年发布的《2017年商标发展与监管工作意见》两个文件。在商标品牌发展水平较低的苏北地区，这种专项政策文件数量更少，在一些苏北地区工商行政管理局的网站上根本查阅不到这些政策文件。

四、关于版权保护的地方性政策法规

在管理体制上，在新一轮机构改革前，我国的版权管理部门与新闻出版和广播电视管理部门结合在一起，因此专门针对版权保护及其关联事务制定的地方性政策法规文件比较少。就江苏省近10年的情况看，2007年发布《江苏省软件产业促进条例》，2009年颁布《江苏省著作权合同备案办法（试行）》，2011年发布《江苏省新闻出版（版权）局行政执法公示制度（试行）》，2014年发布《江苏省版权示范城市、示范单位和示范园区（基地）创建和管理办法》，2016年发布《江苏省新闻出版广播影视（版权）"十三五"发展规划》，2017年发布《江苏省版权贸易基地认定办法》。

在江苏省的一些地区，也有少量关于版权保护的地方性政策法规文件，比如，2015年苏州市发布《苏州市专利、版权违法行为举报奖励办法》，

---

[1] 从2015~2017年江苏省工商局连续三年发布的江苏省区域商标品牌发展指数报告看，苏州连续排名第一。

2017年淮安市发布《淮安市作品登记管理办法》。总体来看，江苏各地关于版权保护的地方性政策法规文件要比关于专利、商标保护的地方性政策法规文件少得多。

五、关于其他知识产权保护的地方性政策法规

江苏省关于其他知识产权保护的地方性政策法规文件主要集中在农业知识产权方面。从各种官方网站搜索的情况看，近10年这方面的地方性政策法规文件主要有江苏省人大常委会2012年对《江苏省种子条例》的修订；江苏省农业委员会2007年发布的《绿色食品标志管理办法》《无公害农产品标志管理办法》《农业植物新品种测试指南研制管理办法》，2008年发布的《江苏省蚕种生产、经营许可工作暂行实施办法》，2016年发布的《农作物种子生产经营许可管理办法》《主要农作物品种审定办法》和《农作物种子标签和使用说明管理办法》，2017年发布的《非主要农作物品种登记办法》等。而且，这类地方性政策法规文件主要出现在省级层面，江苏省的各个地区基本上没有发布这样的政策法规文件。

第二节 现有地方性政策法规不适应知识产权保护需求的问题

一、相关地方性知识产权政策法规的缺失

我国知识产权政策还存在许多不适应创新驱动发展和知识产权强国建设的问题，迫切需要构建有效的知识产权政策体系。❶ 这种政策的不适应同样存在于知识产权强省建设地区的地方性政策法规上。相对于引领型知识产权强省建设对于地方性政策法规的要求而言，目前江苏的地方性知识产权政策法规还存在一些缺失，也就是说，一些应有的地方性知

---

❶ 宋河发，沙开清，刘峰．创新驱动发展与知识产权强国建设的知识产权政策体系研究［J］．知识产权，2016（2）．

识产权政策法规文件还没有制定或者颁布出来。在江苏省，这种有关知识产权保护的地方性政策法规文件的缺失主要表现为三个方面。

1. 部分知识产权保护的专项地方性政策法规的缺失

从现实情况看，知识产权主要有专利权、商标权、版权、商业秘密、品种权、集成电路布图设计、非物质文化遗产等。前文已述，江苏省在专利权、商标权、版权、品种权等方面都制定了一些涉及知识产权保护的专项政策法规文件，❶ 但在商业秘密、集成电路布图设计、非物质文化遗产保护等方面没有专门的地方性政策法规文件。虽然并不是说只要有一种知识产权，地方就应当出台涉及这种知识产权保护的专项政策法规文件，但像商业秘密这样存在范围很广的知识产权，地方应当通过一些政策法规文件的出台表明对于其保护工作的重视。商业秘密涉及技术秘密和经营秘密，几乎所有的经营单位都涉及商业秘密的保护需求。加强商业秘密的保护需要专门立法的跟进，有学者认为，我国有必要借鉴欧盟和美国新近的商业秘密保护专门立法，及时推动我国商业秘密保护的专门立法。❷ 这种专门立法不仅应当体现在国家层面上，引领型知识产权强省也应当制定相应的地方性政策法规文件，特别是在国家层面的专项立法还未出台之前，通过地方性政策法规文件的出台和实施率先进行探索。江苏虽然已经提出制定商业秘密保护的政策法规文件的议题，但迟迟没有出台。在江苏各地的知识产权相关政策法规文件中，也未发现关于商业秘密保护的专项政策文件。

2. 与国家法律和政策法规对应的地方性政策法规的缺失

虽然国家涉及知识产权保护的法律、行政法规、部门规章、规划及其他政策文件适用于全国，但考虑到各地区的特殊性，往往需要各地根据自身的情况制定落实国家层面的政策法规文件的实施办法，明确国家层面的政策法规文件在本地落实时的一些具体事项，规定一些具体的措施。从江苏省现行涉及知识产权保护的地方政策法规文件看，这种对应国家层面政

---

❶ 当然，这些政策法规文件并不完善，有些只涉及很小范围的一块工作。
❷ 李薇薇，郑友德. 欧美商业秘密保护立法新进展及对我国的启示［J］. 法学，2017（7）.

策法规文件的地方实施办法明显缺乏，如与专利法及其实施细则相对应的地方性专利保护政策法规文件、与商标法及其实施条例相对应的地方性商标权保护政策法规文件、与著作权法及其实施条例相对应的地方性版权保护政策法规文件、与反不正当竞争法中的商业秘密规范相对应的地方性商业秘密保护政策法规文件等均未出台，影响了在江苏统筹推进每一种主要知识产权各项保护工作的效果。

3. 省属地区的地方性政策法规的缺失

从江苏省各地现有的与知识产权保护相关的政策法规文件情况看，制度建设没有得到应有的重视，各地只是开展了一些知识产权保护的具体工作，而没有通过地方性规范文件或者政策文件的出台去有意识地引导、激励以及规范本地各方面的知识产权保护工作。除了苏州、南京等少数知识产权发展水平较高的地区外，其他地区所制定或者发布的涉及本地区知识产权保护的政策法规文件很少，在绝大部分知识产权的保护工作方面没有相应的地方性政策法规文件的跟进，存在很多地方性制度上的空白。

二、部分地方性知识产权政策法规内容的缺陷

虽然江苏及省属各地制定了一些涉及知识产权保护的地方性政策法规文件，这些文件对于推动本地的知识产权保护工作发挥了较大的作用，但不少政策法规文件的内容还存在一些问题，影响了其在地方知识产权保护工作中本应具有的功效。

1. 政策法规文件缺少一些必要的内容

必要内容的缺失在江苏现有地方性知识产权保护政策法规文件中的体现较为明显，也就是说，很多地方性知识产权政策法规文件在设计有关知识产权保护的内容时考虑得不够全面，省级层面和省属各地的知识产权政策法规文件均是如此。以《江苏省"十三五"知识产权发展规划》为例，在其确定的知识产权保护目标上，仅仅定位在知识产权保护环境上，而未对一些重要的知识产权保护工作提出相应的要求；其所确定的具体目标仅仅有"全社会知识产权认知度"和"权利人满意度"两个指标，却未确定

"知识产权侵权案件同期增长率"和一些重要领域知识产权侵权行为制裁要求等重要的知识产权保护指标；在规定知识产权保护方面的重点任务时，没有对于如何提升企业自我知识产权保护能力做出明确规定。再以《苏州市专利促进条例》为例，作为在全国同类地区中知识产权发展水平较高的地区，苏州的地方性政策法规文件在知识产权保护方面不应局限于对于国家或者江苏省相关的法律法规和政策文件做出一些具体的阐释或者细化规定，而应当基于高水平地区的发展需求进行一些拓展性规定，特别是就境外专利的授权与布局、高价值专利的获取与保护、海外专利风险的防范等事项作出规定。但是，从该条例的现有内容看，这类规定难觅踪迹。

2. 政策法规文件的部分内容滞后

在我国经济发展模式正在发生根本转变和创新驱动发展不断深入的当代，知识产权对经济社会发展的支撑和引领作用越来越大，而这一支撑和引领作用的有效发挥需要知识产权保护制度的及时跟进和适时修改。提高知识产权保护制度的规范性和时代性，才能为当代社会的创新发展提供良好发展思路和重要动力支持。❶ 地方知识产权保护制度也必须及时修改和完善，才能更好地满足推动当地经济社会发展的需求，在引领型知识产权强省建设地区，更高的发展水平对于知识产权制度的时代性要求也更高。在江苏，不少知识产权政策法规文件没有得到及时的修改或者废止，对于知识产权保护工作产生了一些消极的影响。废改不及时的问题最突出地表现在著名商标或者知名商标保护制度上。地方著名商标制度不仅臆断消费者希望通过商标积累哪些信息，而且越俎代庖地预测特定商标的未来价值；这两个方面不仅不能促进反而扭曲了市场中的信息流，与商标制度的正当性基础背道而驰。❷ 因此，多年来，不断有人质疑这一制度的合理性，但该制度一直推行了下来。直到 2017 年，"全国人大常委会法工委认为，继续保留地方著名商标制度，弊大于利，地方立法不应再为著名商标评比认

---

❶ 李翔. 浅谈新常态下知识产权的新发展 [J]. 科技展望, 2016 (22).
❷ 蒋舸. 从地方著名商标制度的废除看商标法理论的规范评价意义 [J]. 现代法学, 2018 (4).

定提供依据，有关著名商标制度的地方性法规应当适时废止"，❶包括江苏在内的各地才开始清理此类制度，目前清理废止工作基本结束。在江苏省级层面的知识产权保护相关的政策法规文件中，有不少文件颁发已十年左右，而在这十年左右的时间内这些文件所涉及的知识产权保护事项或者相应的环境已经发生了巨大的变化，这些文件却没有适时得到修改，如2007年发布的《江苏省软件产业促进条例》、2009年颁布的《江苏省专利促进条例》、2009年颁布的《江苏省著作权合同备案办法（试行）》等。❷苏州是江苏省辖市中在制定地方性知识产权政策法规方面比较活跃的地区，但也存在较多时间较长而未得到及时修改或者废止的政策法规文件；据统计，苏州市与知识产权保护相关的政策法规文件超过5年的文件多达16件。❸

3. 政策法规文件的一些内容不合理

在江苏现行的地方性知识产权政策法规文件中，存在一些条文设计质量不高、内容不合理的问题。在一些政策性文件中，存在一些目标定位、任务安排、措施设计不合理的问题，也有不少语言不准确的问题。以《中共江苏省委江苏省人民政府关于加快建设知识产权强省的意见》为例，该文件规定了"知识产权保护环境明显优化"这一目标，其中规定全社会知识产权认知度达到75%，这一比例对于正在进行知识产权强省建设的地区来说显然偏低；在规定知识产权保护环境对于外商的吸引力时，该文件规

---

❶ 广宣. 今后，省级著名商标将不再有效力！[EB/OL]. [2018-07-15]. http://www.sohu.com/a/240825185_100148131.

❷ 以《江苏省专利促进条例》所规定的对职务发明创造的发明人或者设计人的报酬或者奖励标准为例，该条例规定，专利实施的，应当从税后利润中提取一定比例（发明与实用新型为5%以上、外观设计为5‰以上）作为报酬支付给发明人或者设计人，许可他人实施专利或者转让专利权的，应当纳税后的专利许可使用费或者专利转让费中提取不低于20%的比例作为报酬支付给发明人或者设计人，采用股份形式以专利技术入股实施转化的，发明人、设计人可以获得不低于该专利技术入股时作价金额20%的股份或者报酬。从当前情况看，这种奖励比例力度明显偏低，难以对于发明人或者设计人产生有效的激励。

❸ 参见苏州市知识产权局2018年4月4日发布的《关于做好规范性文件合法性、公平性审核和清理工作的通知》。

定"外商在我省投资、设立研发机构的积极性明显提升",这一规定显然没有抓住重点,因为知识产权保护环境对于外商吸引力的更重要的评价指标应当是外商将其先进技术在中国运用的积极性。该文件在规定知识产权保护方面的任务时指出要"创新知识产权保护机制",而就其内容看,文件中所规定的地方性法规的制定显然不属于"机制"的范畴;该文件规定了行政执法机制和司法机制,却未规定发挥社会保护力量的机制和调动企业自身保护积极性的机制。该文件规定的第一个方面的强省建设推进措施为"加强统筹协调",但其中有一部分为"各级党委、政府要把知识产权工作摆上突出位置"之类的内容,这些态度方面的内容,不属于统筹协调方面的内容。在一些规范性文件中,存在体系不完善、内容不科学、语言不准确等问题。以《江苏省重大经济科技活动知识产权评议办法》为例,该文件仅有寥寥12个条款,缺乏评议工作程序的规定;在评议时间上规定为"及时",缺乏必要的限制,很容易导致重大经济科技活动未能在适当的时机获得知识产权评议;将评议工作规定为"可以"进行,而且将是否"可以"的判断权交给活动的主管部门,很容易导致这种权力的滥用,导致有必要进行知识产权评议的重大经济科技活动最终获得这样的评议;虽然该文件规定了较多的评议内容,但其中不包括在经济科技活动中所取得成果获取知识产权的事项、经济科技活动成果所涉及的知识产权被他人侵害的风险等重要事项,明显不够合理;将评议报告的运用方向仅仅规定为"引导项目承担单位或者部门加强项目实施全过程的知识产权管理,切实防范知识产权风险",却没有将评议结果作为重大经济科技活动的立项、重大经济科技活动内容的调整等方面决策的依据,使得这类评议工作的实际价值大打折扣。

三、地方性知识产权政策法规之间协调性的缺乏

由于出台地方性知识产权政策法规文件的机构很多,而且它们在规范性文件制定的技术、专长等方面存在一定的欠缺,加上不同机构在制定有关知识产权保护的政策法规文件时缺乏必要的沟通和交流,致使江苏现行

的地方性知识产权保护相关的政策法规文件之间存在一些不协调的问题。

1. 同一层级地方性政策法规文件之间的不协调问题

同一层级地方性政策法规文件之间保持高度的协调，才能保证出自不同机构或者部门的政策法规文件形成合力，发挥较强的政策协同作用，从而有效实现引领型知识产权强省所追求的高标准或者更严格的知识产权保护。就江苏现有的省一级知识产权政策法规文件的内容看，不同政策法规文件之间的协调性还有一定的欠缺。以两个直接关于知识产权强省建设的政策文件《中共江苏省委江苏省人民政府关于加快建设知识产权强省的意见》和《江苏省关于知识产权强省建设的若干政策措施》为例，后者本来应当是关于落实前者相关内容的规定，但后者很多关于知识产权保护政策措施的规定与前者关于知识产权保护的要求相脱节。前者规定的知识产权保护任务包括"创新知识产权保护机制""实施知识产权护航工程"和"强化知识产权维权援助"三个方面，后者却未对知识产权护航工程规定任何政策措施；前者并未对海外知识产权保护问题做出专门规定，后者却专门规定了很多"加大海外知识产权保护力度"的政策措施；前者强调要"研究制定《江苏省知识产权促进条例》《江苏省商业秘密保护条例》等地方性法规"，后者却对如何推进这些重要的地方性法规的制定工作未规定任何措施。

2. 不同层级地方性政策法规文件之间的不协调问题

全省不同层级的地方性政策法规文件之间保持较高程度的协调，才能保证各地的力量聚集于知识产权强省建设的需要，也才能站在更高境界的省级地方性政策法规文件的精神受到各个地区的重视和贯彻，也才能在实行更严格的知识产权保护方面形成全省一盘棋的局面。在我国知识产权强国建设中比较薄弱的一个环节就是知识产权政策协调失灵，[1]这种政策协调失灵现象在江苏不同层级的知识产权保护相关政策法规文件之间同样存在。不仅江苏省的各地对于绝大多数省级知识产权政策法规文件没有制定

---

[1] 马颖. 系统视角下知识产权政策协同机理解析［J］. 智能城市，2017（2）.

相应的政策文件予以呼应,仅有的一些配套性政策文件在内容上也存在诸多不协调之处。以2009年实施的《江苏省专利促进条例》与2011年实施的《苏州市专利促进条例》为例,在对待专利保护的基本态度上,前者强调"合理保护""加强专利保护",而后者强调"依法保护";在专利专项资金的运用范围方面,后者强调"促进企业、事业单位制定实施专利战略"和"进行专利工作表彰、奖励",而前者并未在专利专项资金的资助范围中提及这些;为了有效保护职务发明创造发明人或者设计人的经济利益,前者对于奖励或者报酬未约定情况下单位给予发明人或者设计人奖励或者报酬的标准进行了明确规定,即专利实施的,应当从税后利润中提取一定比例作为报酬支付给发明人或者设计人,❶许可他人实施专利的,应当从税后专利许可使用费中提取不低于20%的比例作为报酬支付给发明人或者设计人,专利权转让的,应当从纳税后的专利权转让费中提取不低于20%的比例作为报酬支付给发明人或者设计人,采用股份形式以专利技术入股实施转化的,发明人、设计人可以获得不低于该专利技术入股时作价金额20%的股份或者报酬,❷而后者则未明确规定专利实施转化后给予发明人或者设计人报酬或者奖励的具体比例;前者明确将发明人或者设计的专利作为职称评定的重要依据,而后者对此未作规定;对于政府财政资金支持的项目,前者规定有关项目主管部门会同专利行政管理部门对于项目是否涉嫌侵犯他人专利权进行审查,有侵权嫌疑的项目不予财政支持,而后者未规定项目侵权问题的审查;前者对于提供专利保护服务的中介服务机构的行为规范做出了较多规定,而后者未提及这方面的规范;在专利行政保护方面,对于前者所规定的很多内容,后者都没有加以吸收或者规定相应的落实措施,如专利行政执法协作机制、专利违法行为证据的先行登记保存、被调查人提供其产品方法的责任、专利侵权纠纷中被请求人申请专利无效时案件中止处理的情形、专利纠纷处理过程中的技术鉴定、在专利侵权成立时专利行政部门制止侵权行为的方式;在专利违法行为责任方

---

❶ 该比例为:发明与实用新型不低于5%,外观设计不低于5‰。
❷ 参见2009年颁布的《江苏省专利促进条例》第19条之规定。

面，前者所规定的假冒专利标记的责任和展会或者交易会上专利侵权行为的行政处理方式等内容在后者的文本中都没有相应的规定。

第三节　提高地方性政策法规知识产权保护水平的对策

一、基于知识产权保护需求做好地方性政策法规规划

知识产权制度是商品经济和科技发展的时代产物，在创新型国家建设过程中具有不可替代的地位和作用，完善的知识产权制度是建成创新型国家的基础。❶ 同样，完善的地方性政策法规体系也是建设引领型知识产权强省的重要基础。完善的地方性政策法规体系无法通过各部门、各地方的自发活动得以实现，而必须预先进行科学的统筹规划。

1. 地方性政策法规文件规划制定的价值导向

知识产权保护是知识产权强国建设的核心内容之一，是知识产权制度推动创新驱动战略深入实施的关键所在。习近平总书记在博鳌亚洲论坛2018年年会开幕式上指出，"加强知识产权保护。这是完善产权保护制度最重要的内容，也是提高中国经济竞争力最大的激励"。❷ 因此，江苏在制定地方性政策法规文件的规划时，应当将知识产权保护作为其所要实现的主要目标之一。但是，对于知识产权保护的强度，应当有一个合理的定位。

对于知识产权保护强度问题，学者们进行了多方面的研究。总体来说，对于是否进行更高强度的知识产权保护，并非固定不变。有学者运用2007~2015年制造业上市公司的平衡面板数据，基于动态演化视角探究了行业生命周期对知识产权保护与组织创新能力的关系的影响，认为在制定和实施知识产权保护制度时，应当基于行业角度，考虑行业生命周期的影

---

❶ 张媛. 发展与完善中国知识产权制度——评《创新型国家与知识产权法律制度》[J]. 高等教育发展与评估，2018（4）.

❷ 连俊. 推进知识产权保护是中国主动作为 [J]. 经济日报，2018-05-24（9）.

响，有针对性地确定差异性的知识产权保护强度。❶ 在不同经济发展水平下，知识产权保护的强度变化影响企业行为，也影响产业结构的演进；完善知识产权制度的同时综合考虑在不同行业、不同发展阶段，采取不同的知识产权保护强度。❷ 在有些领域，更高强度的知识产权保护是较为合理的。以制造业为例，知识产权保护强度越高，制造业企业越倾向于选择较为高端的"产品创新"，知识产权保护强度能够有效地抑制企业竞争对于企业创新选择的不利影响；提高知识产权保护强度，能够鼓励"产品创新"，遏制以模仿为手段的竞争模式，从而为企业进行"产品创新"提供良好的外部环境。❸ 在有些领域或者地方，特别是创新不足、知识产权发展水平较低的领域或者地方，过度的知识产权保护反而会对技术创新与经济社会发展产生较多不利的影响。但是，就长期趋势而言，知识产权保护强度由弱至强的平稳过渡是保证经济长期发展的必然选择。❹

对于一个省域来说，知识产权保护强度的定位取决于该省域知识产权实力、经济社会发展水平和竞争需求。知识产权保护强度的提高会放缓我国各省间经济收敛的速度，有助于经济发达省份进一步强化其领先优势。❺ 也就是说，经济社会发展水平较高的省份，实行较为严格的知识产权保护，有利于巩固或者扩大其已有的优势，也能够增加其竞争实力。对于江苏来说，经济社会的发展水平在全国处于前列，为了保证经济持续发展和竞争力的进一步提升，正在全面推进经济社会发展模式的转变，知识产权保护在推动技术创新和经济转型方面具有突出的作用。而且，在实施知识产权

---

❶ 盛宇华，张秋萍，陈加伟. 知识产权保护与企业创新能力的关系——基于行业生命周期的视角 [J]. 科技管理研究，2017 (21).

❷ 李士梅，尹希文. 知识产权保护强度对产业结构升级的影响及对策 [J]. 福建师范大学学报（哲学社会科学版），2018 (2).

❸ 韩雪飞，赵黎明. 企业竞争、知识产权保护与创新选择——基于我国制造业企业的实证研究 [J]. 经济问题探索，2018 (5).

❹ 王军，刘鑫颖. 知识产权保护与中国经济增长相关性的实证研究 [J]. 经济与管理研究，2017 (9).

❺ 池建宇，顾恩澍. 知识产权保护、经济增长与经济收敛——基于面板门槛模型的实证分析 [J]. 经济与管理评论，2017 (4).

战略以后，江苏省的各项知识产权工作取得了大幅进步，多种重要的知识产权指标名列全国前茅；以专利为例，2015年，江苏省的专利申请量和授权量、企业专利申请量和授权量、发明专利申请量5项指标连续6年保持全国第一，2016年发明专利授权量首次跃居榜首，这样便实现了6项指标全国第一的壮举。❶ 江苏省已经牢固确立了知识产权大省的地位，现在正处于由大到强转变的阶段，需要知识产权工作在质上有一个突飞猛进的跨越，知识产权保护工作也应当在力度上有一个较大的提升，进入实现严格的知识产权保护的时代。

在制定江苏地方性知识产权政策法规文件规划时，明显加大知识产权保护力度、实行更严格的知识产权保护应当成为一个重要的价值取向。基于这一价值取向，无论是专项知识产权保护政策法规文件，还是在各类知识产权政策法规文件中关于知识产权保护的内容及较为有力的知识产权保护措施，都应当受到高度的重视。也就是说，应当尽可能多地出台一些知识产权保护专项政策法规文件，在相关知识产权政策法规文件中应当尽可能规定更多的知识产权保护内容，在规定知识产权保护措施时应当尽可能选择更为有力或者严厉的措施或者手段。

2. 地方性政策法规文件规划制定的程序

科学的规划必须有严格的程序保障，有关知识产权的地方性法规及相关政策文件的规划也必须遵循合理的制定程序。地方性政策法规文件规划的制定就如同地方政府立法，应当满足相应的程序要求。程序规范是实体正确的前提和基础，政府立法应当重视程序规范；加强政府立法程序建设，关键是要把握好立法的选题、草拟、审查、审议、公布五个环节，并在这五个环节完善制度、细化程序。❷ 这种程序步骤对于引领型知识产权强省制定地方性知识产权政策法规文件方面的规划也是同样适用的。

对于引领型知识产权强省来说，关于地方性知识产权政策法规文件规

---

❶ 江霞．江苏发明专利授权量首次跃居全国第一［J］．江南论坛，2016（2）．

❷ 刘钢柱．加强地方政府立法程序建设问题研究［J］．国家行政学院学报，2016（5）．

划的制定程序主要涉及以下三个问题。

一是规划的制定者。有学者认为，立法机关不适宜制定立法规划，应当将立法规划的编制权交给立法提案主体，或者由立法机关的工作机构调研协调后提出一揽子立法建议，交给立法提案主体。❶ 地方性知识产权政策法规文件的形式有多种，其制定主体也有很多不同的部门或者机构，因此这种规划不宜由某个具有制定某方面知识产权政策法规文件的部门或者机构制定，而应当由一个不负责具体政策法规文件的制定、具有一定超脱性的机构制定。从目前的实际情况看，江苏省及所属各地区的知识产权联席会议可以分别作为制定省级和省属各地区的地方性知识产权政策法规文件规划的组织者，但由于该联席会议并非常设机构，因此需要以该联席会议的名义组建一个专门的规划制定小组。

二是规划的立项论证。地方立法的立项论证工作可以从源头上提高地方立法质量，节约立法成本，保证立法规划、计划的必要性、合理性、可行性和可操作性，实现立法资源的合理配置。❷ 立法立项论证机制成为遏制地方立法恶性膨胀趋势的制度选择；现实中，立项论证制度已于部分地方开始制度化运行，但仍面临诸如制度普及性较低、论证主体范围过窄、论证标准不明确等问题。❸ 涉及知识产权保护的地方性政策法规文件的规划的制定类似于地方立法工作，也应当进行立项论证，特别是对于规划的必要性、规划的期限、规划覆盖的范围、规划的主要内容、规划的程序等事项进行科学的论证。

三是相关主体的广泛参与。政策法规规划的制定就好比立法一样，应当广泛听取各方面的意见和建议，才能保证规划的广泛代表性和合理性。以省级规划为例，制定江苏省地方性知识产权政策法规的规划，首先应当由省级立法机关及省政府各部门有权制定知识产权政策法规的部门的代表

---

❶ 刘松山. 立法规划之淡化与反思 [J]. 政治与法律，2014（12）.
❷ 张三鑫，汪全胜. 地方立法的立项论证探讨 [J]. 重庆社会科学，2017（10）.
❸ 张婷. 论地方立法的立项论证制度 [J]. 江汉大学学报（社会科学版），2017（3）.

参加，因为他们对于本部门职能范围内需要制定知识产权政策法规的情况比较熟悉。其次是省属各个地区代表的参与。这些代表来自全省各地的知识产权联席会议成员单位，特别是承担较多知识产权管理事务的成员单位，他们通常比较熟悉所在地区对出台相关知识产权政策法规文件的需求。再次是知识产权专业人员的参与。知识产权专家学者的参与有助于对于规划的科学性进行较多的考量和咨询；知识产权法官、知识产权中介服务人员、企业知识产权管理人员等知识产权实务人员代表的参与可以反映来自知识产权一线对于地方政策法规文件的需求。最后是公众的参与。很多地方性知识产权政策法规文件是由地方政府或者政府部门出台的，属于或者类似于行政立法。行政立法的公众参与已经深受学者认同。行政立法公众参与的有效性集中体现在公众通过参与立法过程对行政立法活动和立法结果产生积极真实的影响；公众在充分表达立法态度和利益主张的基础上，使立法者的决策能够集思广益，提高行政立法质量，实现公众参与所立之行政法规范在内容上更具公正性、正当性和合理性。❶ 在制定地方性知识产权政策法规文件的规划时除了通过一定的方式广泛征集普通社会成员的意见，以此提高未来出台的政策法规文件的社会效果外，还应当着重征求行业组织的代表，因为行业组织对于某一行业对于某方面的知识产权政策法规及知识产权保护方面的需求往往较为熟悉。

3. 地方性政策法规文件的体系构造

在制定地方性知识产权政策法规文件的规划时，一个重要的工作就是确定在未来一定时期内需要制定哪些与知识产权相关的政策法规文件。这实际上就要构建一个地方性知识产权政策法规文件的体系。以省级层面的规划为例，其地方性知识产权政策法规文件的体系包括两大方面：其一，规范性文件。这种规范性文件包括省人大及其常务委员会制定的地方性法规和省政府制定的地方政府规章，还包括省政府的各个部门制定的对于某方面知识产权工作进行约束和管理的规范性文件，主要是知识产权局、工

---

❶ 崔浩. 行政立法公众参与有效性研究［J］. 法学论坛，2015（4）.

商行政管理局、版权局等部门制定的规范性文件,通常以"条例""办法"等名目出现。其二,政策性文件。这里的政策性文件是指省政府及其各个部门为了推进知识产权工作而颁布的具有指导意义的政策文件,通常以"纲要""规划""计划""通知""意见"等名目出现。

二、出台顺应知识产权保护需求的地方性政策法规

面对知识产权保护工作的需要,特别是当代加强知识产权保护的新要求,作为正在建设引领型知识产权强省的江苏,应当针对地方性知识产权政策法规文件存在的空白,抓紧出台一些重要的政策法规文件。

1. 重要的省级地方性法规的出台

为了加大在全省全面推进知识产权工作,提高知识产权保护相关政策法规的效力等级,有必要由江苏省人大常委会制定和颁布《江苏省知识产权促进条例》,在该条例中强调加强知识产权保护工作的导向,规定加强知识产权保护工作的重要措施。由江苏省人大常委会针对专利权、商标权、版权、商业秘密等重要知识产权在引领型知识产权强省建设过程中加强保护的需求,以《专利法》《商标法》《著作权法》和《反不正当竞争法》等国家法律为依据,结合江苏省的实际情况,出台强化这些知识产权保护工作的系列地方性法规,主要是《江苏省关于加强专利保护工作若干问题的决定》《江苏省关于加强商标品牌保护工作若干问题的决定》《江苏省关于加强版权保护工作若干问题的决定》和《江苏省关于加强商业秘密保护工作若干问题的决定》等法规文件。我国知识产权保护采取的是行政与司法并行运作的双轨保护模式;当一种知识产权违法行为既受到行政权力的制约,又同时接受司法权力规范时,即在行政与司法管辖领域发生重叠时,很有可能产生矛盾和冲突;这些冲突和矛盾降低了公权力的权威性,浪费了司法行政资源,降低了保护效率。❶ 因此,行政保护与司法保护的协调就成了各地共同面临的一个问题,这一问题的解决需要从多个途径着手,

---

❶ 姜芳蕊. 知识产权行政保护与司法保护的冲突与协调 [J]. 知识产权,2014 (2).

其中就行政保护与司法保护的衔接进行立法是一种权威而持久的解决办法。江苏作为引领型知识产权强省建设地区，可以在这方面先行尝试，由对于行政执法与司法均有监督权的江苏省人大常委会专门制定一部《江苏省关于推进知识产权行政保护与司法保护衔接若干问题的决定》，对于江苏省范围内知识产权行政保护与司法保护的衔接做出系统的规定。

2. 重要的省级地方政府规章的出台

对于主流知识产权以外的其他知识产权，可以由江苏省人民政府出台一些地方政府规章，弥补这些知识产权在结合地方情况的保护规范方面的欠缺，统一全省的知识产权保护行动，如出台《江苏省集成电路布图设计保护办法》《江苏省非物质文化遗产保护办法》和《江苏省地理标志保护办法》等。另外，为了规范与知识产权保护相关的知识产权活动，规范相关各方在知识产权保护方面的行动，江苏省人民政府应当将现有的一些指导性文件上升为地方政府规章，制定一些新的政府规章。比如，高水平的知识产权保护需要高质量的知识产权服务，为了提高知识产权服务能力，需要对知识产权服务机构在服务质量上的规范，在这方面江苏省已经出台《商标代理服务规范》，有学者建议也要抓紧研究制定《江苏省专利代理服务质量管理规范》，❶ 实际上完全可以由江苏省人民政府统一制定《江苏省知识产权服务质量保障办法》，对于各类知识产权中介服务及其他知识产权服务行为的规范化操作和质量保障要求做出统一规定。又如，为了有效提高知识产权行政执法机关的执法质量，可以由江苏省人民政府出台《江苏省知识产权行政执法办法》和《江苏省知识产权联合执法办法》等文件。

3. 其他省级政策文件的出台

对于知识产权保护涉及的一些具体的激励或者约束机制、工作措施，可以由江苏省知识产权联席会议或者江苏省人民政府的相关部门（主要是分管某方面知识产权工作的部门）出台相应的政策文件加以落实。比如，

---

❶ 刘和东，费钟琳．江苏知识产权促进经济增长因素的实证分析［J］．南京工业大学学报（社会科学版），2014（3）．

可以由江苏省知识产权联席会议出台《关于加强军民融合中知识产权保护工作的意见》和《关于加强江苏省农业和农村知识产权保护工作的意见》等文件，由江苏省知识产权局出台《关于推动行业组织参与知识产权保护的意见》，由江苏省工商局出台《江苏省商标违法案件查处办法》，由江苏省版权局出台《江苏省省版权违法行为执法办法》等。

4. 省属地区政策法规文件的出台

江苏省的各个地区应当结合本地区的情况，制定一些落实江苏省知识产权规划、知识产权地方性法规、知识产权地方政府规章及其他适用于全省的知识产权政策文件的具体办法，拥有地方立法权的南京市和苏州市等地还可以将本地区一些重要的知识产权政策文件上升为地方性法规或者地方政府规章。

三、提高地方性知识产权政策法规的协调程度

现行法律法规在实践中的适用冲突，也直接损害了知识产权保护的执法效果。[1] 如果不同层级、不同部门、不同地方出台的知识产权政策法规的内容存在不协调甚至冲突的问题，这些地方性政策法规所追求的知识产权保护效果会受到严重损害，甚至适得其反。作为正在建设引领型知识产权强省的江苏省，应当率先做好地方性知识产权政策法规的协调工作。

1. 提高不同层级的知识产权政策法规的协调程度

下级地方立法机关、人民政府及其工作部门所出台的知识产权政策法规文件如果与上级的相关知识产权政策法规文件存在不协调的问题，会导致上级政策法规的规定得不到落实和执行，也会导致下级政策法规文件的内容因受到质疑而在实施过程中遭遇较多的困难。因此，必须尽可能保证下级与上级在知识产权政策法规内容上的协调。为了解决这种协调问题，可以着重采取以下三方面措施：一是在省级知识产权政策法规中对于省属各地区制定的知识产权政策法规作出限制，明确允许各个地方在其政策法

---

[1] 聂洪涛. 知识产权行政保护的发展趋势及我国相关制度的完善 [J]. 江西社会科学，2014（5）.

规文件中做出自主规定的事项。二是加强省级相关部门对于各个地方所制定的同类或者同种性质的知识产权政策法规内容的审查，纠正与省级知识产权政策法规相冲突的内容。三是省属各地的相关部门在制定知识产权政策法规文件时应当加强与省级相关部门的沟通与交流，特别是就对于省级知识产权政策法规的内容在理解上有疑义的地方加强协调。

2. 提高不同部门出台的知识产权政策法规的协调程度

不同部门在制定知识产权政策法规文件时加强协调，可以保证各个部门在知识产权保护方面所采取的措施形成一种合力，减少不同类型的知识产权受保护力度不同、同等知识产权侵权行为在不同的解决机制中受到轻重不同的处理、同一个企业在不同的知识产权保护系统感受到不同的待遇的现象。要提高同一层级不同部门所出台的知识产权政策法规文件的协调程度，主要应当做好以下三个方面的工作：一是知识产权联席会议在必要时召集成员单位，统一各部门制定知识产权政策法规的精神，协调在政策法规文件中体现的保护力度。二是各政策法规文件制定部门相互间加强横向交流与研讨，协调知识产权保护的立场和力度。三是由知识产权联席会议及时将各部门制定的知识产权政策法规文件汇编成册，发给各成员单位，使各成员单位能够及时了解其他部门对于知识产权保护所给予的力度，以便在制定知识产权政策法规文件时相互借鉴。

3. 提高不同地方出台的知识产权政策法规的协调程度

很多企业的经营活动往往是跨越不同地区的，包括在同一个省份的不同地区，如果不同地方出台的知识产权政策法规在知识产权保护方面存在一些不协调的问题，就很可能使企业感觉到同样的知识产权在不同地方受到了不同的待遇，不利于同一知识产权成果在各个地方的推广运用。就江苏省而言，要使各个地区的知识产权政策法规尽可能协调起来，应当采取以下三个方面的措施：一是江苏省人大常委会加强对于地方人大及政府部门在政策法规制定方面的业务指导，提高地方制定政策法规文件的技术水平。二是江苏省知识产权联席会议或者江苏省知识产权综合管理部门应当定期组织各地负责政策法规起草的人员进行业务交流或者研讨，协调关于知识产权保护工作的一些观点或者做法。三是由江苏省知识产权联席会议或者江苏省知识产权综合管理部门及时将全省各个地方制定的知识产权政策法规文件汇编成册，下发给各个地方，以便各个地方在制定相关的知识产权政策法规文件时相互借鉴。

四、完善地方性知识产权政策法规的相关内容

地方性知识产权政策法规的具体内容是一个地方对于知识产权保护的态度的直接体现。如果某一具体内容不够合理，不仅使个案的处理结果难以令人满意，还因为这类众多个案不合理的处理结果而影响人们对于一个地方知识产权保护效果的评价。作为建设引领型知识产权强省的江苏省，应当努力完善地方性知识产权政策法规文件的内容，为实现严格的知识产权保护提供较好的政策和制度环境。

1. 完善江苏地方性知识产权政策法规内容的原则

坚持正确的指导思想和准则，才能保证知识产权政策法规在内容上的正确导向和合理设计。江苏省在完善地方性知识产权政策法规的内容时应当遵循以下五个原则。

第一，与国家和地方的重大战略需求相契合。知识产权保护既是国家和地方重大战略的一部分，同时又对于国家和地方重大战略的实施发挥重要的支撑和保障作用。涉及知识产权保护内容的地方性政策法规只有与国家和地方的重大战略需求相契合，其支撑和保障作用才能得到较好的发挥。比如，国家近些年正在深入实施创新驱动发展战略，知识产权保护是创新驱动发展战略实施的基本保证，十多年来，江苏知识产权保护水平整体上不断增强，知识产权保护对江苏区域创新能力提升具有显著的正向影响。❶江苏在设计其地方性知识产权政策法规的内容时应当将知识产权保护的这种作用充分体现出来，特别是借鉴广东省专利政策的思路，加强专利创新

---

❶ 李正锋，逯宇铎，叶娇. 知识产权保护对江苏区域创新能力提升的影响［J］. 科技管理研究，2015（1）.

政策与产业发展政策的有效融合。❶ 又如，军民融合发展也是我国正在大力推进的重要战略，军民科技融合发展实质上是一个技术扩散过程，必须解决好技术势差、距离与扩散通道等方面的问题，制定有利于军民科技融合发展的知识产权政策。❷ 江苏省应当率先在军民融合知识产权保护方面做出示范，在相关的知识产权政策法规文件中能够将军民融合涉及的知识产权保护的一些特殊要求体现出来。再如，我国开始大力实施乡村振兴战略，实施乡村振兴战略，要着力提升实施乡村振兴战略的质量、效益和可持续性，❸ 而知识产权则是实现这种质量、效益和可持续性的重要力量，加强和创新农村和农业知识产权保护也因此成为当前知识产权保护工作的新焦点。以江苏省为代表的引领型知识产权强省建设试点地区在这方面应当走在全国的前头，这种带头行动需要在江苏省出台的各类知识产权保护相关的政策法规的内容上体现出来。

第二，知识产权保护强度在全国处于领先水平。作为引领型知识产权强省建设试点地区，江苏省的知识产权保护水平应当是全国最高的，至少是全国知识产权保护水平最高的地区之一。一个国家的经济发展水平对其知识产权保护水平有较显著影响，❹ 江苏省作为全国 GDP 总量第二的省份，也有能力实行较为严格的知识产权保护。就地方性知识产权政策法规的内容设计而言，这种高强度的知识产权保护主要体现在保护目标的定位、重点保护对象的覆盖面、保护措施的力度和效能、法律责任的严厉程度、保护队伍的规模及其专业素质、保护工作的物质支撑强度等方面。

第三，实质性内容与形式性内容相兼顾。地方性知识产权政策法规中的实质性内容直接关系到知识产权保护的具体行动，必须具有较高的科学

---

❶ 施学哲，杨晨，蔡芸．专利政策融入产业经济发展路径分析：来自江苏专利政策的实证研究［J］．科技进步与对策，2018（2）．

❷ 王亚玲．军民科技融合发展的制约因素及对策研究［J］．西安交通大学学报（社会科学版），2012（4）．

❸ 姜长云．实施乡村振兴战略需努力规避几种倾向［J］．农业经济问题，2018（1）．

❹ 詹映．我国知识产权保护水平的实证研究——国际比较与适度性评判［J］．科学学研究，2013（9）．

性和合理性。通常所说的政策法规的内容就是指实质性内容。政策法规的形式性内容往往不被人们所重视，但实际上形式性内容如果存在问题，可能严重影响人们对于实质性内容的理解，从而损害实质性内容在执行过程中的效果。因此，江苏省在完善地方性知识产权政策法规文件的内容时不应当关注形式性内容的修改。这种形式性内容主要指地方性知识产权政策法规的内容体系、内容的文字表达等。

第四，对于不同类型的政策法规文件区别对待。目前江苏省的地方性知识产权政策法规文件主要有政策性文件和规范性文件两种，对于这两种政策法规内容的完善，侧重点和要求是有差异的。对于政策性文件，完善的重点在于激励性规定和限制性规定，着力做好目标定位、任务安排、措施设计。对于规范性文件，完善的重点在适用范围、权利和义务的设计、执法程序、法律责任、语言的准确性等方面。

第五，提高知识产权保护的国际化水平。中国知识产权法应不断修改完善，顺应历史潮流，逐渐步入国际化、现代化与法典化的道路。❶ 在未来我国知识产权法的发展过程中，将呈现出以知识产权主体界定标准、客体利用方式和权利保护模式改变为表现形式的现代化变革，以构建知识产权国际保护新秩序为核心目标的国际化走向。❷ 现在我们有足够的分析素材、也有必要通过理论研究，提炼出知识产权国际化运行机制在具体实践活动中的一般规律，并总结出模式化的操作流程，而这些经验性的结论不仅有助于提高知识产权国际立法的效率和效果，更为身处知识产权国际化潮流中的中国提供了必要的战略依据和应对措施，对知识产权的国际化发展具有重要的启示价值。❸ 江苏省作为引领型知识产权强省建设的试点地区，知识产权保护的国际化水平也应当走在全国的前列，其在设计地方性

---

❶ 吴汉东. 国际化、现代化与法典化：中国知识产权制度的发展道路 [J]. 法商研究，2004（3）.

❷ 吴汉东，刘鑫. 改革开放四十年的中国知识产权法 [J]. 山东大学学报（哲学社会科学版），2018（3）.

❸ 潘皞宇. 论知识产权国际化的保护模式及我国的应对策略 [J]. 法学评论，2015（1）.

知识产权政策法规的内容时要充分考虑到企业"走出去"涉及的涉外知识产权侵权风险及自身知识产权在境外的保护问题,也要充分考虑到对江苏省境内的外国企业和外商投资企业知识产权的合理保护问题。

2. 完善江苏省地方性知识产权政策法规内容的措施

为了适应加强知识产权保护的需要,完善江苏省地方性知识产权政策法规的内容,相关组织或者个人应当着重采取以下几个主要措施。

首先,对于地方性知识产权政策法规文件进行系统的梳理。这种梳理工作宜由江苏省及各个地区的知识产权联席会议或者政府综合性知识产权管理部门牵头进行,吸收相关领域的知识产权专家和法律专家参加。为了提高梳理工作的专业化水平,可以通过设立若干研究课题的形式对于现行地方性政策法规文件进行分类、分领域梳理,从实现严格的知识产权保护的角度分析现行政策法规在体系构造、相互关系、具体内容、语言文字等诸多方面存在的问题,并对于这些问题产生的原因进行必要的探讨。

其次,进行地方性知识产权政策法规内容完善工作的规划。在前述问题梳理的基础上,统筹制定解决地方性知识产权政策法规现存内容问题的规划。这种规划主要涉及内容完善主体的确定、拟修改的具体内容、需要修改的内容的研究、内容修改的相关程序、内容修改的计划进度等。

再次,进行地方性知识产权政策法规中拟修改内容的深入研究。通常应当对于每一部需要修改的地方性知识产权政策法规成立专门的研究小组,对于其中需要修改的部分及替代内容进行系统研究,提出替代现有政策法规文件中相关内容的具体建议(替换、增加或者删减的条文)。

最后,对于地方性知识产权政策法规文件按照规定的程序进行修改。一般来说,某一地方性知识产权政策法规文件在制定时经过什么样的程序,在内容修改时也应当经过基本相同的程序。

第三章 适应知识产权强化保护需求的体制机制创新问题

第一节 江苏当前知识产权管理的体制机制

一、知识产权保护工作的领导体制

1. 知识产权保护工作的领导体制概述

何谓领导体制？它指独立的或者相对独立的特定组织系统进行决策规划、统筹协调、指挥监督等领导活动的具体制度或者体系，其重要特征是用严格的制度保证领导活动的完整性、一致性、稳定性和连贯性。领导体制是领导者与被领导者之间建立关系、发生作用的桥梁与纽带。从内容上看，领导体制的核心是借助一定的制度对于组织系统内的领导权限、领导机构、领导关系及领导活动方式进行一定的设计，任何组织系统内的领导活动都不是任意而杂乱无章的活动，而是一种遵循明确的管理层次、等级序列、指挥链条、沟通渠道的规范化、制度化或者非人格化的活动。

知识产权保护工作的领导体制是相关领导人或者组织机构基于相应的政策法规对于知识产权保护工作所做的决策安排、统筹协调、组织管理和监督活动，是一个以知识产权保护工作为核心的制度化体系。狭义的知识产权保护工作的领导体制仅指对知识产权保护工作在宏观上进行统筹安排的体系，而广义的知识产权保护工作的领导体制还包括对于知识产权保护工作进行的组织管理。一般而言，知识产权保护工作的领导体制涉及四个要素：一是领导者是知识产权保护工作的领导体制所涉及的主体要素，是该领导体制发挥作用的核心所在，包括统一集中的领导者和专业领域的领导者两种。二是政策法规依据，这是领导体制制度化的表现所在，是在知识产权保护方面的各种统筹安排与决策活动受到尊重和落实的力量所在。知识产权管理体制以完善的法律体系为基础，知识产权强国能有效进行知识产权管理，都是以不断改革完善法律体系为基础的。❶ 作为知识产权管理体制一部分的知识产权领导体制自然也是如此。三是相关内容，这是整个领导体制的工作对象和运行目标所在，涵盖知识产权的行政保护、司法保护、企业自我保护、社会保护等多方面的活动。四是运行机制，指的是知识产权保护工作领导体制运行的方式、程序等，是该领导体制的具体展开。

知识产权保护工作的领导体制对于知识产权保护工作的正确方向、知识产权保护力量的整合以及知识产权保护工作地位的提升都具有重要的作用，构建科学的领导体制并保证其流畅运行，已经成为知识产权强国在推动知识产权保护工作方面的重要举措，这也是正在进行知识产权强省建设试点的地区所要着重开展的一项工作。从世界上大多数国家知识产权管理模式看，统一管理、集中管辖、强化保护是国际知识产权发展的趋势与潮流。❷

2. 江苏当前多元化的知识产权保护工作领导体制

从江苏的现实情况看，对于知识产权保护工作的领导体制，人们关注得并不多，只是将其作为整个知识产权工作领导体制的一部分加以处理，很少有专门研究和构建的努力。通过对于现有做法的梳理，可以将当前江苏知识产权保护工作的领导体制归纳为两个方面。

其一，松散的统一领导。统一领导是指由某一特定的组织机构对于全

---

❶ 孙彩红，宋世明.五国知识产权管理体制机制的基本特征［J］.知识产权，2016(4).

❷ 吕国强.积极探索知识产权管理体制的改革与创新［N］.中国知识产权报，2015-01-16（12）.

省各方面的知识产权保护工作进行集中统一的领导，这种领导应当覆盖知识产权保护相关政策法规的制定、知识产权司法保护、知识产权行政保护、企业自我知识产权保护、知识产权保护的社会参与等。严格来说，江苏省目前无论从省级层面，还是从各个地区层面，还没有这种统一领导机构和相应的机制。勉强能算作知识产权保护工作统一领导体制的，大概只有知识产权联席会议制度。在《国家知识产权战略纲要》颁布后，2008年10月，经国务院同意，国家知识产权战略实施工作部际联席会议制度建立。❶相应地，江苏为了推进知识产权战略的实施和不同政府部门在知识产权工作方面的协调，也在省人民政府的领导下建立了知识产权联席会议制度；江苏的一些省辖市也建立了自己的知识产权联席会议制度。虽然这些知识产权联席会议的成员单位不断增加，❷但从实际情况看，这种知识产权联席会议制度只是一种松散的联合，无法对于各个领域的知识产权保护工作实行有力的统一领导，在很多时候仅仅是一种议事、交流和沟通机制。这种领导的松散性可以从其制度设计中得到一定的体现，以江苏省为例，目前江苏省人民政府知识产权联席会议的职能主要是总结交流工作、研究部署任务、协调解决全省知识产权工作的有关问题、听取各成员单位的工作报告等，再加上负责知识产权联席会议的办公室设在对于其他成员单位没有多大影响力的江苏省知识产权局，而且在联席会议成员中还包括省委相关工作部门、省人大常委会相关工作部门、法院和检察院等不属于人民政府管理的机构，该联席会议实质上很难发挥较强的统一领导作用。

其二，多元化的专业领导。多头管理，职能分散，是我国知识产权主

---

❶ 厉宁，周笑足．我国知识产权管理协调机制研究[J]．中国科技论坛，2014(11)．
❷ 目前江苏人民政府知识产权联席会议成员单位为32家：省政府办公厅、省委宣传部、省委政法委、省人大教科文卫委员会、省高级人民法院、省检察院、省发展和改革委员会、省经济和信息化委员会、省教育厅、省科学技术厅、省公安厅、省司法厅、省财政厅、省人力资源和社会保障厅、省环境保护厅、省农业委员会、省商务厅、省文化厅、省卫生厅、省人民政府外事办公室、省国资委、省工商行政管理局、省质量技术监督局、省广播电影电视局、省版权局、省统计局、省人民政府法制办公室、省知识产权局、省食品药品监督管理局、省农业机械管理局、省林业局、南京海关。

管部门的主要特点。❶ 这也是当前江苏知识产权保护工作领导体制的一个特点。目前江苏省各类知识产权的保护工作分别由不同的部门进行专业领导：江苏省知识产权局负责领导专利、技术秘密、集成电路布图设计等知识产权的保护工作；江苏省工商行政管理局负责领导注册商标和地理标志商标、经营秘密等知识产权的保护工作；江苏省版权局负责领导作品、计算机软件等著作权的保护工作；省政府农林主管部门负责领导农业知识产权的保护工作。此外，还有很多国家机关在不同的工作环节或者业务领域对知识产权保护工作担负领导责任：省人大常委会负责领导与知识产权保护相关的地方性立法工作；省高级人民法院负责领导知识产权案件的审判工作；省人民检察院负责领导知识产权刑事案件的起诉、知识产权民事和行政诉讼的监督等工作；省公安厅负责领导知识产权刑事案件的侦查工作；南京海关负责领导知识产权的边境保护工作；省商务厅负责领导对外贸易过程中的知识产权保护工作；省经济和信息化委员会负责领导在企业知识产权运用过程中的知识产权保护工作；省教育厅负责领导高校的知识产权保护工作；等等。

二、知识产权保护工作的行政管理体制

1. 知识产权保护工作的行政管理体制概述

在我国，政府推动是各项知识产权事业发展的重要力量，政府推动的基本形式是知识产权行政管理，它是指国家行政机关在法定范围内，对知识产权事务进行管理、审查、保护、运用，并制定知识产权相关政策、措施和维护知识产权市场秩序，以此行使其知识产权相关职能的活动。❷ 知识产权行政管理在知识产权保护过程中能够发挥多大的作用，在一定程度上取决于知识产权行政管理体制的合理性。知识产权保护工作的行政管理

---

❶ 陈泽欣.知识产权体制机制改革激发创新活力的政策研究［J］.科技促进发展，2016（12）.

❷ 肖海，常哲维.论国家知识产权行政管理机构的优化［J］.重庆科技学院学报（社会科学版），2017（8）.

体制涉及多方面的要素：管理知识产权保护工作的行政部门，各知识产权行政管理部门的职责及不同部门相互间的关系，不同级别知识产权行政管理部门的对应关系，知识产权行政管理部门行使职能的模式和程序等。

　　从世界范围看，知识产权行政管理体制的设计具有不同的模式，基本类型有三种：第一种是"二合一"的管理体制，主要指专利权和商标权这两种主流的知识产权管理由同一部门进行管理，其他的知识产权由相关的部门进行管理，大多数国家采取这种模式；第二种是"三合一"的管理体制，即专利权、商标权、版权这三种主流知识产权事务由同一部门进行管理，数十个国家采取这种模式；第三种是分散管理的体制，即每一种主流知识产权分别由不同的部门进行管理，采取这种模式的国家仅仅是极少数几个国家，我国在知识产权综合管理改革工作推进之前基本上属于这种模式。❶ 从国内的情况看，我国一直采用的是高度分散的行政管理体制，自《国家知识产权战略纲要》颁布后，我国知识产权行政管理体制的改革进入重要的战略过渡期，长期以来分散式管理带来的问题已充分展现，部分地区知识产权行政管理体制改革的先行先试，为之后的深化改革提供了重要参考。❷ 虽然分散管理的体制仍然是主流，具有普遍性，但在很多地方开始尝试构建综合性的知识产权管理体制，只不过综合性管理的具体做法存在差异，有些地方试点专利与商标"二合一"的管理体制，有些地方试点专利与版权"二合一"的管理体制，深圳、长沙等个别地方甚至试点专利、商标和版权"三合一"的管理体制。❸ 十九大后，我国加快推进国家机构改革，其中一个重要内容就是知识产权行政管理机构的改革，高度分散的知识产权行政管理体制行将结束，"二合一"的管理体制将成为主流。

　　2. 江苏当前多头分散的知识产权行政管理体制

　　江苏当前正在按照国家的统一部署制定知识产权行政管理机构改革方案，这也意味着江苏的知识产权行政管理体制将发生较大的变化。长期以

---

❶ 易继明. 构建集中统一的知识产权行政管理体制［J］. 清华法学，2015（6）.
❷ 何培育，涂萌. 知识产权行政管理体制变迁及其走向［J］. 改革，2018（3）.
❸ 易继明. "三合一"知识产权行政管理体制［J］. 科技与法律，2015（3）.

来,江苏的知识产权行政管理体制与全国的情况基本相同,实行的是高度分散的知识产权行政管理模式,对于专利权、商标权和版权这三种主流知识产权,分别由不同的政府部门进行管理:政府知识产权主管部门管理专利事务(包括专利权的保护);政府工商行政管理部门管理商标事务(包括商标权的保护);政府广播电视新闻出版主管部门管理版权事务(包括版权的保护)。在横向关系上,三个部门在管理过程中很少进行密切的协作与配合,甚至各个部门在编制战略规划的过程中也很少能够得到其他部门积极的帮助。在纵向关系上,在省辖市一级一般会设立与省级主管部门相对应的知识产权主管部门,省级主管部门对于省辖市主管部门也能够给予一定的业务指导,但难以进行深层次的管理;在县(市)区层面上,缺乏与上级工商行政管理局和知识产权局对应的主管部门,使得上级相关知识产权主管部门很难对县级知识产权事务进行有效的管理。

2009年《江苏省知识产权战略纲要》颁布后,江苏省也在不断研究知识产权行政管理体制的改革问题,但这种改革的实践在省级层面上一直没有实质性的行动。在省辖市的层面上,绝大多数地方按兵不动,基本上持观望态度,只有苏州市大胆行动,率先进行改革,整合原专利行政部门和版权行政部门,设立统一管理专利事务和版权事务的知识产权局,这也是在全国富有特色的一种管理模式。苏州市的知识产权工作之所以能够在江苏省乃至全国处于领先地位,与这种包括知识产权行政管理体制改革在内的大胆创新是密不可分的。

三、知识产权违法行为的行政执法机制

1. 知识产权行政执法机制概述

知识产权行政执法是知识产权行政保护的核心内容。知识产权的行政保护应当是与侵犯知识产权的民事救济和刑事救济制度并列的三大保护制度之一,是因权利人向行政机关请求权利保护而由行政机关启动的行政保护程序,旨在利用行政执法的优势在一定范围和程度上对权利人给予最大

限度的保护和对侵权人的侵权行为给予最大限度的惩处。❶ 知识产权行政执法具有反应快速、过程简短、成本较低等特点，虽然对于知识产权行政执法在我国还有较大的争议，但其在知识产权保护方面事实上发挥了很大的作用。

知识产权行政执法的基本目的在于借助行政手段的快捷效率及时制止知识产权侵权行为并防止其损害的扩大；如何在知识产权行政执法定位明确的基础上，更加清晰明确地推进知识产权行政执法制度的改革，确立合法、合理、使人信服的知识产权行政执法体系是关键。❷ 这种知识产权行政执法体系实质上就是执法机制。合理的知识产权执法机制应当满足以下四个要求：其一，行政执法权的合理配置。通过法律制度明确哪些政府部门具有知识产权行政执法权、知识产权行政执法权在各个行政执法部门之间如何进行分配。一般来说，拥有知识产权行政执法权的政府部门主要有两类：一类是知识产权行政主管部门，另一类是其他政府行政部门。知识产权行政执法机制的设计首先就是明确知识产权行政主管部门与其他政府行政部门在知识产权行政执法方面的分工。从一些知识产权强国的经验看，通常境内的知识产权行政执法由知识产权行政主管部门担当，而边境或者进出口环节知识产权行政执法由海关担当。如果一个国家有多个知识产权行政执法部门，还要明确不同知识产权行政主管部门行政执法的范围。其二，行政执法权的抑制。从世界范围看，各国知识产权行政管理部门的职能主要体现在对知识产权的行政管理和行政服务上，其中行政管理主要为保持私益和公益的平衡，对知识产权的权利范围加以行政上的确认以及与知识产权确权有关事项的处理，而行政服务则是为与知识产权有关的事项提供咨询和其他服务；总体上，各国知识产权行政管理部门鲜少具备行政执法职能，即使对行政执法有所规定，其职能范围亦十分有限，这主要是

---

❶ 宋惠玲．我国知识产权行政保护的概念、问题及解决之策［J］．学术交流，2013（7）．

❷ 李金惠，陈忠．知识产权行政执法体系的合理性构建探讨［J］．特区经济，2017（5）．

为了维持与司法调整范围的法律界分。[1] 在我国知识产权行政执法有着深厚传统的背景下，在未来一定时期内废除行政执法是不大现实的，但应当在保留知识产权行政执法的前提下对于行政执法的范围进行必要的限制。其三，行政执法关系的明确。知识产权行政执法关系涉及不同执法部门之间的关系及同一执法部门内部的关系。在执法权配置时应当尽可能避免不同知识产权行政执法部门之间存在职权交叉的问题；即使对于某些知识产权事务职权交叉不可避免，也应当通过必要的协调机制避免重复执法和执法真空的产生，并对联合执法机制进行明确的设计。在各个行政执法部门内部，更应当就执法分工和相互配合等要求做出明确的规定。其四，行政执法效能的提升。从提高行政执法效能的角度考虑，知识产权行政执法机制的设计应当保证在实现目标的前提下尽可能减少执法机构和执法人员的数量，节约物质技术资源和经费的使用，设计科学的执法方法，简化执法形式，缩短相关执法步骤或者行动的期限。

2. 江苏当前不平衡的知识产权行政执法机制

当前，江苏的知识产权行政执法机制总体上看呈现多头分散执法、体系不均衡、部门联动不稳定、执法方式多样等特点。从省级和省辖市的层面上看，拥有知识产权行政执法权的部门主要是知识产权局、工商行政管理局、版权局等知识产权主管部门，还有各地海关，农林主管部门在农业知识产权行政执法方面也有一定的权限；在县（市）、区一级，科技局、市场监督管理局、文化广电新闻出版局负责专利执法、商标执法和版权执法，但这些部门并未挂知识产权局、版权局等专业机构的牌子，也未设立专业化的机构，只是在其相关内设机构中规定了这方面的职权。在江苏各类知识产权执法体系中，有些执法体系专业化、体系化程度较高，如省市一级的专利执法体系，从机构设置、职责定位、人员配备到程序设计，要素相对较为完整，而省市一级的商标执法体系，在专项程序设计方面则存

---

[1] 李永明，郑淑云，洪俊杰. 论知识产权行政执法的限制［J］. 浙江大学学报（人文社会科学版），2013（5）.

在缺失，至于县（市）级一级的多类知识产权执法体系，在机构、职责、队伍、程序等方面都存在或多或少的缺失。在江苏，经常有一些知识产权联合执法行动，既有专业性知识产权执法机构之间的联合，也有专业性知识产权执法部门与其他政府部门之间的联合，既包括同级部门之间的横向联合，也包括不同级别部门之间的纵向联动，但这些联合通常不是很稳定，这种不稳定性在联合的对象、联合的时机、联合的事项、联合的方式、联合的程序等方面都有所体现。在知识产权行政执法方式上，江苏各类知识产权执法机关采用了多种多样的方式，并且不断进行执法方法的创新。基本的执法方式有两类：一是查处知识产权违法行为，二是通过调解等方式解决知识产权侵权纠纷或者其他纠纷。从执法的启动方式看，也有两种形式：一是基于公众或者权利人的举报或者投诉而执法，二是基于职权主动查处违法侵权行为。比如2017年江苏省查办的77起网络版权侵权案件中，主动巡查和接受投诉举报的案件占全部案件的90%以上。❶ 为了提高执法效率或者扩大执法的影响力，知识产权执法机关经常开展一些专项行动，如知识产权局开展的"护航""闪电"行动，省工商局开展的"双打""云剑联盟"等行动，版权局开展的"剑网"行动，南京海关开展了中国制造海外形象维护"清风行动"，进一步加大出口环节执法力度等。

四、知识产权案件的审判机制

1. 知识产权案件审判机制概述

《国家知识产权战略纲要》明确指出要"发挥司法保护知识产权的主导作用"，这意味着我国知识产权保护重心有所转移，在保护体制、措施和效果上，更加注重发挥司法保护的作用。❷ 从一般意义上说，知识产权司法保护包括知识产权司法审判和知识产权检察两个方面。从现实情况看，人们对于知识产权司法保护的关注聚焦于知识产权审判上。可以说，知识

---

❶ 任晓宁.江苏：版权执法以办案为中心［N］.中国新闻出版广电报，2018-03-01（6）.

❷ 谭华霖，张军强.知识产权司法保护绩效评价研究［J］.社会科学，2012（5）.

产权审判对于知识产权司法保护的效果起着决定性作用,而知识产权审判机制或者体系则是知识产权审判作用发挥的基本保障。知识产权审判机制指知识产权司法审判内部运行系统,主要包括知识产权司法审判体制、知识产权司法审判模式、知识产权司法审判制度;其中,知识产权司法审判体制是指知识产权司法审判的机构设置、隶属关系和权限划分等方面的安排,知识产权司法审判模式是指知识产权司法审判的具体组织、管辖、程序等方面的标准样式,知识产权司法审判制度是指知识产权司法审判共同遵守的某一具体方面的专门化规则。❶

当下,国家和地方正在大力推进知识产权司法审判机制的改革,"公正与效率作为正义的两个重要维度",也应当是评判知识产权司法审判体制改革成效的基本标尺。❷ 面对公正与效率的要求,目前的知识产权司法审判还存在不少欠缺。比如在知识产权民事诉讼中,权利人的维权成本高,而侵权者的违法成本较小。一般来说,权利人只能获得因侵权行为损失的金额或侵权人的违法所得,而不能全部获得这两方面的赔偿,而且因侵权所获得的利润或造成的损失也很难计算出精确数额,权利人所获赔偿往往与事实不符;权利人在维权过程中所付出的物质成本、时间成本等也得不到补偿。❸ 对于知识产权案件的审判机制而言,"公正与效率"体现在以下八个方面:一是能够对知识产权侵权案件及时做出反应。审判体系的安排要有利于知识产权案件及时受理,有利于及时制止侵权行为,特别是禁令措施在诉前和诉讼过程中的采用。这也包括知识产权司法审判与行政执法的有效衔接,使得需要由审判机关追究刑事责任的知识产权案件能够及时由执法机关移交给审判机关。二是能够使权利人得到相应的赔偿。在有确实证据对于权利人的损失或者侵权人的获利进行认定的情况下,应当保证

---

❶ 管荣齐. 新形势下知识产权司法保护体系改革研究 [J]. 天津大学学报(社会科学版), 2017 (6).

❷ 刘强. 国家治理现代化视角下的知识产权司法审判体制改革 [J]. 法学评论, 2015 (5)

❸ 张庆林,董健. 知识产权司法保护为何不理想 [J]. 人民论坛, 2016 (10月中旬刊).

权利人获得较充分的赔偿;在相关证据获取较为困难的情况下,应当从高适用法定赔偿。三是能够使侵权人受到必要的制裁。要厘清知识产权民事案件的审判与知识产权行政处罚之间的关系,厘清知识产权民事审判与刑事审判之间的关系,知识产权民事案件的审判不应当影响对于侵权人行政责任和刑事责任的追究;加大司法对于行政执法的监督力度,保证知识产权侵权人受到应有的行政处罚。四是能够保证案件事实的科学认定。要结合知识产权案件的特点构建灵活的证据规则;完善的技术事实查明机制对知识产权案件公正裁判具有极其重要的作用,❶需要构建技术事实认定的专门体系。五是能够有效节约当事人的成本。在案件受理方式、审判方式等方面尽可能给予当事人更多的便利。六是尽可能缩短案件的审判时间。在保证事实认定和正确适用法律的前提下尽可能减少各个办案环节的时间,特别是通过一些专门化工作提高相关审判工作的效率和节奏。七是能够尽可能做到"同案同判"。对于案件性质和情节差不多的案件,应当保证审判结果的一致性,这种一致性的实现需要加强裁判的统一、审判指导等方面的工作。八是努力构建便利当事人的多元化纠纷解决机制。司法审判应当与行政调解、行业调解、人民调解组织的力量结合,加强与各种社会服务机构或者维权援助机构力量的结合,共同推进知识产权纠纷的有效解决。

2. 江苏当前多种模式的知识产权审判机制

从知识产权案件的审判管辖看,就知识产权一审案件的管辖而言,江苏当前有多种做法:一是专门的知识产权法庭。在江苏虽然尚未设立知识产权法院,但成立了2个全国第一批知识产权法庭,即南京知识产权法庭和苏州知识产权法庭。其中南京知识产权法庭审理发生在南京、镇江、扬州、泰州、盐城、淮安、宿迁、徐州、连云港9市辖区内的专利等技术类一审知识产权民事案件,苏州知识产权法庭审理发生在苏州、无锡、常州、南通4市辖区内的专利等技术类一审知识产权民事案件,两个知识产权法庭还审理发生在以上各市辖区内诉讼标的额为300万元以上的一审普通知

---

❶ 中国法院知识产权司法保护状况(2016年)[N]. 人民法院报,2017-04-27(2).

识产权民事案件以及发生在以上各市辖区内一审知识产权行政案件等。❶二是各地中级人民法院的管辖。各地中级人民法院管辖南京知识产权法庭、苏州知识产权法庭以及最高人民法院指定的部分基层人民法院管辖案件以外的知识产权案件。三是最高人民法院指定的部分基层人民法院的管辖。这些基层人民法院为南京市的鼓楼区人民法院、玄武区人民法院、建邺区人民法院、雨花台区人民法院、江宁区人民法院和南京铁路运输法院，苏州市的吴江区人民法院、常熟市人民法院、太仓市人民法院、张家港市人民法院、昆山市人民法院、虎丘区人民法院、苏州工业园区人民法院，无锡市的江阴市人民法院、宜兴市人民法院、滨湖区人民法院、无锡高新技术产业开发区人民法院，常州市的天宁区人民法院、常州高新技术产业开发区人民法院、武进区人民法院、钟楼区人民法院，南通市的海安县人民法院、启东市人民法院、如皋市人民法院、通州区人民法院，镇江市的经济开发区人民法院、丹阳市人民法院，扬州市的广陵区人民法院、高邮市人民法院、仪征市人民法院，盐城市亭湖区人民法院、大丰市人民法院，泰州市的靖江市人民法院和医药高新技术产业开发区人民法院，这些法院管辖标的较小的一般知识产权民事案件。❷

从知识产权案件的审判组织看，一是"三合一"知识产权案件审判组织。由知识产权审判庭统一审理知识产权民事、行政和刑事案件的"三合一"改革试点，是知识产权司法体制机制的全方位改革，到2016年全国法院共有6个高级法院、95个中级法院和104个基层法院先后开展了知识产权"三合一"审判机制改革试点，而江苏则是其中重要的试点地方；为克服原先单一民事审判业务视野的局限，试点之初，江苏省高级人民法院明确要求刑庭和行政庭固定1~2名审判业务能力较强的刑事法官、行政法官，与知识产权庭法官共同组成合议庭审理试点案件，以确保试点案件审

---

❶ 经最高院批复同意 南京苏州知识产权法庭成立 [EB/OL]. [2018-03-10]. http://www.most.gov.cn/dfkj/js/zxdt/201701/t20170123_130728.htm.
❷ 北上广、广东、江苏、湖北、四川知识产权案件管辖法院 [EB/OL]. [2017-10-08]. https://www.sohu.com/a/143320095_726435.

判质量；目前，江苏法院已实现全部由知识产权庭法官组成合议庭审理刑事、行政案件。❶ 当然，"三合一"的形式虽然试点已久，但由于部分地方的条件欠缺，仍有少量基层人民法院在事实上难以完全做到"三合一"，传统的审判组织形式在知识产权案件审理过程中也会出现。二是知识产权案件审判组织的结构。知识产权案件审判组织的结构既有专业化的协作审判组织，也有传统的审判组织。江苏的法院系统近些年开始积极探索技术调查官制度，技术调查官辅助法官理解案件的技术背景、参与庭审的技术事实调查等，全方位多角度参与技术事实查明工作。南京知识产权法庭在全国率先招聘6名聘用制专职技术调查官，专业方向涵盖机械、医药、通信、计算机、电子工程等领域；苏州知识产权法庭与国家知识产权局专利局专利审查协作江苏中心合作，充分发挥区域科技人才优势，建立了一支技术覆盖面广、选任严格的兼职技术调查官队伍。另外，部分法院遴选部分技术专家担任人民陪审员。❷

从知识产权案件的审判流程看，目前江苏各类法院在审理知识产权案件时基本上是按照传统的诉讼程序进行的。为了简化程序、方便当事人、降低知识产权保护成本，江苏在诉讼程序方面努力做出一些改革。比如，设立知识产权巡回法庭。南京、苏州知识产权法庭在跨区域辖区内法院设立了巡回审判点，南通市通州区设立了"南通家纺城知识产权巡回审判庭"。又如，简化一些案件的诉讼程序。江苏省高级人民法院决定对假冒注册商标罪、销售假冒注册商标的商品罪、非法制造、销售非法制造的注册商标标识罪、侵犯著作权罪、销售侵权复制品罪等知识产权犯罪案件适用简易程序，❸ 为了破解知识产权案件举证难、赔偿低、周期长的困境，南

---

❶ 李万祥. 知识产权"三合一"审判机制将在全国法院推行［EB/OL］.［2017-12-05］. http：//finance.sina.com.cn/roll/2016-08-10/doc-ifxuszpp3297876.shtml.

❷ 李昌桂. 三年来江苏法院审理涉科技创新知识产权案件约六千件 涉植物新品种案件91件［EB/OL］.［2018-04-09］. http：//jiangsu.china.com.cn/html/jsnews/bwzg/10562535_1.html.

❸ 参见《江苏省高级人民法院民事审判第三庭关于部分知识产权刑事案件适用简易程序的通知》（苏高法电〔2018〕391号）.

通市通州区法院适用简易程序审理版权纠纷案件，比普通程序审理周期缩短一半。❶

从知识产权审判与行政执法对接的情况看，为了加强法院与相关行政机关在知识产权保护方面的沟通、交流与合作，江苏法院系统做出了多种形式的努力。省高级人民法院与省工商行政管理局联合举办了多届商标疑难案件研讨会；无锡市法院与工商行政管理局建立了商品交易市场知识产权侵权案件诉调对接机制；苏州市张家港地区法院与工商行政管理部门签订了"构建商标司法行政联动保护机制协议"；盐城市大丰区成立了"商标知识产权纠纷诉调对接办公室"；扬州市出台了《关于建立法院司法审判与工商行政执法协作配合工作机制的意见》；镇江市法院与工商行政管理部门联合下发了《关于建立商标类知识产权纠纷案件诉调对接机制的规定》。❷

五、知识产权保护的社会动员机制

1. 知识产权保护的社会动员机制概述

从知识产权保护的现实情况看，无论是行政机关和司法机关，还是企业自身，其可以支配的资源与能力都是有限的，要想加强知识产权保护工作，解决保护能力不足和资源配置不合理的问题，必须调动更多的资源和力量，社会资源的组织和利用无疑是一项重要的工作。

能够在知识产权保护过程中发挥较大作用的社会力量是多方面的，主要是各类相关的社会组织。一是行业协会。行业协会有两类，一类是知识产权服务类行业协会，这类主要是一些专司知识产权保护相关活动的专业性行业协会，如专利代理人协会、音乐著作权协会、版权协会、发明协会、专利保护协会、商标协会、律师协会等；另一类是产业类行业协会，指由

---

❶ 李彩霞. 江苏法院多招破解知识产权审判难题服务创新驱动 [EB/OL]. [2018-05-12]. http://www.wuweipeace.gov.cn/other1/12141.html.

❷ 江苏省工商局与江苏省高级人民法院联合开展商标疑难案件研讨 [EB/OL]. [2018-03-09]. http://jiangsu.ipraction.gov.cn/article/gzdt/201702/20170200124849.shtml.

某一具体行业的同类企业所组成的行业协会，如汽车行业协会、皮革工业协会等。❶ 知识产权服务类行业协会能够在加强知识产权服务机构或者人员的自律管理、提高知识产权服务机构或者人员的专业能力、推动特定知识产权服务行业的健康发展等方面发挥重要作用，并借此提高知识产权服务机构提供知识产权保护服务的能力和水平。产业类行业协会能够加强本行业企业的自律，减少本行业企业相互间知识产权侵权现象，协调本行业企业在知识产权保护方面加强联合，并借此提高本行业企业知识产权保护的整体能力。比如，美国出版商协会作为一个有影响的行业组织，其在美国出版行业最重要的服务和管理工作便是公关活动、版权保护、行业调研、组织交流。❷ 我国温州的行业协会发展较快，在知识产权保护方面发挥了一些独特作用，如温州剃须刀协会成立后，在行业维权和推动专利发展中起了重要的协调和引领作用，针对本地行业内企业间侵权行为实行了"土专利"，针对国内外竞争对手采取了自身的知识产权策略。❸ 二是知识产权研究团体。全国各地在知识产权主管部门的指导和支持下建立了很多知识产权研究会或者知识产权保护研究会，还有不同层次的知识产权法学研究会、科技法学研究会、竞争法学研究会等与知识产权相关的学术团体，它们为知识产权保护工作的推进提供了很多理论支撑和可行的方案。三是知识产权服务机构。知识产权服务机构的形式是多种多样的，包括专利代理机构、商标代理机构、版权经纪机构、综合性的知识产权服务公司、开展知识产权业务的律师事务所、各类知识产权信息服务平台、知识产权交易平台、知识产权维权援助机构等。知识产权服务机构是目前在知识产权保护方面最有影响的社会力量，也是最频繁、最广泛发挥作用的社会力量。

　　社会力量在知识产权保护方面发挥作用的大小虽然取决于多方面的因素，但社会动员机制的状况无疑是非常重要的因素。知识产权保护的社会

---

❶ 邓忠华. 行业协会在知识产权保护中的地位［J］. 中华商标，2007（4）.
❷ 赵光敏. AAP：美国出版行业协会的功能与运作［J］. 编辑学刊，2007（6）.
❸ 赵坤. 行业协会在产业集群知识产权保护中的作用［J］. 甘肃行政学院学报，2007（1）.

动员机制是指发动各种社会力量参与知识产权保护工作的组织体系及其运行程序，包括发动主体、动员内容、运作方式等要素。社会力量的发动主体包括政府机关和部分社会组织。社会动员的内容有两个方面：一是动员各主要的相关社会组织参与知识产权保护；二是相关社会组织动员各种社会力量推动知识产权保护工作。社会动员机制的运作方式包括动员的途径、形式等。

2. 江苏当前的知识产权保护社会动员机制

江苏省当前有多种知识产权服务类行业协会，如知识产权保护协会、发明协会、专利代理人协会、商标协会、律师协会研究会等，这些协会通常在省和省辖市两个层面设立，受到相关政府主管部门的指导和服务。这些知识产权服务类行业协会主要通过召开会议、举办培训班等方式发动和引导其成员在知识产权保护方面发挥一定的作用，商标协会还在实现商标代理机构代理行为的规范化方面发挥重要作用。江苏省当前也有各种各样的产业类行业协会，但在组织和协调本行业企业的知识产权保护方面发挥的作用很有限，更谈不上动员其他社会力量参与本行业的知识产权保护工作。江苏省也成立了一些知识产权研究团体，如在江苏省法学会设立的知识产权法学研究会，还有江苏省高校知识产权研究会。这些研究团队在动员知识产权教学与研究人员、知识产权从业人员研究知识产权保护中的问题并为知识产权保护工作献计献策方面发挥了较大的作用。作为知识产权发展水平比较高的省份，江苏省的知识产权服务机构发展较快。2015年，全省38家知识产权维权援助机构共计接听咨询热线5 378个，接收举报投诉316起，调解知识产权纠纷80起，服务企业2 344家，发放维权援助资金216万元，有力支持企业开展知识产权维权。2016年，全省知识产权维权援助机构达到51个，共接听咨询电话7 073个，受理维权援助申请468起，调解知识产权纠纷401起，服务企业1 662家。2017年，全省知识产权维权援助机构总数达到63家，全年接听咨询电话7 303个，受理维权援助申请367件，调解纠纷211件，转交举报投诉案件1 055件，服务企业2 139家。❶ 2017年常州市在省内率先成立"常州知识产权仲裁中心"，搭建仲裁与知识产权调解纠纷联动调处平台；江苏省专利信息服务中心进入省高院知识产权委托鉴定名录，探索建立知识产权仲裁机构。❷ 2017年全省专利代理机构总数达367家，其中星级机构达到43家，执业专利代理人达到1 150人；苏州国家知识产权服务业集聚发展示范区快速发展，入驻服务机构超过80家，从业人员超过2 400人。❸ 这些专利代理机构在专利授权方面发挥了主导作用。目前江苏商标代理机构达2 321家，位居全国第四，全省商标代理机构承担了90%以上的注册商标申请和60%以上的地理商标申请工作，❹ 有5家商标代理机构进入2017年全国商标代理量百强的行列。

动员这些知识产权服务类行业协会、产业类行业协会、知识产权研究团体、知识产权服务机构等主要的社会力量参与知识产权保护工作，目前这一工作实际上主要由江苏的政府部门承担，它们主要通过相关的政策文件、经费资助、项目推动等方式鼓励社会组织对于知识产权保护工作的参与。

第二节 影响江苏知识产权保护效果的体制机制因素

一、知识产权行政保护整体联动机制的不足

1. 不同类型知识产权行政执法机关之间的联动问题

如前文所述，与全国的情况一样，江苏目前知识产权行政执法是一种多头执法的体系，不同类型的知识产权执法任务分别由不同的政府机关承

---

❶ 2015年江苏省知识产权发展与保护状况白皮书［R］；2016年江苏省知识产权发展与保护状况白皮书［R］；2017年江苏省知识产权发展与保护状况白皮书［R］.

❷❸ 2017年江苏省知识产权发展与保护状况白皮书［R］.

❹ 孙茂强. 全国首创！规避商标代理乱象 江苏引入"风险告知书"［EB/OL］.［2018-08-10］. http://news.jstv.com/a/20180618/152931664314.shtml.

担。对于这种知识产权行政执法体系的问题,很多学者进行了论述。有的学者认为,我国现行知识产权行政管理体制具有条块分割的特点,缺少协调机制,存在主体多元、职能交叉、效率低下、权力冲突等问题。❶ 有的学者认为,多部门享有知识产权行政执法权限,虽然可能起到分工协作、行动快速的作用,但也容易造成部门之间职责混淆、相互扯皮、执法不力、执法成本加大等问题出现。❷ 有的学者认为,我国知识产权行政工作由诸多部门分工负责,也就是多元化的执法主体模式。这种传统的知识产权执法分工模式的不合理之处在于,各个机关之间各自为政,不易协调,无法形成打击的合力,真正形成的行政查处力度不大,在证据获取和制止侵权行为方面难以达到预期的效果。❸

如何减少这种多头执法产生的问题?境外的做法是,知识产权管理的一系列环节涉及多个政府部门,为加强协调,美国、德国、日本、韩国、印度等国家基本上都建立了协调机构和机制。❹ 作为引领型知识产权强省建设的试点地区,江苏省也需要像知识产权先进国家那样建立不同知识产权执法部门之间的联动协调机制,但从现有情况看,这种联动协调机制显然不能满足需要。在我国现行条块分割的知识产权管理体制下,地方知识产权行政执法主体涉及知识产权局、商标局、版权局、公安局、海关等部门,知识产权行政执法的联动协调主要在这些部门之间进行,江苏的情况也是这样。

这些部门之间关于知识产权行政执法的联动协调,存在很多问题。有学者进行了专门研究,将这些问题归纳为以下几个方面:第一,地方知识产权部门联合执法存在有无法律依据的质疑。目前,知识产权部门联合执

---

❶ 武善学. 美日韩知识产权部门联合执法概况及其借鉴 [J]. 知识产权, 2012 (1).
❷ 宋惠玲. 我国知识产权行政保护的概念、问题及解决之策 [J]. 学术交流, 2013 (7).
❸ 李金惠,陈忠. 知识产权行政执法体系的合理性构建探讨 [J]. 特区经济, 2017 (5).
❹ 孙彩红,宋世明. 五国知识产权管理体制机制的基本特征 [J]. 知识产权, 2016 (4).

法主要通过地方政府"红头文件"或者彼此间签订的"协议"来统一行动，任务一旦完成就地解散或撤销，具有临时性、突击性、运动式的特点。联合执法往往存在一个执法主体有法可依而其他执法主体没有执法权的情形，容易导致"一个有权，一伙越权"的情形。第二，条块分割的知识产权行政管理体制导致知识产权执法部门间的推诿扯皮现象。缺少协调机制，存在主体多元、职能交叉、效率低下、权力冲突等问题。第三，各自为政的执法队伍浪费了有限的宝贵的执法资源。每个部门都有自己的执法队伍，尽管规模小、人数不多，但"麻雀虽小，五脏俱全"。各部门由于彼此之间缺少交流、沟通和协调，很难解决日益复杂的、隐蔽性的、全球化的知识产权侵权违法犯罪行为。第四，协调不畅的信息交流机制导致不能共享执法信息、执法效率低下。目前，知识产权执法机关一般通过部门间的协议或者联席会议的方式交流信息，开展联合执法活动。但是，这种信息交流机制适用的范围极其有限，对于涉及多个部门职权范围的知识产权侵权犯罪行为，信息共享的程度相对较低，信息交换的及时性也十分有限。❶

除此之外，从江苏省知识产权局的机构职能看，该局负责组织协调全省知识产权工作，推动知识产权保护工作体系建设，会同有关部门建立知识产权执法协作机制，省辖市知识产权局的机构职能中也包括类似的内容。从实际情况看，由于知识产权局本身在政府部门体系中的级别较低、权威性不足，致使其对于各知识产权执法相关部门的协调能力很弱，协调的效果不明显。事实上，知识产权局除通过知识产权联席会议这种较为松散的联络沟通机制外，也没有构建出其他具有较强稳定性的知识产权行政执法联动协调机制，只是在一些个案中进行短暂的联动或者配合，如金陵海关对涉嫌侵犯知识产权的进出口货物进行调查时，请求南京市知识产权局提供专利侵权判定、专利信息检索等方面的专业意见，丰富了海关对专利案

---

❶ 武善学，张献勇.我国知识产权部门联合执法协调机制研究［J］.山东社会科学，2012（4）.

件调查的手段。❶ 甚至，在一些专项执法过程中不同部门之间的联动性也不是很强。

2. 不同地区知识产权行政执法机关之间的联动问题

知识产权侵权案件时有跨越不同区域的情况，尤其是涉及网络的知识产权侵权案件。一个地方的行政机关到外地进行知识产权执法行动时往往会遇到很多困难和阻碍，如果没有当地行政机关的配合和帮助，执法的效果将会受到较大的影响。特别是一些覆盖范围较广泛的专项行动，如果没有不同地方知识产权行政执法机关的联动和协调，很难取得理想的结果。因此，江苏的一些知识产权行政执法机关努力寻求与其他地方行政执法机关进行协同和合作，有意识地构建知识产权执法联动机制。比如，江苏省知识产权局发布的《江苏省2014年度知识产权执法维权"护航"专项行动方案》强调建立跨区域行政执法协作调度工作机制，在其印发的《江苏省2015年度知识产权执法维权"护航"专项行动方案》中则进一步强调完善跨区域行政执法协作调度工作机制。又如，为提升知识产权办案效率，南京海关内外联动，分别与全国首家知识产权案件跨区管辖法院、江苏省进出口商会、上海等5个兄弟海关建立协查取证与个案研讨、双向多维合作、区域执法协作等机制。❷

跨区域行政执法机制是知识产权行政保护整体联动机制的重要方面，但从江苏的现实情况看，目前这种机制的成效不明显，远未发挥有效打击知识产权侵权行为的预期作用。这些跨地区知识产权协作是建立在某种契约基础上的，更具有合同的性质，是一种非法制的软约束；签约方可以拒绝知识产权权利人提出接收或移交执法的请求等，这些在某种程度上削弱了跨地区行政执法的优势发挥；同时，由于协议没有明确责任约束条款，缺少责任分担内容，缺乏提供执法协作条件的具体规定，各地方行政管理

---

❶❷ 华诚，崔欣．南京海关2017年查获侵犯知识产权案件164起［EB/OL］．［2018-01-09］．http：//jsnews.jschina.com.cn/nj/a/201804/t20180427_1562356.shtml.

机构对涉及地方和部门利益的案件，容易互相推脱扯皮。❶ 江苏省知识产权局虽然在相关政策文件中强调要建立和完善跨区域行政执法协作调度工作机制，但事实上目前并未构建一种稳定或具有较强实效的跨区域知识产权行政执法协调机制，不少工作还停留在纸面上。

二、知识产权行政保护上下协调机制的缺失

1. 知识产权行政保护进行上下协调的必要性

从目前知识产权行政执法体系看，很有必要构建不同层级的行政机关在知识产权执法上的协调机制。就知识产权局系统来说，各知识产权局都受本级人民政府领导，上下级知识产权局之间没有隶属和直接管理关系，而且在县级层面已经没有对应的执法机关。在工商行政管理系统，虽然省辖市工商行政管理局在一定程度上要受省工商行政管理局领导，但同时受同级人民政府领导，省级工商行政管理局在商标执法等方面的一些要求可能与省辖市人民政府的要求不一致，而且我国在县级层面进行了市场监督管理体制的改革，已经没有与省市工商行政管理局对应的县级主管部门。在这样的知识产权执法体系中，上级知识产权主管部门在知识产权执法方面的政策往往不一定被下级知识产权主管部门认真落实，甚至上下级之间在知识产权行政执法的要求上会存在差异或者冲突。面对这种困难局面，要保证上下联动和提高知识产权行政执法的质量和效率，就需要不同层级的知识产权行政机关在知识产权保护方面构建协调机制，尽可通过协调消除相互间的差异和误解，加强在知识产权行政执法中的配合和支持，为各自的执法效能的提高提供机制保障。

2. 江苏在知识产权行政保护上下协调方面的缺失

江苏省知识产权局系统早就意识到上下级之间协调知识产权行政保护工作的重要性，并有意识地开展了一些活动。多年前江苏省知识产权局在

---

❶ 李超. 基于事权视角的我国知识产权行政管理体制完善研究［J］. 经济研究参考，2015（70）.

开展知识产权执法维权"护航"专项行动时便明确要求：各级知识产权管理部门要建立和完善联合执法机制，形成执法合力；省局每月联系一个市局开展一次联合执法行动；各市局每月应与所属县（市、区）局至少开展一次联合执法行动，或与公安、工商、版权等部门开展一次联合执法行动；要建立案件通报机制，促进信息共享，各市知识产权局应于每月10日前将上月本地区各县（市、区）专利案件立案数、处理结案数等执法信息向县（市、区）知识产权局通报，并将本市相应执法信息汇整后，按照省局的统一要求上报省局，省局每季度对各市专利案件立案、结案数等执法信息向市局通报，促进信息共享，并将其作为对各市执法工作考核和执法经费支持的重要依据。❶ 这种上下协作的要求一直到目前还受到不少地市级知识产权局的重视，南京市在其《关于印发南京市2018年度知识产权执法维权"护航""雷霆"专项行动方案的通知》中规定，在全市开展省市区三级联合执法不少于2次，市区联合执法不少于10次。

从总体情况看，当前江苏省在知识产权行政保护的上下协调机制方面还存在一些问题：不少知识产权行政执法机关习惯于命令式的管理方式，没有与下级执法机关进行协作和联合的意识，更没有与下级行政执法机关建立稳定的协作机制的意愿与方案。现有的知识产权行政执法的协作基本上停留在集中式的联合执法和信息交流方面，没有形成一种行政执法协作体系，特别是在上级或者下级日常的知识产权行政执法过程中进行协作的组织体系和运作机制。

三、知识产权司法保护体制的不完善

1. 多样化审判管辖所造成的困惑

前文述及，目前江苏知识产权案件的审判管辖呈现多样化的局面。仅就民事一审案件的管辖而言，南京知识产权法庭、苏州知识产权法庭、各省辖市中级人民法院、南京铁路运输法院、经最高人民法院授权的全省各

---

❶ 张少虎. 江苏省开展知识产权执法维权"护航"专项行动［EB/OL］.［2018-02-09］. http://www.chinadaily.com.cn/dfpd/2012-04/01/content_14965849_2.htm.

地的多个基层人民法院都有一审知识产权民事案件的管辖权，而且每类法院所管辖的一审民事案件的范围各不相同，这种管辖权的分配相对于人们熟悉的普通民事案件的管辖权来说过于复杂。如果一个知识产权人不想借助律师等专业人员，对于普通当事人来说其维权行动将面临很大的不便，他们在确定诉讼管辖法院方面会需要更多的时间；一个习惯于某一地方案件管辖情况的当事人到另外一个地方参与知识产权诉讼时，很可能因为不同地方在知识产权案件管辖权方面的差异而造成一定的误会。

2. "三合一"审判组织的局限性

无论是在江苏，还是在全国其他很多地方，"三合一"被作为知识产权案件审判组织改革的重要举措，在统一知识产权民事、刑事和行政案件的审理权方面发挥了较大的作用；2016年，知识产权审判"三合一"工作取得重大进展与突破，除知识产权法院暂不执行"三合一"以外，"三合一"工作在全国法院全面推开。❶ 但从世界范围看，这种审判组织模式并未受到广泛的认同。迄今为止，采用此类法院的有泰国和我国台湾地区。❷ 从江苏推广这种模式的实际情况看，"三合一"审判组织模式确实存在一定的问题：一是不同类型审判人员的实质性融合问题。虽然在法院内部将民事审判人员、刑事审判人员和行政审判人员组合到一个审判庭，但实际上他们仍然分别审理知识产权民事案件、知识产权刑事案件、知识产权行政案件，三类审判人员共同审理同一类型知识产权案件的情况实际上很少。"三合一"没有体现在具体案件的审理中。二是不同类型案件审判的专业化水平问题。经过多年的审判实践，三类人员实际上具有不同的知识背景、不同的思维模式、不同的审判策略、不同的审判习惯，让一个长期担任刑事案件审理任务的审判人员去审理知识产权民事案件或者行政案件，不仅是在业务上不够熟练，而且其原有的审判传统可能会使他们偏离案件审理的正确方向。正因如此，在一些法院有的时候虽然三类人员组合到同一个

---

❶ 中国法院知识产权司法保护状况（2016年）[N]. 人民法院报，2017-04-27（2）.

❷ 刘强. 国家治理现代化视角下的知识产权司法审判体制改革[J]. 法学评论，2015（5）.

案件的审判庭中，但实际上只有其中一人进行审理，其他二人只是在形式上作为合议庭的成员存在而已。另外，一些知识产权行政、刑事案件一审时统一由知识产权审判庭审理，而二审时仍旧分别由行政、刑事审判庭审理的现象也是一种客观存在。❶

3. 技术事实认定专业化的实际问题

由于目前法院的审判人员基本上是法学背景的人员，对于很多知识产权案件（尤其是有关专利、技术秘密、软件的案件）所涉及的技术并不熟悉，他们在涉及技术的案件事实的认定上便存在很大的困难。为了解决这一问题，法院有两种做法：一是聘任技术调查官，二是聘请技术专家作为人民陪审员。技术调查官的使用正处于探索阶段，目前存在以下一些问题：对技术调查官的职能缺乏统一、明确的定位；在配置数量和选任条件上把握得不够严格；在管理模式上如何区别于法官的管理模式还有待确定；在职权的行使上是否仅仅是查明技术事实，抑或在查明技术事实的基础上在一定范围内协助法官办案，没有明确的规定或者统一的做法。另外，由于技术性知识产权案件的多样性，需要认定的技术事实可能涉及很多的技术领域，而法院聘任的技术调查官无论是数量还是其技术背景都是有限的，这就导致部分技术事实可能没有对应的技术调查官可以提供帮助。至于聘请技术专家作为人民陪审员的做法，也存在一些问题。比如，人民陪审员的聘任有严格的程序，而且具有较长时期的稳定性，案件需要的技术专家（特别是一些新型案件需要的技术专家）很可能没有被及时聘请为人民陪审员，无法为案件事实的认定提供服务。另外，人民陪审员不仅是认定技术事实的问题，还与审判员具有同样的权利和义务，而事实上很多技术专家不愿意、也没有能力承担很多案件审理方面的工作。与技术调查官的问题一样，人民陪审员的聘请也有数量限制，一个法院所聘请的人民陪审员很难覆盖法院所审理的知识产权案件所涉及的所有技术领域，很有可能在法院的人民陪审员队伍中找不到可以认定特定案件技术事实的专家。

---

❶ 管荣齐. 新形势下知识产权司法保护体系改革研究 [J]. 天津大学学报（社会科学版），2017（6）.

4. 高效率审判机制应用的不足

针对知识产权人在维权过程中遭遇的"时间长、取证难、成本高、赔偿低、效果差"等问题,江苏的法院与全国其他很多地区的法院一样,努力采取一些改进案件审判机制的措施。比较常见的是对于案件的审理采取一些便民措施,如在知识产权案件审判中增加简易程序的运用,针对一些特殊的案件或者区域设立巡回法庭。这些便民措施在运用的过程中存在一些问题:简易程序的运用虽然为当事人参与诉讼提供了很多便利,但是独任审判员的审理对于知识产权案件来说在质量保证上存在一定的隐患;另外,不同的法院对于简易程序的运用在宽严标准的把握上可能存在不一致的问题,致使简易程序在不同法院运用的频率差异比较大。至于知识产权巡回法庭的设立,在很多地方更具有象征意义,出于宣传角度的考虑比较多。而且,知识产权巡回法庭的案件审理数量并不多,也不是较为普遍的现象,还缺少相应的制度加以规范。

在知识产权案件的审判实践中,江苏与全国其他地区一样,存在同案不同判的现象。法院正在努力通过多种方式解决这一问题。首先就是充分利用在我国已经实施较长时间的案例指导制度。目前的案例指导制度存在效力定位紊乱、遴选机制不科学、案例内容不系统、指导作用不足等问题,并未达到统一司法的预期效果,❶这种问题在审判结果具有较大不确定性的知识产权案件审判中表现得更为明显。其次是法院主动研究和借鉴先前同类案件的审判情况,尤其是参照最高人民法院同类案件的判决。但这种借鉴因为没有制度的规范而具有较大的随意性,而且经常是有的法院借鉴先例而有些法院不予借鉴,同案不同判的问题并未得到有效解决。

四、知识产权行政执法与司法衔接机制的缺陷

1. 行政裁决与民事审判衔接的不足

根据我国现行法律规定,对于当事人之间的知识产权侵权纠纷,权利

---

❶ 宿迟. 建立知识产权司法判例制度 [J]. 科技与法律, 2015 (2).

人除可以向法院起诉要求赔偿外,还可以由行政执法机关进行处理,行政执法机关可以对于赔偿数额做出裁决,但当事人在行政执法机关裁决后仍然可以向法院起诉,提出赔偿请求。从江苏的情况看,在实际操作的过程中两者的衔接存在一些问题:一是在有行政裁决的情况下,当事人在什么条件下可以向法院起诉请求赔偿?由于缺乏明确的规定,导致无论行政裁决是否合理,当事人都有可能向法院起诉,使得赔偿诉讼具有较大的随意性,也在实质上使得行政裁决处于尴尬的境地。二是行政执法机关与法院在侵权赔偿问题上明显缺乏沟通与交流。行政执法机关在当事人向法院起诉后很少主动将行政裁决的相关信息提交给法院,法院也很少向先前的行政裁决机关了解其所收集的证据材料及其他相关信息。三是案件经过先后两次处理后很可能出现法院判决与行政裁决相悖离的局面,这不但浪费了司法资源或者行政资源,相互矛盾的两个处理结果也容易令当事人感到无所适从,从而降低了法律及国家机关裁判的权威性。

2. 行政确权与司法审查之间衔接的缺乏

在司法实践中行政确权与司法审查衔接方面的问题主要有以下两个方面:其一,在行政诉讼中,原确权纠纷中有直接利害冲突的当事人一方变成了第三人,行政机关却由确权程序中的居中裁判者变成了与原告对抗的被告,无论行政机关积极或消极行使其被告权利,都是对当事人的不公平。其二,法院无权径行判定知识产权的效力,只能撤销或维持行政机关做出的确权决定,即现行的知识产权确权制度存在确权程序、确权行政诉讼一审、确权行政诉讼二审三个审级,一方面两个民事主体之间的纠纷频频需要以行政机关作为被告,浪费司法行政资源,也有损国家机关的权威性;同时,也容易导致"循环诉讼"的发生,进一步降低保护效率,无法充分保护当事人权利。❶

3. 行政执法与刑事司法之间衔接的不畅

首先,在衔接的主动性方面,行政执法机关的积极性不高,很多衔接

---

❶ 姜芳蕊. 知识产权行政保护与司法保护的冲突与协调 [J]. 知识产权, 2014 (2).

或者沟通协调工作需要来自司法机关的努力。比如，南京市高淳区检察院依托"两法衔接"沟通机制，联合文广局等行政执法部门形成执法合力，深入商城、超市等地对衣帽服饰、日化、食品、手机、烟酒等商品进行检查，对商品有无专利标识、标识是否正确等方面开展督查，依法打击假冒注册商标、销售假冒注册商标的商品、侵犯商业秘密等侵犯知识产权犯罪，实现发展经济与保护权益相统一。再如，南通检察机关和知识产权局、市场监督管理局、文广新局、公安局、法院等多家单位联合开展知识产权执法专项活动，针对检查出的问题，执法人员采取执法、宣传、教育相结合的方式，提高商家知识产权保护意识。又如镇江市丹阳市检察院联合丹阳市公安局、科技局、市场监督管理局、文广新局等多家单位联合开展知识产权联合执法行动，重点检查各大超市、药店中与群众生活息息相关的食品药品等商品的专利标识及授权情况，对存在假冒专利行为的商品进行现场立案处理。❶

其次，行政执法机关移交给司法机关的知识产权刑事案件在数量上明显不足。以商标方面的案件为例，2014 年，江苏全省工商系统在商标专用权保护上取得了突出成果，全省共查处侵权和假冒伪劣商品案件 4 532 件，案值 12 077 万元，罚款 7 096 万元，移送司法机关 11 件。❷ 2017 年共查处各类商标违法案件 1 920 件，案值 2 721 万元，罚没款 3 836 万元，销毁侵权商标标识 26.46 万件，移送司法机关 15 件。如果按照刑法及相关司法解释对于商标犯罪规定的标准来判断，构成犯罪的商标侵权案件不可能仅占这样小的比例。出现这种状况也是有原因的。我国目前没有法律对案件移送过程中的证据、移送时间、相关手续和材料做出明确规定，对检察机关的行政执法监督还缺乏一定力度，导致行政执法与刑事司法之间的衔接出现"真空区"，行政机关或刑事司法机关采取消极对待的情况多有发生，大量

---

❶ 卢志坚，李宏华. 江苏检察机关强化知识产权司法保护 保障江苏高质量发展 [EB/OL]. [2018-06-09]. http://www.spp.gov.cn/spp/dfjcdt/201804/t20180426_376701.shtml.

❷ 陈秋伊. 江苏商标战略成效显著 [N]. 中国消费者报，2015-05-01（A03）.

应当移送公安机关的案件没有移送或无法移送，导致执法力度和效果大打折扣，假冒、盗版等知识产权犯罪行为屡禁不止。❶

最后，未在行政执法机关与司法机关之间建立稳定的衔接组织机制。就刑事案件的衔接问题，目前行政执法机关与司法机关之间还没有就其组织领导、协调机构、案件移交标准和程序等方面的问题通过明确的政策文件加以落实，从而影响了这项工作的稳定开展。

五 知识产权社会维权保护组织体系的问题

1. 政府部门在知识产权保护方面未能有效调动社会组织

从江苏的现有情况看，政府知识产权主管部门在调动社会组织参与知识产权保护方面的作用主要体现在促进知识产权服务业的发展上。知识产权服务业的聚集特点在江苏已初见端倪，南京、苏州和无锡都汇合了大量关于专利代理和商标、版权保护等相关业务的公司和事务所。❷ 这种成效源于政府知识产权主管部门在政策和组织上的推动。在江苏省级及地方各级知识产权发展规划、知识产权强省或者强市建设政策文件中，都有专门关于促进知识产权服务业发展的内容。在实施国家和地方规划中有关知识产权服务的规定的过程中，江苏主要通过开展各项专项工程进行。江苏还专门制定了"十二五"知识产权服务业发展规划，在该规划中强调"江苏将着力实施知识产权服务能力提升工程、省级知识产权服务业集聚区建设工程、知识产权品牌培育工程、国际化服务人才培养工程、知识产权服务诚信体系建设工程，加快推进行业规范化、规模化、高端化、国际化发展，为知识产权强省建设提供有力支撑"。❸ 另外，江苏对于专利代理人协会、商标协会、版权协会等知识产权服务类行业协会在组织建设和经费使用等

---

❶ 姜芳蕊. 知识产权行政保护与司法保护的冲突与协调[J]. 知识产权，2014（2）.
❷ 刘长平，等. 江苏知识产权服务业发展环境与发展模式研究[J]. 淮阴工学院学报，2016（4）.
❸ 杜颖梅，张锋. 江苏发布"十三五"知识产权服务业发展规划[N]. 江苏经济报，2017-12-08（A01）.

方面也给予了较多的关注和支持。

对于其他能够在知识产权保护方面发挥较大作用的社会组织，江苏各级政府的知识产权主管部门则没有给予应有的关注和支撑。比如，行业协会，尤其是产业类行业协会，由于其民间性、自愿性、行业性、非营利性、自律性等特点，使其在本行业企业知识产权保护方面能够发挥独特作用，特别是在知识产权的行业服务、行业自律、行业代表、行业协调等方面具有突出作用，❶有些作用是政府部门、企业和服务机构所无法替代的。但是，江苏省知识产权主管部门并没有充分意识到行业协会在知识产权保护方面能够发挥的巨大作用，因而并未有针对性地采取一些发挥行业协会作用的政策或者措施。知识产权研究团体在分析知识产权保护方面的问题、提供强化知识产权保护的对策等方面具有很强的力量和明显的优势，但在江苏这种力量还没有被政府部门有效地利用起来，政府的知识产权主管部门并没有将知识产权保护实践中呈现出的问题委托给知识产权研究团体去探讨。

2. 社会组织在知识产权保护方面的动员作用不够明显

行业协会作为众多企业自我管理的组织，对于其成员企业具有较大的影响力和号召力，而且熟悉本行业企业的情况，从理论上说它们在动员和协调成员企业保护知识产权方面能够发挥较大的作用。比如，行业协会可以利用自己的网站、刊物等渠道提供交流学习平台，也可组织各种活动支持企业间的技术和知识产权交流，提高成员企业和公众对知识产权保护的认识，形成保护知识产权的群体氛围。❷ 再如，在海外知识产权纠纷中，经常涉及同行业的多个企业，甚至整个行业都牵涉其中，这时候就迫切需要由行业协会来沟通、引导或组织涉案企业应诉。❸ 但从江苏的实践情况

---

❶ 王娜. 行业协会在知识产权保护中的地位、优势与作用 [J]. 学术论坛，2011（3）.

❷ 于志强. 如何发挥行业协会在知识产权保护中的作用 [N]. 光明日报，2013-03-16（11）.

❸ 卢海君，王飞. "走出去"企业知识产权风险研究 [J]. 南京理工大学学报（社会科学版），2014（2）.

看，行业协会对于成员企业在境内外的知识产权保护行动并未发挥很好的引导、组织和协调作用。另外，江苏的一些知识产权研究团体虽然通过政策宣传、经验交流、理论推广等方式对于企业的知识产权维权行动发挥了较多的影响，但它们在直接推动和帮助企业进行具体的维权工作方面还没有发挥应有的作用。

第三节　强化知识产权保护的体制机制创新对策

一、知识产权综合管理体制的改革与深化

1. 知识产权行政管理体制改革的方向

近些年，知识产权管理体制存在的问题已经受到越来越多人的关注，问题暴露得也越来越多，知识产权管理体制改革的必要性、目标、内容、路径与措施被更多的人研究，改革的行动也在国家和地方层面上不断展开。总体来看，知识产权行政管理体制改革的方向是综合管理体制的构建，实现知识产权行政管理资源的节约，提高知识产权行政管理的效率，减少行政力量对于知识产权保护工作的过度介入和不当干预。整合政府部门间的执法资源，强化知识产权执法，提高执法效率，为知识产权权利人提供强有力的救济，一直是美国知识产权法律和政策关注的重点。❶ 美国的做法是值得我国知识产权管理体制改革借鉴的。我国《国民经济和社会发展第十三个五年规划纲要》规定，"必须用改革的办法推进结构调整，加大重点领域关键环节市场化改革力度，调整各类扭曲的政策和制度安排，完善公平竞争、优胜劣汰的市场环境和机制"；知识产权综合管理与市场监管综合管理的改革是"深化行政管理体制改革"不可或缺的一个重要组成部分。❷ 知识产权行政管理体制的改革需要通过法律加以保障和巩固。就像

---

❶ 武善学. 美日韩知识产权部门联合执法概况及其借鉴［J］. 知识产权，2012（1）.
❷ 李顺德. 知识产权综合管理与市场监管综合管理应该有机结合，协调统一［J］. 中华商标，2017（4）.

有学者所说的那样，知识产权法律修改的方向应当是限制知识产权行政管理部分的行政执法职能，逐渐削弱行政机关的行政执法权力，而非对其进一步扩张；这种限制既是对知识产权公权化理论的正确理解，也符合法经济学的成本效益考量，是抑制行政权力扩张本性的必然，并能满足服务型政府的职能转变需求，还是适应社会条件变迁的合理选择。❶ 知识产权综合管理的试点工作早些年已经在江苏苏州进行探索，但这种综合并不完全，仅仅是专利与版权两方面的综合。当前，全国正在进一步推进知识产权行政管理体制的改革和综合管理体制的构建，江苏与全国其他地区一样，也正在制订改革方案，基本思路是将技术性知识产权（不含技术秘密）与商标在管理机构上整合为知识产权局，同时将技术性知识产权（含技术秘密）与商标的行政执法职能置于市场监督管理局，将专利创造方面的职能置于科技主管部门，版权管理与执法职能则基本上没有变化。

2. 对于知识产权综合管理体制构建的建议

虽然在国家新一轮政府机构改革浪潮中国家和地方的知识产权行政管理体制向着综合化方向迈出了一大步，但目前的改革仍然显现出一些问题：一是综合管理改革并不彻底，版权管理及保护工作仍然是自成体系，其管理与保护的思路很可能与其他知识产权相脱节，并导致部分管理与执法资源仍然存在重叠或者闲置的问题；二是从江苏的情况看，知识产权管理体系的繁杂状况并未改变，甚至还所有加重，权利人和执法对象无所适从的现象在局部地方还可能有所增加；三是改革的现状与社会长期的期待相比有较大的落差，权利人和社会公众更希望知识产权管理体制能够集中、简明，而现行改革的结果只是解决部分管理职能集中的问题，而且管理体系简明的程度甚至有所降低。

从长远考虑，本着精简机构、集中高效、便民简捷、服务导向的思路，江苏的知识产权管理体制需要进一步深化改革，实现高度综合与集中的知识产权管理体制，至少专利权、商标权、版权、商业秘密等典型而覆盖范

---

❶ 李永明，郑淑云，洪俊杰．论知识产权行政执法的限制［J］．浙江大学学报（人文社会科学版），2013（5）．

围广泛的知识产权管理和执法工作应当实现统一。实际上，很多地方在不断推进"三合一"管理模式的试点。早在2010年，长沙市就将版权管理职责划入市知识产权局，实现"二合一"，2015年深化改革，将知识产权局由市政府直属事业单位调整为市政府工作部门，并将市工商行政管理局承担的商标权管理职责划入市知识产权局，加强和完善知识产权执法体系建设，从而建立集中统一的知识产权（专利权、版权、商标权）管理体制。❶上海自由贸易试验区、浦东新区2014年下半年相继推行的专利、商标与著作权的"三合一"管理模式，将原本不属于知识产权局署理的著作权或商标行政管理划转过来，也算是"名正言顺"了。武汉市知识产权局在2014年10月的《全面贯彻十八届三中全会精神，深化我市知识产权管理体制改革》报告中，也提出"三合一"改革构想，并设计了具体的"三定"建设方案和实施进度计划。❷从国外情况看，也有近半数国家采取"三合一"知识产权管理体制，包括德国、英国、俄罗斯、加拿大等有影响的大国。❸应当看到，我国知识产权行政管理体制改革从"分散管理"向"统一管理"逐渐过渡是总体趋势，❹江苏知识产权行政管理体制的改革应当与这一趋势相适应。

虽然党的十九届三中全会审议通过了《中共中央关于深化党和国家机构改革的决定》和《深化党和国家机构改革方案》，第十三届全国人民代表大会第一次会议批准了《国务院机构改革方案》，国家和地方正在按照这些改革方案推进知识产权行政管理体制的改革，确立了本次知识产权行政管理机构按照"二合一"方向改革的基本思路，但这不应当是知识产权行政管理体制改革的终点。根据2013年11月12日中国共产党第十八届中央委员会第三次全体会议通过的《中共中央关于全面深化改革若干重大问

---

❶ 王淇. 地方知识产权管理体制改革合法性研究［J］. 科技促进发展，2016（4）.
❷ 易继明. 构建集中统一的知识产权行政管理体制［J］. 清华法学，2015（6）.
❸ 易继明. "三合一"知识产权行政管理体制［J］. 科技与法律，2015（3）.
❹ 孙彩红，宋世明. 国外知识产权管理体制的基本特征与经验借鉴［J］. 知识产权，2016（4）.

题的决定》,国家将不断深化政府机构改革,"优化政府机构设置、职能配置、工作流程,完善决策权、执行权、监督权既相互制约又相互协调的行政运行机制"。❶ 知识产权行政管理体制也需要根据经济社会发展的需要和知识产权事业本身的发展规律进一步加以改革,这种改革的方向应当是尽可能冲破现有的一些障碍和顾虑,完成"三合一"体制的构建。江苏作为知识产权强省建设试点地区和在全国知识产权发展水平领先的省份,应当在"三合一"试点方面走在全国的前列,在更多的省辖市加以推广,最终在省级层面完成相应的体制改革;也可以先在省级层面进行改革,再进一步推广到各个省辖市。

二、知识产权案件审判体系专门化的升级

1. 知识产权一审案件管辖权的简化

为了改变目前江苏知识产权一审案件管辖权种类繁多、情形复杂而容易给当事人造成困惑或者增加麻烦的问题,有必要简化有关知识产权一审案件诉讼管辖权的设计。具体的做法,一是扩大管辖一般知识产权案件的基层人民法院的范围。积极向最高人民法院提出申请,争取最高人民法院将一般知识产权一审案件的管辖权授予江苏境内所有尚没有知识产权案件审判权的基层人民法院。中级人民法院缩小对于一审知识产权案件的管辖权,回归到一般诉讼管辖的职能范围内。二是适当限缩南京知识产权法庭和苏州知识产权法庭的知识产权案件管辖权,将两个知识产权法庭对于一审知识产权案件的管辖权限制为技术性知识产权案件,将涉及驰名商标认定的案件及垄断案件的管辖权置于中级人民法院。在必要时可以争取最高人民法院在苏北地区再设立一家知识产权法庭,这样形成苏州知识产权法庭、南京知识产权法庭、苏北某地区的知识产权法庭分别管辖苏南地区(苏州、无锡、常州等地)、苏中地区(南京、南通、泰州、扬州等地)、苏北地区(淮安、盐城、徐州、连云港、宿迁等地)一审技术性知识产权

---

❶ 《中共中央关于全面深化改革若干重大问题的决定》之四(16)。

案件的局面。在最高人民法院尚未授予其他的基层法院知识产权案件管辖权前，可以由这些基层法院先接受起诉，再移送给有管辖权的法院。这样一来，江苏知识产权一审案件管辖权的分配会较现在简化而明确，当事人只要按照传统的案件管辖权便能及时发起或者参与诉讼。

2. 知识产权案件审判组织的专门化

首先，不断提高知识产权审判"三合一"的质量。为了提高知识产权案件的审判质量，特别是保证不同类型知识产权案件在审判思路上的一致，并节约司法资源，全国众多法院陆续进行知识产权审判"三合一"的试点。多年前学者们便认为，江苏应该推动设立知识产权民事、行政和刑事案件"三审合一"的知识产权法庭，解决由于"三审分立"体制带来的裁判标准不一而出现的同案不同判的现象，提高知识产权司法保护的权威性和公信力。❶ 江苏在事实上也在这方面做了较多的工作。2016年，知识产权审判"三合一"工作取得重大进展与突破，除知识产权法院暂不执行"三合一"以外，"三合一"工作在全国法院全面推开，❷ 而江苏则属于这一成果产生的推动力量之一。但是，如前文所述，目前江苏及全国其他很多地方的知识产权审判"三合一"存在"貌合神分"的问题。为了解决这一问题，最好在三个方面做出努力：一是三类不同专业背景的审判人员共同组成合议庭。原来担任民事案件、行政案件、刑事案件审判任务的审判人员在知识产权审判庭共同参加同一合议庭，每一合议庭既审理民事案件，也审理行政案件和刑事案件。二是提高每个审判人员的综合素质。通过多种途径构建一支复合型较强的知识产权案件审判队伍，努力使每个审判人员既懂知识产权民事审判业务，又懂知识产权行政审判业务和刑事审判业务。在法官遴选时优先选择那些既掌握民事法律、刑事法律、行政法律知识与技能，又熟悉知识产权法律制度的人员；对于现有审判人员加强培训，在拓展审判人员专业知识的基础上，定期组织各种审判实务培训、疑难案

---

❶ 李正锋，逯宁铎，叶娇　知识产权保护对江苏区域创新能力提升的影响［J］．科技管理研究，2015（1）．

❷ 中国法院知识产权司法保护状况（2016年）［N］．人民法院报，2017-04-27（2）．

件研讨会，开展知识产权审判思维、经验的交流，优化审判队伍的知识结构。❶ 三是保证知识产权审判庭法官队伍的稳定性，特别是绝不轻易将各类知识产权审判业务比较熟练的审判人员调离知识产权审判庭。同样，合议庭的成员也应当尽量保持稳定。

其次，优化知识产权审判组织的结构。目前知识产权案件的审理基本上只采用三人合议制的形式，基本上不适用独任审判制和五人制大合议庭；而知识产权案件难易有别，对于案情简单、审理程序单一、权利义务关系明确的一审案件，可以采用独任制并适用简易程序审理方式；对于案情和审理程序复杂、技术专业性强、有重大影响和指导意义的案件，可以采用5名审判员组成的大合议庭进行审理，以确保案件得到公正审理。❷

3. 知识产权案件技术事实认定人员的专门化

与专利、技术秘密、集成电路布图设计、计算机软件、动植物新品种等知识产权相关的案件具有较强的技术性，相对于其他案件而言更具专业性。目前各个知识产权审判庭的法官以法律背景为主，很少具有某一方面的技术背景，这就使得知识产权案件的合议庭在认定技术性事实方面面临很大的困难。技术调查官和聘请技术专家作为人民陪审员成了解决这些困难的主要办法，但目前这两个办法在运用过程中都存在一些问题，这在前文已经述及。江苏作为引领型知识产权强省建设的试点地区，可以在解决这些问题方面先行探索。

首先，构建科学的技术调查官制度。一是扩大技术调查官人选范围。应当构建技术调查官人才库，该人才库应当包括各主要技术领域的专家。为了保证各个法院在审理案件时能够获得所需的技术专家，应当实行技术专家共享机制，在地级市乃至全省构建统一的技术调查官人才库。二是优化技术调查官配置机制。不采用知识产权审判庭配备固定的技术调查官的

---

❶ 卢宇，王睿婧. 知识产权审判"三审合一"改革中的问题及其完善 [J]. 江西社会科学，2015（2）.

❷ 刘强. 国家治理现代化视角下的知识产权司法审判体制改革 [J]. 法学评论，2015（5）.

方法，而是根据个案的技术特点和案件审理的需要临时从技术调查官人才库中选择合适的技术专家。三是加强对技术调查官的培训。为了使技术调查官能够更好地为案件审理服务，与审判人员进行较好的配合，应当对技术调查官进行知识产权、诉讼程序等方面知识的培训。四是对技术调查官的职能予以明确定位。技术调查官在职权的行使上应以查明技术事实为重点，并可以在一定范围内协助法官办案。❶ 五是对于技术调查官采用科学的管理模式。在管理模式上应建立区别于对法官的管理，这种区别应当体现在选聘、职权、日常管理、纪律约束、报酬、辞退等多个方面。

其次，扩大人民陪审员队伍的规模。在遴选或者增补人民陪审员时应当适当考察发挥人民陪审员在知识产权案件技术事实认定方面的作用，适当增加技术专家的人数或者比例，以便在合议庭评议时帮助专业审判人员正确认定技术事实。具有知识产权案件管辖权的法院在构建人民陪审员队伍时应当与技术调查官制度相配合，在选择技术专家作为人民陪审员时，着重选择在技术调查官人才库中缺乏的技术领域的专家。

三、知识产权行政执法与司法衔接的体系化

1. 地方知识产权行政执法与司法衔接领导体系的构建

行政执法与司法属于两个不同的组织体系，两者的衔接工作自然也就跨越两个不同的系统或者体系，如果没有一个强有力的衔接工作领导体系，两者的衔接是很难实现的，至少很难产生较好的效果。知识产权行政执法与司法衔接的领导体系一般应该包括领导小组、办公机构与专项协调小组。江苏作为引领型知识产权强省建设试点地区，可以先行构建自己的知识产权行政执法与司法衔接工作领导体系。衔接工作领导小组应当由可以对行政执法机关和司法机关行使相应的权力和具有重要影响的机关牵头，由相关机关的负责人作为其成员。从现实情况看，在省级层面，可以由省人大常委会负责法制工作的领导作为领导小组的负责人，由副省长或者省长助

---

❶ 刘强. 国家治理现代化视角下的知识产权司法审判体制改革［J］. 法学评论，2015（5）.

理与高级法院院长和省检察院检察长作为副组长，由高级法院副院长、省检察院副检察长、省公安厅副厅长、省政府各知识产权主管部门（商标主管部门、版权主管部门、专利主管部门等）的副职领导人作为领导小组成员。衔接工作办公机构可以由省人大法制工作部门负责人牵头，由省各司法机关的办公厅（室）负责人、省政府各知识产权主管部门的办公室负责人作为成员。专项协调小组应当包括三个，即行政裁决与民事诉讼衔接工作协调小组、行政执法与刑事诉讼衔接工作协调小组、行政确权与司法审查衔接工作小组，专项协调小组在领导小组的领导下分别组织三个方面的衔接工作。

2. 多种具体知识产权行政执法与司法衔接机制的构建

为了实现知识产权行政执法与司法的有效对接，需要构建多种具体的衔接机制。第一，稳定的沟通联络机制。只有相关行政执法机关与司法机关直接进行沟通与交流，才能实现两个机关在知识产权保护上稳定而及时的衔接，而这种经常性的沟通与交流有赖于稳定的沟通联络机制。两个机关要分别确定稳定的与对方进行联络沟通的人员，这些人员应当熟悉知识产权保护的相关知识和法律规定；两个机关要明确相互间进行沟通联络的渠道和方式；两个机关要明确相互间沟通交流的主要内容，特别是及时将自身对于知识产权案件处理的情况通报或者发送给对方，对方根据案件衔接的需要及时将衔接方面的问题加以反馈、信息通报与反馈。第二，稳定的案件交流研讨机制。在知识产权案件处理方面具有衔接关系的行政执法机关和司法机关进行案件交流与研讨，通过案件研讨使双方的办案人员对于案件移交或者配合的条件、标准、环节、方式等方面的要求有更加清晰的认识，双方应当对于这种交流研讨的范围、地点、时间、方式等取得共识。第三，政策形成的相互参与机制。在现行的"双轨制"的模式中，行政机关与司法机关有各自的执法标准，并自成独立体系，两套体系必然存在多方面的差异，要避免两者的差异甚至冲突，统一执法标准具有相当重要的意义；这种统一工作包括统一对法律的理解，统一事实认定标准，统一证据认定标准,统一执法程序等方面的完善。[1] 要实现统一,最好是行政执法机关与司法机关相互参与对方执法或者司法政策或者相关文件的制定过程,向对方表达自己在相关政策文件中的要求和做法,尽可能使得行政机关与司法机关在同类知识产权保护工作或者同类知识产权案件的处理上保持一致的精神和标准。

3. 对于国家层面知识产权行政执法与司法衔接的推动

从江苏省的情况看,知识产权行政执法与司法衔接问题产生的原因在于国家层面制度或者政策上的障碍。知识产权的行政保护走向了完全不同的面向,行政权发挥了准司法权的功效,主动或者被动地介入侵权纠纷;[2] 行政执法权的扩张直接导致很多行政执法与司法界限的问题及衔接上的麻烦。因此,要从根本上解决目前江苏知识产权行政执法与司法衔接方面存在的问题,有必要修改或者完善国家的相关制度和政策文件。包括江苏在内的地方虽然不能直接修改或者完善国家层面的制度或者政策,但可以发挥一定的推动作用。比如,有学者总结了我国知识产权行政执法在知识产权法修订中的扩张情况,将其概括为四个方面:一是赋予知识产权行政管理部门类似于裁判权的相关权力;二是扩大知识产权行政管理部门的行政处理权限;三是扩张知识产权行政管理部门的行政查处权限;四是增设行政调解并赋予调解协议法律拘束力。[3] 这种知识产权行政执法权的扩展必然产生更多的行政执法与司法衔接的问题或者为行政执法与司法的衔接造成更大的困难,而要解决这样的问题,必须在国家立法(修订)的层面上做出努力。作为引领型知识产权强省建设试点地区的江苏省,应当通过自身在行政执法与司法衔接方面成功的试点经验或者面临的障碍,说服国家立法机关停止扩张知识产权行政执法权的努力,或者推动国家立法机关在扩张知识产权行政执法权的同时就其与司法衔接的问题进行一些明确而操

---

[1] 姜芳蕊. 知识产权行政保护与司法保护的冲突与协调 [J]. 知识产权, 2014 (2).
[2] 曹博. 知识产权行政保护的制度逻辑与改革路径 [J]. 知识产权, 2016 (5).
[3] 李永明, 郑淑云, 洪俊杰. 论知识产权行政执法的限制 [J]. 浙江大学学报(人文社会科学版), 2013 (5).

作性较强的制度设计。有很多知识产权行政执法与司法的衔接工作需要司法解释或者国家知识产权主管机关的政策文件加以解决，江苏省也可以通过自身的实践或者试点为这些司法解释或者政策文件的出台贡献智慧或者提供动力。

四、知识产权社会保护力量组织体系的构建

1. 政府发动知识产权社会保护力量的机制

由于政府部门在渠道掌控、资源支配、社会影响等方面的固有优势，其在发动知识产权保护社会力量方面的作用是其他主体难以比拟的。政府发动知识产权社会保护力量的机制主要包含以下四个方面：一是组织协调机制。政府部门可以通过宣传、沟通交流、示范引领等方式推动一些以保护知识产权为宗旨的社会组织的建立，如知识产权维权援助机构、知识产权社会服务平台等。二是政策导向机制。政府部门可以通过激励政策的出台与实施，动员多方面的社会力量参与知识产权保护或者提高知识产权保护的质量，如在评比品牌知识产权服务机构时将参与维权援助活动的情况作为一个重要指标。三是财政支持机制。政府部门对于一些知识产权社会维权援助机构给予必要的经费支持，在安排财政支出时对于行业组织协同应对境外知识产权诉讼的经费支出给予必要的考虑。四是信息服务机制。政府部门通过知识产权信息公共服务平台或者其他渠道及时提供知识产权侵权风险、典型知识产权案件、知识产权保护经验以及知识产权保护相关的政策法规，帮助各种参与知识产权保护的社会力量及时掌握知识产权相关知识、经验、技能、动向，从而提高这些社会力量知识产权保护的能力，为其知识产权保护行动提供更好的条件。

2. 行业组织调动行业力量保护知识产权的机制

行业协会包括知识产权服务类行业协会和产业类行业协会两种。[1] 知识产权服务类行业协会主要是通过内部倡议、业务研讨或者培训等方式发

---

[1] 邓忠华. 行业协会在知识产权保护中的地位 [J]. 中华商标，2007 (4).

第三章　适应知识产权强化保护需求的体制机制创新问题

动其成员更多地参与知识产权保护业务，并不断提升知识产权保护方面的业务能力。产业类行业协会所具有的专业性、自律性、代表性、民间性与自主性使其在调动本行业的力量参与知识产权保护方面能够发挥很大的作用，其调动行业力量保护知识产权的方式主要有以下四种：一是行业自律机制。行业协会是同行企业的"自我管理中心"，在市场经济条件下，各行业之间，以及各行业内部企业之间的激烈竞争是市场经济规律的内在体现和客观实现，作为同行企业的联合体，行业协会通过制定行规行约建立约束机制，规范企业行为，协调成员企业之间的关系，避免行业内部自相戮杀、无序竞争，从而维护同行企业的共同利益。❶ 由于知识产权侵权往往发生在同一行业，行业协会的这种自律功能和自律机制对于提高成员企业克制侵权行为、提高整个行业知识产权保护水平具有重要的作用。二是行业维权援助机制。行业协会可以根据自身的条件和力量，与司法机关、律师事务所、知识产权服务机构等组织进行协作，构建为本行业企业知识产权维权活动提供帮助的组织与机制。三是行业知识产权保护联盟。一方面，行业协会可以组织成员企业构建本行业企业的知识产权保护联盟，使本行业的企业在知识产权保护方面实现资源共享，提升知识产权保护的整体能力。另一方面，多个行业协会之间也可以结成知识产权保护联盟，加强在知识产权保护方面的整体协调。如2014年广东省美容美发化妆品行业协会、广州市工业设计行业协会等10家行业协会的代表签署合作备忘录，成立广州地区行业协会知识产权边境保护联盟。❷ 四是重要案件的协调应对机制。行业协会应当发挥其领导力和影响力，对于涉及本行业多个企业的知识产权案件，协调企业共同应对，增加应对的能力。尤其是在海外知识产权纠纷中，如美国的"337调查"，经常涉及同行业的多个企业，甚至整个行业都牵涉其中，这时候就迫切需要由行业协会来沟通、引导或组织

---

❶ 丁辉．充分发挥行业协会职能，促进创新型国家建设［J］．甘肃科技，2006（3）．
❷ 顾奇志，黄建新．广州成立行业协会知识产权边境保护联盟［N］．中国知识产权报，2014-08-22（8）．

涉案企业应诉。❶

3. 社会团体动员社会力量保护知识产权的机制

以各种知识产权研究会为代表的社会团体动员社会力量参与知识产权保护的机制主要有：通过召开专业研讨会或者学术研讨会，提高企业和其他社会主体对于知识产权保护工作的认识和意识，增加他们的知识产权保护知识与技能；通过举办形式多样的业务研讨会，吸引知识产权专家、知识产权专业服务人员和企业代表参与，一方面可以实现专家及知识产权专业服务人员与需要知识产权保护的企业的对接，另一方面可以对于一些知识产权疑难案件或者典型案例进行深度交流和分析，提高与会人员对于知识产权方面诸多理论、知识及争议问题的认识，提升相关人员保护知识产权的能力。

---

❶ 卢海君."走出去"企业知识产权风险研究［J］.南京理工大学学报（社会科学版），2014（2）.

第四章 知识产权司法保护主导作用进一步彰显的问题

第一节 知识产权司法保护的主导地位

一、知识产权司法保护的内容

1. 知识产权司法保护的含义

知识产权司法保护是知识产权保护的一种途径，是我国知识产权保护体系的重要组成部分。一般认为，知识产权的司法保护是指通过司法途径对知识产权进行的保护。具体而言，是指享有知识产权的权利人或者国家公诉人向法院对侵权人提起刑事、民事的诉讼，以追究侵权人的刑事、民事责任，以及通过不服知识产权行政机关处罚的当事人向法院提起行政诉讼，进行对行政执法的司法审查，纠正错误的行政处罚，使各方当事人的合法权益都得到切实保护。[1] 除此之外，法院通过对知识产权转让合同纠纷或者许可使用合同纠纷等涉及知识产权的合同纠纷进行审理，以维护相关知识产权权利人的合法权益，也是知识产权司法保护的内容之一。也有学者从国家层面将知识产权的司法保护定义为：凭借国家的司法力量对知识产权进行调节和分配，保障知识产权立法的贯彻和实现，维护知识产权人的合法权益，打击破坏、侵害知识产权的各种行为，通过司法程序，审

---

[1] 蒋志培. 中国知识产权的司法保护与展望［J］. 中国法律，1999（3）.

查行政行为，最终达到公平正义的目的。❶ 可以认为，知识产权司法保护是借助司法机关的公权力，按照诉讼程序，通过与知识产权相关的案件的审理，对于知识产权人的合法权益给予相应的保护。

2. 知识产权司法保护的内容

从保护对象看，我国的知识产权司法保护涵盖《与贸易有关的知识产权协议》所规定的著作权、专利权、商标权等各类知识产权以及反不正当竞争行为。对于涉及这些知识产权的案件，无论是侵权案件，还是其他类型的案件，法院对于案件的处理都会对知识产权进行直接或者间接的保护。因此，知识产权司法保护的内容，绝不限于知识产权侵权案件的处理。

从保护手段看，目前已经形成以民事审判为基础，行政审判和刑事审判并行发展的全方位、多层次的知识产权司法保护体制机制。❷

（1）知识产权民事司法保护。知识产权民事司法保护是指司法机关发挥民事审判职能对知识产权进行保护。知识产权是私权，这一点已经成为学界的普遍共识，知识产权是私主体所享有的财产权，可以归入民事权利的范畴，因此，法律应当充分尊重权利人对权利的处分和行使，不应做过多的干预。目前，世界上大多数国家和地区主要通过民事救济途径对知识产权进行保护，权利人通过民事诉讼手段寻求救济的方式最为直接。在我国，知识产权民事司法保护在整个知识产权司法保护体系中占据基础地位，是知识产权司法保护的主要途径。仅从案件数量巨大差异上，也能看出知识产权民事保护在整个知识产权司法保护中举足轻重的地位。比如，2016年，全国地方各级人民法院共新收和审结知识产权民事一审案件 136 534 件和 131 813 件；而地方各级人民法院共新收知识产权行政一审案件 7 186 件，审结一审案件 6 250 件，新收涉知识产权刑事一审案件 8 352 件，地方各级人民法院共审结涉知识产权刑事一审案件 8 601 件。❸

---

❶ 徐家力. 我国知识产权司法保护目前存在的问题及对策［J］. 法律适用，2006（3）.

❷ 最高人民法院. 中国知识产权司法保护纲要（2016~2020）［R］.

❸ 中国法院知识产权司法保护状况（2016 年）［N］. 人民法院报，2017-04-27（2）.

（2）知识产权刑事司法保护。知识产权刑事司法保护是指司法机关发挥刑事审判职能保护知识产权。当某些侵犯知识产权的行为被刑法规定为犯罪时，就需要动用刑事司法手段来保护知识产权。作为知识产权的最后防线，知识产权刑事保护与知识产权民事、行政保护共同形成知识产权的法律防护网，是知识产权司法保护的重要组成部分，❶ 在知识产权司法保护体系中具有不可替代的作用。对于严重侵犯知识产权、损害公共利益的行为，往往需要发挥刑罚的惩罚和预防功能，利用刑罚的威慑力净化市场环境，维护社会主义市场经济秩序。

（3）知识产权行政诉讼保护。知识产权行政诉讼保护是指司法机关发挥行政审判职能，监督行政机关依法履行保护知识产权的行政职能。具体来说，知识产权行政诉讼包含两类，一类是关于知识产权确权的，此类诉讼的产生原因多为工业产权及专利、商标授权无效而引起的行政诉讼。另一类则是关于知识产权行政执法的，负责专利、商标、版权等保护职能的行政执法机关为了保障社会经济的正常秩序而主动查处该领域侵权、盗版之类的违法案件，当事人若不认可行政机关的处理决定，也可以向法院提起行政诉讼。行政机关的知识产权管理活动贯穿知识产权创造、运用、服务等诸多方面，一旦出现失误会对知识产权权利人的权益造成损害，因此，通过司法监督行政机关依法行政也具有十分重要的意义。

二、知识产权司法保护的功能

1. 权益保护功能

知识产权是一种私权，知识产权司法保护的首要目的是保护知识产权权利人的合法权利，知识产权司法保护的直接作用也在于对于知识产权人合法权益的维护和救济。这种权益保护功能的实现方式有两种：一是直接给予受到损害的权利人以救济。这是知识产权民事审判的基本功能，尤其是民事赔偿所能发挥的最基本的作用。从私权损害赔偿的角度来看，知识

---

❶ 姜伟. 知识产权刑事保护研究 [M]. 北京：法律出版社，2004：31.

产权行政保护模式中，行政机关对侵权人的罚款其实是权利人因侵权所受损失的一部分，这部分罚款所得却不能补偿给权利人，只是作为公款上缴国库，权利人的损失最终还需要通过民事诉讼这一司法途径获得赔偿，因此，民事司法保护模式是寻求私权损害赔偿的最佳模式。❶ 二是遏制侵权行为的发生。知识产权行政诉讼的重要作用之一是督促行政机关正确履行知识产权行政执法职能，有效制裁知识产权侵权行为，使侵权人对于再次侵权具有畏惧心理，或者削弱侵权人再次侵权的能力。知识产权刑事诉讼主要是通过刑事责任的追究对于行为人产生巨大的威慑作用，以此防范或者减少那些严重侵犯知识产权行为的发生。

在权益保护方面，知识产权司法保护还具有知识产权行政保护、知识产权社会保护和权利人的自我保护所没有的诸多优势，更是知识产权人维护其合法权益的最后一道防线。

2. 经济秩序维护功能

知识产权司法保护作为知识产权法制建设的重要部分，在维护社会经济秩序方面也发挥着重要作用，它不仅充分保护知识产权权利人的民事权利，还监督主管行政机关的行政管理行为，并对实施侵犯知识产权犯罪行为的违法犯罪者予以相应的制裁。我国刑法将假冒注册商标罪、侵犯著作权罪、假冒专利罪等侵犯知识产权的犯罪归于刑法分则中"破坏社会主义市场经济秩序罪"一章，由此可见，立法者也倾向于强调保护知识产权之于市场经济秩序管理方面的意义。在市场环境下，司法是保护知识产权最有效、最根本和最权威的手段，是维护公平竞争市场秩序的枢纽环节，知识产权司法保护有助于维护统一透明、有序规范、公平竞争、充满活力的市场环境。❷

---

❶ 吴汉东. 发挥司法保护知识产权的主导作用 [EB/OL]. [2017-09-20]. http://www.qstheory.cn/science/2015-04/24/c_1115076435.htm.

❷ 宋晓明. 当前我国知识产权司法保护的政策导向与着力点 [J]. 人民司法, 2015 (13).

3. 创新促进功能

随着知识经济的发展，知识产权如今在我国经济社会发展战略中已经占据核心地位，知识产权司法保护对文化发展、科技进步和知识创新的规范也具有引导作用。在某些新兴的产业领域，知识产权司法裁判甚至具有确立业界行为标准和发展导向的作用。❶ 司法机关对于知识产权进行有效的保护，一方面使侵权人增加侵权的成本，迫使侵权人更多地通过自身的创新去增加竞争力；另一方面能够使知识产权人充分感受到其创新成果所受到的尊重，保证其创新成果所产生的利益不被他人通过侵权行为而窃取，从而有效地激发知识产权人的创新热情，努力产出更多高质量的创新成果。因此，知识产权司法保护有助于激发创造力，促进经济社会发展，提升我国的自主创新能力与核心竞争力。

三、知识产权司法保护的优势与地位

1. 知识产权司法保护的优势

最高人民法院陶凯元大法官认为，知识产权司法保护具有稳定长效、明确规则、终局权威、国际通行的优势。❷ 这是对于知识产权司法保护优势的代表性概括。与其他知识产权保护模式相比较，知识产权司法保护的优势可以概括为以下五个方面。

（1）司法保护的高度专业性。司法保护的高度专业性至少体现在组织和人员两个方面。随着知识产权案件审判组织改革和试点的不断深化，知识产权案件审判组织的专业化越来越高，在"三合一"改变试点不断推广的基础上，知识产权法院、知识产权法庭等专门的知识产权审判机构陆续在一些地方成立，这些专门的审判机构的成立，使得知识产权案件的审判无论是在组织管理还是在审判业务上具有越来越强的专业性。在知识产权案件的司法保护过程中，除当事人外，主要是各种专业人员的参与，法官、

---

❶ 吴汉东，锁福涛. 中国知识产权司法保护的理念与政策 [J]. 当代法学，2013 (6).

❷ 陶凯元. 充分发挥司法保护知识产权的主导作用 [J]. 民主，2016 (4).

检察官、律师属于传统的专业人员，为了更好地判定知识产权案件事实，技术调查官、技术专家证人等专业人员参与知识产权案件司法保护过程的情况越来越多，这使得知识产权案件的司法审判在专业化水平上有了很大的提升。

（2）司法保护的严格规则性。司法保护的严格规则性有多方面的体现。与所有的司法审判一样，知识产权司法审判要严格依照诉讼法律和相应的法庭规则进行，程序要求明确而具体，在审判程序方面的任何疏忽或者违规都有可能导致最终的裁判结果不被认可或者被推翻。知识产权司法保护还可以为人们提供更多的规则指引。法律本身具有规范和指引作用，基于裁判文书的说理性，公众可以通过阅读公开的裁判文书了解法律标准。司法保护可以阐明法律界限，规范当事人和社会公众的行为，还可以指引行政执法，为处理类似纠纷以及相关行业发展方向提供重要的依据、指导和参考。

（3）司法保护的长效稳定性。和司法保护相比，行政保护往往缺乏程序保障和有效监督，主管知识产权的行政机关不仅享有专利授权、商标注册、版权登记等知识产权确权的职权，同时还拥有知识产权案件的调解、裁决及查处知识产权违法行为的权力。知识产权的管理授权主体同时也是知识产权的执法主体，集管理和处罚职能于一身，使其在行政执法时缺乏监督。❶ 这种情况使得以行政执法为主的知识产权行政保护的结果往往会受到挑战，甚至被推翻，如当事人不愿意履行行政裁决、行政处理决定经行政诉讼而被司法机关撤销等。也就是说知识产权行政保护的成果存在较大的不稳定性。至于知识产权社会保护，其稳定性就显得更弱了。知识产权司法保护则不然，司法保护拥有严谨、规范、平等的诉讼程序机制作为保障，通过司法途径保护知识产权，可以很好地避免行政保护可能形成的执法弊端。而且，司法保护内部的纠错机制比较严格，通过司法程序最终形成的结果是具有法律效力和强制执行力的，其稳定性自然比其他保护机

---

❶ 吴汉东. 发挥司法保护知识产权的主导作用［EB/OL］.［2017-09-20］. http://www.qstheory.cn/science/2015-04/24/c_1115076435.htm.

制形成的结果要强得多。

（4）司法保护的终局权威性。司法保护是知识产权保护的最终环节和最后的救济途径，与行政保护和其他保护途径相比，司法保护更具权威性，人民法院的生效判决具有终局裁决的效力。我国司法保护实行二审终审制，法院的二审判决以及未提出上诉的一审判决属于生效的判决，当事人必须履行，其他组织和个人也必须尊重，更不能再通过司法之外的途径谋求变更或者推翻这些判决。❶ 如果权利人经过行政救济后对于结果仍不满意，可以通过向人民法院提起行政诉讼来维护自己的合法权利。同样，对于当事人自发采取保护措施所产生的成果或者借助社会力量所形成的保护成果，并不具有确定的法律效力，当事人仍然可以向法院提出诉求。对知识产权权利人来说，司法保护往往是其维护权益最值得信赖的途径，是社会公平正义的最后一道防线。❷

（5）司法保护的国际通行性。在知识产权保护实践中，"单轨制"模式为世界各国所普遍采用，在美国、英国、德国、日本等发达国家，知识产权的保护主要通过司法途径来实现。❸ 可以说，司法保护是国际通行的保护知识产权的主导性机制，通过司法途径保护知识产权，更易得到国际社会的接受和认可，提升我国知识产权保护的国际影响力，❹ 有助于我国树立负责任的大国国际形象。特别是我国当前正在从知识产权大国向知识产权强国迈进的过程中，更应当在知识产权保护方面更多地与国际通行做法接轨。知识产权司法保护的国际通行性还体现在，在司法保护方面各国更容易形成一些相同或者相似的做法，更容易沟通、交流与合作。

---

❶ 即使偶有二审判决存在一定的问题，也只能在司法系统内部通过再审程序加以纠正。

❷ 钟莉，等.知识产权司法保护与行政执法衔接策略研究［J］.科技与法律，2009（5）.

❸ 吴汉东，锁福涛.中国知识产权司法保护的理念与政策［J］.当代法学，2013（6）.

❹ 宋晓明.新形势下我国的知识产权司法政策［J］.知识产权，2015（5）.

2. 知识产权司法保护的地位

正是由于知识产权司法保护所具有的诸多优势，司法保护被认为是知识产权保护中最有效、最根本、最权威的手段。知识产权司法保护在我国的知识产权保护体系中占据主导地位，这不仅已经越来越成为一种共识，而且得到了我国一些重要的知识产权政策文件的确认。2008年6月5日，国务院发布《国家知识产权战略纲要》，在将知识产权上升为国家战略的同时，将"加强司法保护体系""发挥司法保护知识产权的主导作用"作为战略重点之一，最先确立了知识产权司法保护在我国知识产权保护体系中的主导作用；2014年6月全国人大常委会在专利法执法检查报告中也明确建议："要充分发挥司法保护的主导作用，切实加大对侵权行为的判赔力度，以司法判决来规范市场竞争秩序，提升司法保护公信力"；❶ 2015年国务院在《关于新形势下加快知识产权强国建设的若干意见》中提出要"推动知识产权保护法治化，发挥司法保护的主导作用，完善行政执法和司法保护两条途径优势互补、有机衔接的知识产权保护模式"。随着我国知识产权战略的进一步实施和近年来商标法、专利法、著作权法等相关法律的不断修改或者完善，知识产权保护实践经验的日益丰富，知识产权司法保护的主导地位也逐渐成为社会的共识，不仅司法机关认为这种地位实属必然，理论界更是对此进行强烈呼吁，社会公众也对此有着广泛的要求，即使是知识产权行政执法机关，也基本上承认了司法保护的主导地位。目前，我国已经确立"司法主导、严格保护、分类施策、比例协调"的知识产权司法保护基本政策。

从当前我国知识产权保护的实际状况看，司法保护的主导作用也在不断加强。近几年来，人民法院受理的知识产权侵权纠纷案件数量呈现逐年增长的态势，这表明，知识产权权利人越来越倾向于通过寻求司法救济来维护自己的权利。以2016年为例，2016年全国各级人民法院新收一审、二

---

❶ 全国人大常委会副委员长陈竺2014年6月23日在第十二届全国人民代表大会常务委员会第九次会议上所做的"全国人民代表大会常务委员会执法检查组关于检查《中华人民共和国专利法》实施情况的报告"。

审、申请再审等各类知识产权案件共 177 705 件,其中知识产权一审案件数量为 152 072 件,与 2015 年相比上升 24.82%,全国各级法院审理了一大批具有典型意义的疑难复杂案件,如杭州大头儿子文化发展有限公司与央视动画有限公司侵害著作权纠纷案、江苏省广播电视总台、深圳市珍爱网信息技术有限公司与金阿欢侵害商标权纠纷再审案、迈克尔·杰弗里·乔丹与国家工商行政管理总局商标评审委员会、乔丹体育股份有限公司商标争议行政纠纷再审案等,这些案件在社会上产生重大影响,引发社会各界的广泛关注。而 2016 年度,全国专利、商标、版权行政执法办案总量为 8 万余件,❶ 仅从数量上看,人民法院受理的知识产权案件数量也已经远远超过知识产权行政执法案件数量,司法保护已经无可置疑地成为知识产权权利人维护其权利的主导性渠道。

第二节 江苏当前知识产权司法保护状况

一、知识产权司法保护的总体情况

自 2009 年《江苏省知识产权战略纲要》颁布至今,江苏省的知识产权司法保护工作取得了长足进步,江苏省知识产权司法保护水平也一直走在全国前列。2016 年,全国各级人民法院新收一审知识产权民事、行政和刑事案件 152 072 件,其中,北京、上海、江苏、浙江、广东五省市法院新收各类知识产权案件合计 107 011 件,占比 70.37%。❷ 近年来,江苏省各级法院受理、审结知识产权案件数量一直保持在高位运行态势,案件类型基本覆盖 TRIPs 协议规定的所有领域。从统计数据来看,当前江苏省的知识

---

❶ 新华社.2016 年全国知识产权行政执法办案总量超 8 万件 我国加快构建知识产权大保护格局 [EB/OL].[2017-07-12].http://www.gov.cn/xinwen/2017-04/20/content_5187715.htm.

❷ 最高人民法院.中国法院知识产权司法保护状况(2016 年)[N].人民法院报,2017-04-27(2).

产权司法保护状况呈现出如下五个特点。

1. 案件受理数量总体上不断增长

知识产权民事案件数量增长较快，自 2011 年以来，江苏法院受理和审结的知识产权民事案件数量处于稳步增长中（见图 4-1）。2011 年，全省新收一审知识产权民事案件 5 197 件；2012 年，全省新收一审知识产权民事案件 8 526 件，接近全国法院新收案件数量的 1/10；❶ 2013 年和 2014 年新收知识产权民事一审案件数量略有降低，分别为 7 777 件和 6 613 件；2015 年，新收知识产权民事一审案件数量显著增长，达 9 173 件，同时，该年度审理知识产权纠纷案件数首次突破万件，2016 年再创新高，新收案件数也超万件。❷ 这种增长势头在 2016 年之后继续保持，2017 年，全省法院新收一审知识产权民事案件达 11 162 件。❸

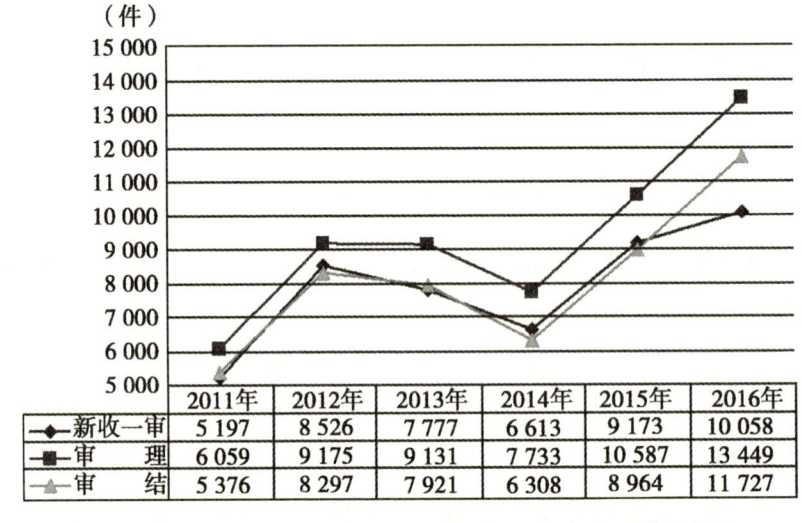

	2011年	2012年	2013年	2014年	2015年	2016年
新收一审	5 197	8 526	7 777	6 613	9 173	10 058
审 理	6 059	9 175	9 131	7 733	10 587	13 449
审 结	5 376	8 297	7 921	6 308	8 964	11 727

图 4-1　2011~2016 年江苏省法院受理和审结知识产权民事案件情况

知识产权刑事案件和行政案件的总量在近些年也在逐步增加，只不过相对于民事案件的数量而言，这两类案件的绝对数量不是很大。2015 年，

---

❶❷　江苏省高级人民法院. 2012 年江苏法院知识产权司法保护蓝皮书 [R].
❸　2017 年江苏省知识产权发展与保护状况白皮书 [R].

全省法院受理知识产权"三合一"改革试点刑事案件223件,审结219件;受理知识产权"三合一"改革试点行政案件30件,审结31件。2016年,全省法院受理知识产权"三合一"改革试点刑事案件271件,审结228件。2017年,全省法院受理知识产权"三合一"改革试点刑事案件449件,审结351件;受理知识产权"三合一"改革试点行政案件28件,审结16件。❶

2. 法院受理的案件呈现不平衡的态势

首先,各地法院受理的知识产权案件存在较大的差距。以民事案件为典型,由于江苏省内区域经济发展的不平衡,各区域受理知识产权纠纷案件的数量也存在一定差异。一般来说,各地区受理知识产权纠纷案件的数量,与该地区经济发展状况、科技创新能力、知识产权保护环境以及政府支持力度相关,知识产权保护环境较好的地区,每年受理的案件数量较多,经济欠发达地区,每年受理的知识产权纠纷案件数量则相对较少。以2016年的民事案件为例,全省法院新收一审知识产权民事案件主要分布于南京、苏州、无锡、常州等地区,其中,南京地区与苏州地区新收一审案件数分别占全省案件总数的27%和26%,仅这两地新收一审知识产权民事案件数量的总和就超过了全省新收一审知识产权民事案件的50%,而经济欠发达地区如盐城、宿迁等地,新收一审案件数量仅占全省总案件数的1%~2%。

其次,法院受理的知识产权案件在不同领域的分布差距较大。就最具代表性的民事案件而言,从各类知识产权涉及的案件数量看,商标权纠纷案件和著作权纠纷案件优势明显,专利权纠纷案件次之,其他类型知识产权纠纷案件则数量很少。在江苏全省法院2016年新收的知识产权民事案件中,商标权纠纷案件为3 082件,著作权纠纷案件为2 728件,专利权纠纷案件为805件,知识产权合同类案件为11件,植物新品种等其他类型案件为14件。在全省法院2016年新收的知识产权民事案件中,商标权纠纷案件为3 394件,著作权纠纷案件为4 287件,专利权纠纷案件为931件,知

---

❶ 2015年江苏省知识产权发展与保护状况白皮书[R];2016年江苏省知识产权发展与保护状况白皮书[R];2017年江苏省知识产权发展与保护状况白皮书[R].

识产权合同类案件 777 件，植物新品种等其他类型案件 16 件。在全省法院 2017 年新收的知识产权民事案件中，商标权纠纷案件为 4 475 件，著作权纠纷案件为 4 559 件，专利权纠纷案件 1 247 件，技术合同类纠纷案件 237 件，特许经营合同纠纷案件 276 件，植物新品种纠纷案件 61 件，不正当竞争案件 179 件，其他案件 128 件。❶

3. 民事审判在知识产权司法保护中具有突出地位

知识产权是一种私权，知识产权司法保护的基本目的在于保证知识产权人的合法权益不受损害、权益受害的知识产权人能够获得相应的赔偿。民事审判主要是解决防止知识产权人的权益受到进一步的侵害、保证受到损害的知识产权人得到合理的赔偿，因而也就成为知识产权司法保护的首要路径。知识产权刑事诉讼和行政诉讼要更多地服从于公共利益的保护和经济秩序的维护，其在保护知识产权人合法权益方面只是一种辅助手段或者附带工具。民事审判在知识产权司法保护中的突出价值从近些年江苏省知识产权案件的数量上可以明显地呈现出来。2015 年，全省法院新收一审民事案件 9 173 件，而全省法院受理知识产权"三合一"改革试点刑事案件和行政案件的总量为 253 件；2016 年，全省法院新收一审民事案件 10 040 件，而全省法院受理知识产权"三合一"改革试点刑事案件和行政案件的总量为 271 件；2017 年，全省法院新收一审民事案件 11 162 件，而全省法院受理知识产权"三合一"改革试点刑事案件和行政案件的总量仅为 477 件。❷

4. 新类型案件和复杂案件不断呈现

随着战略性新兴产业的发展和创新驱动战略的深入实施，新技术、新业态、新模式、新动态的不断涌现，新型知识产权案件和复杂知识产权案件更多地呈现出来，这些案件既受到社会的广泛关注，也是对法院审理案件能力的考验。涉及高精尖技术的专利案件，涉及新技术合作开发、技术成果应用纠纷等技术类案件数量有所增加，如麦格昆磁（天津）有限公司

---

❶❷ 2015 年江苏省知识产权发展与保护状况白皮书 [R]；2016 年江苏省知识产权发展与保护状况白皮书 [R]；2017 年江苏省知识产权发展与保护状况白皮书 [R]。

诉夏某、苏州瑞泰新金属有限公司侵害技术秘密纠纷案，参照关联技术方案专利实施许可费确定赔偿额专利侵权纠纷案等复杂的技术纠纷案件都入选了该年度的江苏省知识产权典型案件。另外，涉及互联网等新兴领域的新技术新业态案件数量也呈上升趋势，许多传统产业依托互联网信息技术实现互联网与产业的联合，由此引发的计算机软件纠纷和以开发手机 App、网站等为主要内容的技术合同纠纷不断增多。与互联网相关的传统知识产权纠纷也出现新的难题。比如，随着信息网络的普及，信息网络上的侵犯知识产权问题、证据问题、管辖法院确定的问题等都是法院面对的新问题。❶ 在江苏省高级人民法院审理的一起外观设计专利侵权案件中，被告佑游公司在一审提交答辩状期间对管辖权提出异议，江苏省高级人民法院认为网络购物收货地作为销售侵权商品这一侵权行为的结果发生地亦应属于侵权行为地，进而可以作为确定管辖法院的连接点。❷

5. 知识产权案件审理水平不断提高

江苏法院知识产权案件审判组织的专门化水平不断提高。江苏法院很早就开始实行知识产权专业化审判，1995 年，江苏省高级人民法院在全国法院系统较早成立了知识产权审判庭，目前，全省 13 个中级法院全部设立了知识产权庭，部分基层法院具有部分知识产权民事案件管辖权。2017 年 1 月 19 日，在南京市中级人民法院和苏州市中级人民法院知识产权庭的基础之上，又分别组建了南京知识产权法庭和苏州知识产权法庭。知识产权法庭按独立机构模式运行，实行跨区域管辖，南京知识产权法庭管辖南京、镇江、扬州、泰州、盐城、淮安、宿迁、徐州、连云港辖区内的涉专利、技术秘密、计算机软件、植物新品种、集成电路布图设计等知识产权案件，苏州知识产权法庭管辖苏州、无锡、常州、南通辖区内的上述案件。❸ 各个审理知识产权案件的法院都实行了资源整合，全面推进了"三合一"审

---

❶ 王艳芳. 信息网络环境下相关知识产权案件管辖法院的确定 [J]. 知识产权，2017（7）.

❷ 参见（2015）苏知民辖终字第 00122 号案件判决书。

❸ 江苏省高级人民法院. 2016 年江苏法院知识产权司法保护蓝皮书 [R].

判模式的改革。知识产权法庭推行扁平化的审判运行模式，设庭长 1 名，下设 3~5 个审判团队；为知识产权法官配备 1~2 名法官助理和 1 名书记员。同时设立技术调查官工作室，聘用专职或者兼职技术调查官，发挥技术调查官查明相关技术事实的重要辅助作用。❶ 知识产权法庭成立后的 4 个月，已经受理各类知识产权案件 349 件，遍及南京、徐州、连云港等 9 个省辖市。❷ 知识产权法庭的设立，使得江苏省内的知识产权案件，尤其是技术类案件实现了跨区域管辖，集中了审判力量，进一步提升了技术类案件的审判水平，优化了区域创新法治环境。

江苏法院审理知识产权案件的法官的业务水平不断提高，很多案件的审判质量受到广泛的好评。为了提高知识产权案件的审判质量，江苏法院的审判人员通过多种方式提高自己的审判能力，比如，很多法官积极参加全国或者地方的各种知识产权研讨会，既阐明自己对于一些知识产权法律问题的认识和观点，又通过学术交流增长自己的知识和技能。法院为了提高知识产权案件的审判质量，还单独或者与其他机构共同举办一些知识产权专项研讨会。比如，为了处理好商标疑难案件，江苏省高级人民法院就与原省工商行政管理局多次联合开展商标疑难案件研讨。❸

二、专利权的司法保护状况

1. 专利案件审理的主要情况

江苏法院素有专利等技术类案件审判传统，受理涉及专利权纠纷的案件数量多，涉及的技术领域广泛且类型丰富。江苏的工业增加值总量连续多年保持全国第一，在整个国家创新战略中的位置举足轻重，与工业制造密切相关的专利纠纷案件数量占涉科技创新类案件的 50% 以上，且占全国

---

❶ 南京苏州知识产权法庭今天挂牌 [EB/OL]. [2017-08-10]. http://www.jsfy.gov.cn/xwzx2014/mtjj/zymt/2017/01/20120542992.html.

❷ 丁国锋. 法治织就锦绣江苏画卷 [EB/OL]. [2017-08-10]. http://epaper.legaldaily.com.cn/fzrb/content/20170522/Articel01002GN.htm.

❸ 江苏省工商局与江苏省高级人民法院联合开展商标疑难案件研讨 [EB/OL]. [2018-03-09]. http://jiangsu.ipraction.gov.cn/article/gzdt/201702/20170200124849.shtml.

专利类纠纷案 8% 左右。❶ 从近几年的民事案件情况看，江苏法院新收专利纠纷案件的数量在逐年增长。根据江苏省知识产权局提供的数据，2015 年新收专利案件 805 件，2016 年新收专利案件 931 件，2017 年新收专利案件增长幅度较大，达 1 247 件。❷ 与商标案件和版权案件相比，专利案件的比例还不高，如 2016 年，江苏各级法院新收专利权及技术合同类等涉技术类纠纷案件 1 211 件，占江苏省新收一审知识产权民事案件的 12%。

近几年来，江苏省各级法院审理了一大批社会影响大、具有典型意义的专利案件，如职工离职后专利申请权权属纠纷案，好孩子儿童用品有限公司诉昆山威凯儿童用品有限公司等侵害外观设计专利权纠纷案、好孩子儿童用品有限公司诉滕州市奥森家具有限公司等侵害外观设计专利权纠纷案等，❸ 这些案件的裁判明确和统一了疑难复杂案件的侵权认定标准和裁判尺度，具有广泛而深远的影响。江苏法院还依法受理了加拿大无线未来科技公司诉索尼移动通信产品（中国）有限公司等标准必要专利侵权纠纷案，这一案件无论是当事人还是涉案的专利都具有很强的代表性。

2. 专利案件的管辖法院

由于专利案件具有较强的技术性，其复杂性与审理难度要高于其他知识产权案件，因此我国对于专利案件的管辖权实行了较严格的控制。此前，江苏省除宿迁市外 12 个省辖市的中级法院都具有专利案件的管辖权，昆山等 4 个基层法院具有部分专利案件管辖权。由于专利案件管辖分布相对分散，各家法院受理专利案件均不饱和，不利于专利等技术类案件审判经验的总结和专业法官的培养，也不利于发挥司法保护的整体优势，根据最高人民法院的部署，江苏省主动进行了专利等技术类案件跨区域管辖机制的调整，于 2017 年 1 月正式设立南京知识产权法庭和苏州知识产权法庭，实

---

❶ 江苏省高级人民法院. 江苏法院知识产权司法保障科技创新情况通报 [EB/OL]. [2018-03-10]. http://www.jsfy.gov.cn/art/2018/02/28/25_93496.html.

❷ 2015 年江苏省知识产权发展与保护状况白皮书 [R]；2016 年江苏省知识产权发展与保护状况白皮书 [R]；2017 年江苏省知识产权发展与保护状况白皮书 [R].

❸ 参见江苏省 2015 年、2016 年知识产权司法保护十大案例。

行跨区域管辖。发生在南京、镇江、扬州、泰州、盐城、淮安、宿迁、徐州、连云港市辖区内的专利等技术类一审知识产权民事案件由南京知识产权法庭审理，发生在苏州、无锡、常州、南通市辖区内的专利等技术类一审知识产权民事案件则由苏州知识产权法庭审理。采取知识产权法庭集中管辖模式，能够进一步提升技术类案件的审判水平，使专利权得到更好的司法保护。

三、商标权的司法保护状况

1. 商标权的司法保护概况

商标权的司法保护也是江苏省知识产权司法保护工作的重点之一，江苏各级法院近年来每年都会受理大量商标权纠纷案件，商标权纠纷案件的数量在知识产权纠纷案件中所占比重也一直较高，对于商标侵权行为的刑事制裁也颇有力度。2014 年，全省各级法院新收商标权纠纷案件 2 794 件，占知识产权民事案件总数的 42.4%。2015 年，法院新收商标权纠纷案件 3 082 件，占新收知识产权民事案件总数的 41.3%，案件数量位列各类知识产权民事案件第一；同时，全省公安机关破获涉假犯罪案件 1 061 起，抓获犯罪嫌疑人 2 541 名，捣毁制假窝点 659 个，缴获假冒伪劣商品 170.66 万件，案值达 8.78 亿元。❶ 2016 年，法院新收商标权纠纷案件 3 394 件，占新收知识产权民事案件总数的 33.8%；同时，全省公安机关共立侵犯知识产权犯罪案件 818 件，破案 289 件，抓获犯罪嫌疑人 727 名，挽回经济损失 1.18 亿元。❷ 2017 年，法院新收商标权纠纷案件 4 475 件，占新收知识产权民事案件总数的 40.1%。同时，2017 年全省检察机关批准逮捕假冒注册商标案件 55 件，涉案 86 人，提起公诉案件 161 件，涉及 351 人；批准逮捕销售假冒注册商标的商品案件 67 件，涉案 100 人，提起公诉案件 161 件，涉及 344 人；批准逮捕非法制造、销售非法制造的注册商标标识案件 6

---

❶ 2015 年江苏省知识产权发展与保护状况白皮书［R］.
❷ 2016 年江苏省知识产权发展与保护状况白皮书［R］.

件，涉案 8 人，提起公诉案件 12 件，涉及 42 人。❶ 江苏省司法机关在保护商标权时很重视与行政执法机关的配合，法院系统还就此多次与工商系统举办商标疑难案件研讨，讨论案件的处理标准和相关保护工作的对接。

2. 商标权司法保护的影响

近年来，江苏各级法院审理了一系列社会关注度极高的商标权纠纷案件，部分案件的裁判在全国率先确立了审理规则。例如，2013 年的南京九蜂堂蜂产品有限公司诉南京老山营养保健品有限公司侵害商标权纠纷案，明确了立体商标近似判断规则。2015 年的"东风"柴油机贴牌加工商标侵权纠纷案，率先确立并完善了此类案件应当采用"必要审查注意义务＋实质性损害"的裁判标准。❷ 2014 年的"宝庆"商标特许经营合同纠纷案，法院充分运用司法智慧，以利益平衡为指引，一方面对注册商标等特许经营资源，司法裁判明确应当保证特许人的绝对控制权；另一方面对如何解决双方之间合作已久的纠纷，体现了法律效果与社会效果的有机统一，❸ 该案还入选了 2014 年全国法院十大知识产权案件。2016 年，江苏法院还重点加大了对知名商业品牌的知识产权保护，通过对商标权纠纷案件的审理工作，严厉打击恶意攀附行为，倡导企业诚信经营，营造公平竞争的市场环境。

四、版权的司法保护状况

1. 版权司法保护的基本情况

从 2012 年开始，版权产业已成为江苏省国民经济的支柱产业。当年，江苏省版权产业增加值为 3 842.31 亿元，占当年江苏省 GDP（54 058.22 亿元）的 7.11%，其中，以软件、设计和文化创意为代表的核心版权产业的

---

❶ 2017 年江苏省知识产权发展与保护状况白皮书［R］.

❷ 江苏高级人民法院.2015 年度知识产权司法保护十大案例［EB/OL］.［2017-08-20］.http：//www.jsfy.gov.cn/spxx2014/sfal/dxal/2016/04/20101540594.html.

❸ 2014 年江苏省知识产权十大典型案件公布［EB/OL］.［2017-08-20］.http：//js-news2.jschina.com.cn/system/2015/04/10/024299297.shtml.

增加值为 1 968.56 亿元，占全部版权产业增加值的 51.23%，占当年江苏省 GDP 的 3.64%。此后，江苏省核心版权产业发展势头一直十分强劲。❶ 在江苏版权产业的发展过程中，以盗版为代表的侵犯版权的现象也比较多，遏制这些版权侵权行为是进一步推动江苏版权产业发展的重要保障，江苏的法院系统在这方面发挥了重要作用。近些年，在江苏省各级法院每年受理的知识产权纠纷案件中，版权纠纷案件数量一直居高不下，常年占据第一或者第二的位置。以民事案件为例，2015 年，全省法院新收一审版权案件 2 728 件，占当年全部新收知识产权案件的 36.6%；2016 年，全省法院新收一审版权案件 4 287 件，占当年全部新收知识产权案件的 42.7%；2017 年，全省法院新收一审版权案件 4 559 件，占当年全部新收知识产权案件的 40.8%。❷ 法院审理的版权案件所涉及的作品也比较广泛，案件涉及的作品类型主要集中于传统的文字作品、音乐作品、摄影作品、影视作品等。

2. 版权司法保护的重要特点

从江苏法院近些年审理的著作权案件情况看，有几个值得注意的地方：一是近年来江苏法院审理的著作权纠纷案件中也出现不少新的作品类型，如网络游戏、民间艺术作品（如苏绣）、电脑动画等方面的案件。二是江苏法院审理了一大批具有典型意义的著作权纠纷案件，如"速酷电影网"侵犯影视著作权案、黄子友诉金三力公司侵害著作权纠纷案、"小说 520 网"侵犯文字作品著作权案、非集体管理组织起诉卡拉 OK 经营者著作权侵权纠纷案等。这些案件通常情形复杂，部分问题争议性较大，例如，非集体管理组织起诉卡拉 OK 经营者著作权侵权纠纷案中，集体管理组织以外的第三方通过取得部分音乐作品著作权人的授权，以自己的名义对卡拉 OK 娱乐场所播放 MTV 音乐作品进行许可使用、收费、管理以及行使诉权，这种经营模式的合法性问题一直存在较大争议，法院在综合考虑各方面因

---

❶ 郑晋鸣，许佳佳．江苏：版权产业已成为支柱产业［N］．光明日报，2014-04-25（9）．

❷ 2015 年江苏省知识产权发展与保护状况白皮书［R］；2016 年江苏省知识产权发展与保护状况白皮书［R］；2017 年江苏省知识产权发展与保护状况白皮书［R］．

素之后做出的一系列判决，明确了法律裁判标准，对于解决类似问题提供了很好的参考。三是法院注意将著作权案件的审理与相关产业发展紧密结合。除了做好版权纠纷案件的审理工作外，江苏法院还非常注重结合国家和江苏发展战略及产业政策，加大对具有地方区域特色，对地方经济增长具有重大突破性带动作用、具有自主知识产权的关键核心技术的司法保护力度。例如，在南通地区，法院在保护家用纺织品花型设计著作权，优化家纺市场创新环境方面形成的"南通经验"，受到联合国世界知识产权组织、最高人民法院、国家版权局在内的有关方面充分肯定。截至2016年8月底，南通市通州区人民法院共审理1 482件著作权类民事案件，通州区法院副院长张月淑以审理过的经典案件为例，对家纺产业发展中涉及的法律问题进行剖析，介绍了家纺企业在花型设计、印染、销售等阶段遇到的侵权情况，建议企业积极运用时间戳技术进一步做好版权登记工作，❶ 南通地区法院此举为家纺产业这一南通特色经济提供了强有力的司法保护。

五．其他知识产权的司法保护状况

1. 其他知识产权司法保护的基本情况

江苏作为经济发展水平高、创新能力强、文化底蕴厚重、产业多样化强的大省，除了专利权、商标权和著作权之外，每年江苏各级法院也会受理较多涉及商业秘密、不正当竞争、集成电路布局设计、植物新品种权等其他知识产权纠纷案件。但相对于专利案件、商标案件和版权案件来说，涉及其他知识产权案件的数量还是偏少。2015年审理植物新品种等其他类型案件14件；2016年审理植物新品种等其他类型案件16件；2017年植物新品种纠纷案件61件，不正当竞争案件179件，其他案件128件。❷

---

❶ 李明远等．家纺业转型升级靠版权保护"盾牌"——第九届中国（川姜）家纺画稿交易会巡访记［EB/OL］．［2017-08-20］. http：//www.chinaxwcb.com/2016-11/03/content_ 347252.htm．

❷ 2015年江苏省知识产权发展与保护状况白皮书［R］；2016年江苏省知识产权发展与保护状况白皮书［R］；2017年江苏省知识产权发展与保护状况白皮书［R］．

2. 在其他知识产权司法保护方面的创新举措

2017年1月，南京、苏州知识产权法庭挂牌成立，实行技术秘密、植物新品种、集成电路布图设计等案件的跨区划管辖。近年来，为了推动产业结构转型升级，涉及关键核心技术、战略性新兴产业的知识产权也逐渐成为知识产权司法保护的重点。在江苏省高院2017年公布的典型案例中，江苏法院审结的民展等4家公司未经许可擅自生产南京通华芯拥有专有权的芯片案就涉及集成电路布图设计权利的保护，法院在集成电路布图设计独创性这一争议焦点上，在权衡当事人的举证能力、证明事实的难易程度后，将相关举证责任分配给被告，最终4家侵权公司被判立即停止侵权并赔偿通华芯公司200万元，此举对提高此类案件的审判效率具有积极意义。在首美创新方案有限公司等诉无锡三角洲计算机辅助工程有限公司、刘某侵害技术秘密纠纷案中，江苏法院突破以往此类案件将争议技术问题提交司法技术鉴定等的传统做法，通过对涉案技术信息性质的分析以及结合本案的特殊情况，最终直接认定该技术信息为商业秘密，这种做法有助于克服司法技术鉴定耗时多、成本高的缺陷。植物新品种侵权纠纷案件在江苏法院受理的知识产权纠纷案件中也占有一定比例，江苏作为农业育种制种大省，科研力量雄厚，近年来，江苏法院审理了一批涉及杂交水稻制种的植物新品种案件，积累了丰富的审判经验，其中，江苏高院审理的天津天隆种业公司与江苏徐农种业公司侵害植物新品种权纠纷案入选最高人民法院指导性案例，❶在该案中江苏法院提出相互许可的裁判思路，为解决类似知识产权争议提供了积极的启示。

此外，江苏各级法院也十分注重对民间刺绣、紫砂工艺、水晶、评弹等非物质文化遗产的保护。近年来，江苏法院坚持延伸司法职能，主动服务，对非物质文化遗产进行知识产权司法扶持。以民间刺绣为例，苏州市虎丘区人民法院组织人员撰写了重点调研课题"刺绣非物质文化遗产传承、发展与知识产权保护问题研究"，为刺绣行业的发展提供建设性意见，

---

❶ 江苏省高级人民法院. 江苏法院知识产权司法保障科技创新情况通报 [EB/OL]. [2018-03-10]. http：//www.jsfy.gov.cn/art/2018/02/28/25_93496.html.

并推出了多项司法举措助推苏绣产业转型升级:综合纠纷特点,形成经常性分析研判机制;结合绣娘需求,形成针对性的普法机制;搭建多部门参与的联动平台,形成灵活性沟通机制;发放联系卡,定期走访,形成互动性反馈机制,通过支持和保护苏绣行业发展的四项机制对苏绣这一非物质文化遗产进行司法扶持。❶

第三节 江苏知识产权司法保护存在的主要问题

一、知识产权司法队伍的素质问题

1. 知识产权司法人员专业素养的欠缺

知识产权案件的审理对象主要是著作权、专利、商标、计算机软件、不正当竞争中的技术秘密、技术合同等,案件中的技术领域可能涉及计算机软件、机械等各个方面。❷ 知识产权案件,尤其是技术类案件往往涉及复杂的技术事实认定,案件审理难度大,要求审判人员具备法律知识(尤其是知识产权法律知识)的同时,也要具有相关专业的技术知识。随着创新驱动战略的深入实施和经济转型升级的逐步展开,近年来,江苏涉及高精尖技术的专利案件,涉及新技术合作开发、技术成果应用的技术类案件的数量明显增长,这无疑更增加了事实查明和分析判断的难度。除了技术类案件,涉及知名品牌利益保护的商标纠纷案件、涉及互联网新技术的著作权纠纷案件、涉及市场竞争秩序维护的垄断案件及不正当竞争案件也越来越多,这些案件社会关注度高、案情复杂、法律适用难度高,使得知识产权审判工作不断面临新的挑战,对法官的审判能力和专业技术水平也提出了更高的要求。

---

❶ 白龙. 江苏加大知识产权保护力度 司法助力自主品牌 [EB/OL]. [2017-08-20]. http://cpc.people.com.cn/GB/64093/82429/83083/14491848.html.

❷ 卢宇,王睿婧. 知识产权审判"三审合一"改革中的问题及其完善 [J]. 江西社会科学,2015(2).

目前，在江苏省的知识产权司法队伍中，审判人员虽然在法律知识与技能上具有较好的基础，但在技术知识方面很少能够应对越来越复杂的知识产权案件，部分知识产权法官对新法律、新知识和新审判领域的学习研究不够，应对审判热点、难点问题和解决新问题的能力有待进一步提高。2014年的统计数据显示，江苏省具有机械、化学、计算机等专业背景的知识产权法官人数仅19名，❶这显然难以满足江苏知识产权事业迅速发展对于高水平知识产权司法工作的需求；这种状况也导致法官在处理很多案件时，对于有关专业技术问题的判断往往需要依赖司法鉴定意见，而在目前司法鉴定尚不够规范的情况下，有些司法鉴定人员分享甚至直接行使了本应当属于法官的裁判权。与审判人员的专业素质相比，检察院处理知识产权案件（涉及知识产权的民事和行政案件的监督、刑事案件的起诉）的检察官除了法律知识外，不要说对于技术知识，就是对于知识产权法律知识，能够精通的人员也很少。

另外，在长期分散式审判模式下，办理民事、刑事、行政诉讼案件的法官仅熟悉本领域的办案方法，对其他类型的案件容易产生认识误区，熟知各类诉讼规则的复合型法官十分欠缺。江苏省自2008年1月在部分法院开展知识产权"三合一"试点工作，2009年7月在全省三级法院全面推行改革试点，时至今日，江苏省知识产权案件已全部实现"三合一"审理。然而，实行"三合一"审判机制的法院虽然设立了知识产权审判庭，但当前除了东部少数地区法院外，大多数法院还是临时抽调行政或者刑事审判庭的法官作为合议庭成员参与知识产权案件审理，而这种临时合议庭的方式难以起到培养专业团队的良好效果，也难以实现审判效率的提高。❷

除此之外，由于省内经济技术发展和知识产权发展的不平衡，江苏省法院系统内部不同地区法官的专业素质也存在一定差异。在经济较发达的

---

❶ 最高人民法院.中国法院知识产权司法保护状况（2014）[R].
❷ 扬州市中级人民法院课题组.知识产权"三合一"审判机制存在的问题及对策建议研究[EB/OL].[2017-10-14]. http://fy.yangzhou.gov.cn/yzsxjrmfy/fxyj/201706/46907ac290cb471aba60628a58e7dcf9.shtml.

苏州、南京等城市，知识产权司法人员专业素质较高，具有相关专业背景的知识产权法官较多，例如，南京知识产权法庭目前配备副院长1名、庭长1名、副庭长3名，包括副院长、庭长、副庭长在内的13名主审法官，平均审判工作经验在10年以上，全部具有硕士以上学位；南京知识产权法庭还聘用技术调查官以及专家陪审员协助查明技术事实，技术调查官的招聘和选任工作也在积极落实之中。[1] 在经济发展相对落后的地区，如宿迁等城市，知识产权司法人员专业水平则相对较低，也缺乏完善的技术调查官和专家陪审员辅助制度。

2. 知识产权司法队伍能力提升的不足

面对知识产权司法人员在专业素质方面存在的不足，司法机关也在努力通过多种方式去解决，除引进或者聘用一些具有相应专业素质的新人外，着重提升现有司法人员的业务能力。提升现有司法人员的专业素质主要是借助专业培训、业务研讨、相互交流等方式进行。在提高现有司法人员专业素质方面，目前的江苏还存在以下一些问题：其一，知识产权专业培训不能满足要求。江苏法院系统针对知识产权司法人员举办的专项培训比较少，知识产权主管部门虽然举办了很多知识产权培训，但并未专门针对知识产权司法人员举办培训班。而且，江苏法院系统所举办的知识产权司法人员培训并非定期或者有规律地进行的，多为临时性举措。其二，知识产权专业培训不够平衡。不同地区对于知识产权司法人员的专项培训重视的程度不一样，总体上看知识产权发展水平比较高、知识产权审判业务较多的苏南地区更加重视对于司法人员的知识产权培训；就法院系统与检察院系统而言，法院系统的知识产权培训相对于检察系统的知识产权培训要做得较好些。就培训的内容看，针对知识产权司法人员的专项培训更多地集中在知识产权法律业务方面，而与知识产权案件审理相关的技术知识则很少成为培训的内容。其三，知识产权业务研讨会明显不足。知识产权审判业务或者检察业务研讨会是提升知识产权司法人员专业素质的有效途径，

---

[1] 南京市中级人民法院.2016全市法院知识产权审判态势分析［EB/OL］.［2017-10-14］.http：//www.njfy.gov.cn/wwww/njfy/sftj2_mb_a39170428106985.htm.

但从江苏的实际情况看，法院系统或者检察系统举办的知识产权业务研讨会很少，只有南京、苏州等地知识产权案件审理水平较高的法院会针对特定案件或者某方面知识产权案件偶尔举办一些业务研讨会。其四，参加知识产权学术研讨的司法人员有限。目前我国的知识产权学术研讨非常活跃，在江苏省内外每年均有大量的知识产权学术研讨会召开，这些学术研讨会吸引了专家学者、知识产权从业人员的积极参与。从实际情况看，南京及苏南地区的法官，尤其是中级及以上法院的法官和知识产权法庭的法官参与的积极性比较高，而其他法院的法官及各地的检察官参与知识产权学术研讨会的情况不多。

二、知识产权民事司法保护的问题

2014年6月全国人大常委会专利执法检查报告在充分肯定各级法院专利审判成就的同时，还指出了一些比较严重的不足和问题，包括专利维权存在"时间长、举证难、成本高、赔偿低""赢了官司、丢了市场"以及判决执行不到位等情况，挫伤了企业开展技术创新和利用专利制度维护自身合法权益的积极性。❶ 报告中指出的这些问题虽然是针对专利保护状况的，但实际上在其他知识产权保护方面也同样存在，也是对当前江苏司法机关在知识产权民事保护方面所存在的主要问题的概括。

1. 举证难度大

知识产权民事诉讼对于证据的要求比较高，但是，由于知识产权的无形性、知识产权侵权的较强隐蔽性及知识产权侵权行为相关信息的不对称性等原因，在现有"谁主张、谁举证"的民事诉讼规则下，处于原告地位的知识产权人通常很难提供符合民事诉讼证据规则的证据材料。即使知识产权人最终能够提供相应的证据材料，由于自身获取证据条件的严重限制，他们也会因此付出较大的代价。被侵权人在提起诉讼时需要垫付诉讼费、收集知识产权被侵权的相关基础证据，由于知识产权案举证难度普遍偏大，

---

❶ 孔祥俊. 当前我国知识产权司法保护几个问题的探讨[J]. 知识产权, 2015 (1).

在取证过程中往往需要聘请律师等专业法律服务人员、公证人员，或者借助其他人员的帮助，因此被侵权人往往要承担较高的律师费以及因取证产生的其他费用。虽然这些合理支出和律师费法院最后会判令败诉方承担，但一些被侵权人在前期垫付的难度较大。另外，为取证所付出的时间和精力也是无法用金钱来衡量的，这些都会影响被侵权人通过诉讼方式维护自己权利的积极性。

2. 诉讼成本高

在江苏，实际发生的知识产权侵权案件要远比法院受理的案件数多，很多受到侵害的知识产权人并未向法院提起民事诉讼，一个很重要的原因就是忌惮诉讼成本。人们谈及知识产权诉讼成本时，往往将这种成本局限于经济成本或者费用支出。❶ 事实上，对于知识产权人来说，进行民事诉讼的成本不仅是在聘请律师、获取证据、参与人员的各种活动等方面所发生的较高的费用支出，还包括以下一些成本：一是时间成本。在知识产权民事诉讼中，权利人通常要花很长时间才能等到法院的裁判结果，如果遇到被告刻意利用诉讼规则拖延诉讼时间的情况，这种等待的时间会更长。二是风险成本。很多知识产权案件不属于不公开审理的范围，但从民事诉讼中所披露的相关情况及信息，竞争对手有时能判断出知识产权人的一些技术动态或者商业策略。民事诉讼发生后，陷入诉讼中的知识产权人可能会被他人误解，影响其本来可能获得的商业机会、股票上市机会等发展机会。三是信誉成本。进入民事诉讼的知识产权案件，受到的关注会比较高，案件信息传播比较快，这些案件信息在不同的人那里可能得到不同的解释，很容易对知识产权人的信誉产生一些不利的影响。比如，在很多知识产权民事诉讼中，被告会对原告的知识产权提起无效宣告请求，很多对于案件发展情况不进行持续跟踪的人会仅凭此事实对原告的知识产权产生怀疑，这对于原告的权利声誉和市场信誉无疑会产生一定的损害。四是信任成本。很多具有知识产权纠纷的当事人往往具有商业上的合作关系，一旦进入民

---

❶ 周四清等．应诉或和解——成本收益视角下知识产权诉讼策略博弈分析［J］．科技管理研究，2014（4）．

事诉讼环节,双方的关系会产生较大的裂痕甚至决裂,对于双方本来有可能长期维系的合作关系产生较大的损害。

3. 赔偿数额低

损害赔偿是绝大多数知识产权案件权利人的主要诉求,但在知识产权民事案件中法院最终判决的赔偿额往往偏低,这是当前知识产权审判工作中存在的一个较为普遍的问题。❶ 江苏地区也不例外,以南京地区的法院为例,据南京铁路运输法院课题组调研,自 2009 年 12 月 20 日至 2015 年 10 月 19 日近六年内南京地区法院立案并审结知识产权民事侵权案件 6 774 件,其中,判决著作权侵权成立的 628 件,权利人经济损害赔偿诉求的平均数额为 5.5 万元,法院判赔的平均数额为 2.2 万元。从案件判赔支持度来看,全部案件的平均支持度为 40.70%,有 57.63% 的案件支持度低于诉请数额的一半。判决商标侵权成立的 387 件案件中,权利人经济损害赔偿诉求的平均金额为 10.6 万元,法院判赔的平均金额为 5.3 万元,约一半的案件支持度低于 30%,全部案件的平均支持度为 32.83%。判决专利侵权成立的 163 件案件中,权利人经济损害赔偿诉求平均金额为 41.1 万元,法院判赔的平均金额为 27.8 万元。从案件判赔支持度来看,平均支持度为 65.51%,有 51.36% 的案件支持度高于诉请数额的一半。在判定侵权成立的 17 件不正当竞争侵权案件中,权利人经济损害赔偿诉求平均金额为 42 万元,法院判赔的平均金额为 15.6 万元。❷

近年来,我国专利许可平均合同金额为 50 万元左右,南京地区法院的报告显示,在判决专利侵权成立的 163 件案件中,权利人损害赔偿诉请平均金额为 41.1 万元,这已基本接近实际专利许可的平均合同金额,而南京地区法院的案均判赔额仅为 27.8 万元、平均支持度 65.51%,这样的裁判

---

❶ 朱晓艳. 降低知识产权保护维权成本的法律思考 [EB/OL]. [2017-08-10]. http://www.jsfy.gov.cn/xwzx2014/llyj/xslw/2015/01/19094524925.html.

❷ 南京铁路运输法院课题组. 知识产权侵权诉讼成本与效率分析 [EB/OL]. [2017-08-16]. http://mp.weixin.qq.com/s?__biz=MzA5NjcyNjgwMA==&mid=2650337305&idx=1&sn=7ac3d2f3b4cd5e726e4869d437c93760&scene=1&srcid=0426Nx54mx3OUZnswVa8kmjc#wechat_redirect.

结果反映出当前知识产权判决赔偿额偏低的问题。❶ 知识产权侵权行为所需付出的成本往往极小,与之形成鲜明对比的是被侵权人维权成本高,发起民事诉讼索赔后又很难得到满意的赔偿,这已经成为影响知识产权权利人维护自己权利的主要障碍。

4. 案件周期长

诉讼周期过长也是当前江苏省知识产权民事保护普遍存在的一大问题,知识产权侵权案件由于涉及技术等专门性问题,在诉讼过程中常常叠加诉讼保全、无效宣告、行政诉讼等程序,导致知识产权侵权案件诉讼周期普遍较长。统计数据显示,2015年1月1日至2016年12月31日,全国知识产权侵权案件平均审理周期为105天。其中,假冒他人专利、侵害发明专利权和侵害计算机软件著作权等9类案件审理周期均超过平均审理周期。❷ 在司法实践中,也不乏审理周期长达数年的民事知识产权案件。以南京地区法院为例,自2009年12月20日至2015年10月19日近六年时间内,在南京地区法院立案并审结的6 774件知识产权民事侵权案件中,著作权案例平均审理周期为129.4天,最短为6天,最长为507天;商标权案件平均审理周期为167.7天,最短为19天,最长为839天;专利侵权案件审理周期最短为56天,最长为847天,平均审理周期为226.7天,其中,侵害发明专利平均审理周期为311天,侵害实用新型平均审理周期为247.3天,侵害外观设计专利平均审理周期为196.5天,均高于法律规定的6个月审理期。❸ 诉讼周期过长带来的弊端就是权利人往往即使赢了官司却输了商机,这大大挫伤了权利人通过司法保护维护自身合法权益的积极性。

---

❶ 宋健. 知识产权损害赔偿问题探讨——以实证分析为视角 [J]. 知识产权,2016 (5).

❷ 最高人民法院. 司法大数据专题报告之知识产权侵权 [EB/OL]. [2018-09-02]. http://www.gdcourts.gov.cn/web/content/37708-? lmdm=2000.

❸ 南京铁路运输法院课题组. 知识产权侵权诉讼成本与效率分析 [EB/OL]. [2017-08-16], http://mp.weixin.qq.com/s? _ _ biz = MzA5NjcyNjgwMA = = &mid = 2650337305&idx = 1&sn = 7ac3d2f3b4cd5e726e4869d437c93760&scene = 1&srcid = 0426Nx54mx3OUZnswVa8kmjc#wechat_ redirect.

5. 实际效果差

与全国的情况一样，由于前述问题的存在，江苏知识产权民事案件处理的实际效果在总体上是比较差的，很多权利人不满意。除了成本与赔偿直接对比后的效果不能令人满意外，知识产权民事案件处理效果差的问题还有其他一些体现。比如，在很多案件中权利人虽然"赢了官司"，却"丢了市场"，或者失去了合作伙伴。另一个效果差的重要体现是很多权利人赢得的仅仅是纸面上的胜诉，这种权利人胜诉的文书却没有转化为实际的利益赔偿，这就是较为严重的判决执行难问题。"执行难"是民事案件中的普遍现象，在知识产权领域这一问题则更加明显，这是由于知识产权侵权案件自身的特点决定的，与一般的民事案件不同，知识产权侵权纠纷案件中被执行财产常常是无形财产，相比于有形财产，执行难度更大。而且，知识产权纠纷案件通常会涉及不同的地区，法院在执行时往往需要赴异地执行，甚至赶赴多个被告所在地执行，若委托当地法院执行的话，又可能会受到地方保护主义的干扰，影响案件执行效果。另外，知识产权侵权纠纷案件中，权利人往往会要求侵权人承担消除影响、赔礼道歉的责任，要求其在报刊、网站上发表声明，法院在执行这类案件时需要耗费大量的精力。除了上述原因外，知识产权案件大量往往涉及诉前禁令、证据保全等诉讼中的程序性措施，对这些诉讼中的程序性措施的执行同样也面临诸多困难。法院在审理过程中需要同时兼顾审理前的证据保全、审理中的财产查控、生效后的强制执行，才能固定侵权证据、准确查明事实，确保胜诉当事人的权益及时兑现，❶ 否则极易导致权利人"赢了官司、丢了市场、赔了钱"的状况出现。

三、知识产权刑事司法保护存在的问题

1. 知识产权刑事保护的范围偏小

知识产权作为一种私权，主要通过民事法律来进行保护，知识产权刑

---

❶ 严剑漪，牛贝. 上海三中院破解知产案件执行难实录 [N]. 人民法院报，2016-12-11.

事保护所打击的通常是那些最基本、最初级和危害最严重的显性侵权行为。❶目前,我国刑法中规定了假冒注册商标罪、销售假冒注册商标的商品罪、非法制造、销售非法制造的注册商标标识罪、假冒专利罪、侵犯著作权罪、销售侵权复制品罪、侵犯商业秘密罪,仅对导致著作权、专利权、商标权、商业秘密等传统的知识产权受到侵犯的行为追究刑事责任。从加强知识产权保护力度的角度考虑,这种最严厉的保护手段运用的范围还显得不足。通过对江苏省当前知识产权司法保护状况的调研发现,涉及其他重要的知识产权,如植物新品种、集成电路布局设计等纠纷的案件不断涌现,这些新型的知识产权虽然通过一些专项法规或者规范性文件进行保护,但未纳入刑法的保护范围,对于某些严重侵害知识产权人利益,或者严重危害社会利益的行为,无法通过刑罚给予其相应的制裁,而这些侵害其他知识产权的行为造成的社会危害与严重侵犯著作权、专利权、商标权等行为造成的危害并没有本质的区别,却因为现行刑法规定的局限,无法对行为人科处刑罚的处罚,这显然是不合理的。放眼世界,各国知识产权刑事保护的范围也处于不断调整的过程中,总体来说,刑法保护的范围愈加趋于宽泛,以著作权为例,新的受保护的客体类型不断出现,❷如今,世界各国都在不断探讨刑事手段在惩治知识产权侵权行为中的积极作用,试图扩大知识产权的刑法保护范围。❸

2. 知识产权刑事保护的标准较为滞后

有法官从实证数据入手,以包括江苏法院在内的我国法院审理的侵犯知识产权犯罪案件数量、给予刑事处罚的人数以及给予刑事处罚的刑期作为分析基点,反映出目前司法实务中对侵犯知识产权犯罪的处罚总体上呈现出一种扩大化、严重化的倾向。❹这种状况表面上看打击了很多侵权人,

---

❶ 孔祥俊. 当前我国知识产权司法保护几个问题的探讨 [J]. 知识产权, 2015 (1).
❷ 吴汉东, 胡开忠. 走向知识经济时代的知识产权法 [M]. 北京: 法律出版社, 2002: 44.
❸ 赵秉志, 刘科. 国际知识产权刑法保护的发展趋势 [J]. 政治与法律, 2008 (7).
❹ 陈聪. 侵犯知识产权刑事犯罪入罪门槛问题研究 [J]. 法律适用, 2016 (12).

实际上反而淡化了刑罚在关键时刻发挥作用的特点，造成一些重惩罚而轻私权救济的现象。究其原因，与我国刑事追究标准的滞后有很大关系。刑事追究标准主要是定罪门槛和量刑尺度，在刑法对此没有具体规定的情况下，主要通过司法解释来解决。我国目前仍然在适用2004年最高人民法院和最高人民检察院联合发布的《关于办理侵犯知识产权刑事案件具体应用法律若干问题的解释》，从现有情况看，在近15前发布的这一司法解释显然在一些定罪标准上规定的门槛很低，很容易使一些并不算很严重的侵权行为被作为犯罪行为处理，从而使刑事保护打击的重点不够突出。比如，依该解释规定假冒他人注册商标行为只要非法经营额达到5万元以上就要作为犯罪处理，而5万元的营业额在当下显然是一个不大的数额，刑罚与行为的社会危害性存在不适当的问题。另外，刑法及十多年前颁布的司法解释规定的侵犯知识产权犯罪的最高刑罚为有期徒刑7年，对于那些情节极其严重、造成巨大损害的知识产权犯罪行为来说，这种刑罚显得偏轻，不利于打击那些非常恶劣的知识产权犯罪行为。

3. 知识产权刑事司法与行政执法的衔接不够顺畅

我国现行的"双轨制"模式对知识产权实行行政和司法的双重保护，这是中国知识产权保护制度的一大特色，这一模式固然有其优势，但也带来了一些问题，最显著的就是在实践中行政机关和司法机关之间的协调不够顺畅。行政机关是行政执法主体，具有很强的独立性，在知识产权确权认定、侵权打击、纠纷解决方面具有专有权力，从而产生了"知识产权的行政保护和司法保护的协作性不高"的问题。❶ 以商标违法行为的处理为例，尽管大部分地区的法院、检察院、公安、工商等部门之间建立了案件备案和移送制度，但各部门间还存在很多对接沟通不到位的现象。与全国情况一样，在江苏，知识产权的侵权案件往往是行政机关率先发现的，但当知识产权侵权案件涉案数额较大、情节严重，达到入罪标准时，应当移送却未及时移送的情况时有发生。其原因在于行政机关执法人员相对于负

---

❶ 罗东川. 国家知识产权战略背景下的知识产权司法保护 [J]. 法律适用, 2006 (4).

责侦查的公安机关不够专业，对于知识产权犯罪立案标准及取证流程不够熟悉，加上行政执法机关在处理侵权案件时需要耗费一定的成本，出于保护部门利益的考虑，行政执法机关可能对某些侵权案件以罚款简单处罚了事，造成"以罚代刑"的状况。行政执法和司法机关的衔接不畅，导致"该移送的没移送，未达到犯罪标准的却移送，同时一些行政执法人员对刑事证据方面的规定不熟悉，未能及时采取合法有效的方式固定收集证据"。❶ 江苏省高级人民法院自 2009 年起启动知识产权审判"三审合一"改革试点工作以来，一些地区行政执法案件移送公安机关侦办或者公安机关直接侦办案件提起公诉到法院后，往往会面临受理法院要求检察机关、补充证据的情形，❷ 这一现象应当得到重视。

4. 对被侵权人权益的保障不够重视

在知识产权民事诉讼和行政诉讼中，知识产权权利人作为案件的原告，享有的举证、质证、辩论、查阅复制等权利贯穿诉讼的始终，而在知识产权刑事案件中，当被侵权人意识到自己的权利被侵害向公安机关报案之后，在案件侦查阶段，公安机关会要求被侵权人提供证明自己身份、侵权事实等问题的书面资料，一旦案件移送检察机关审查起诉，被侵权人的参与度则显著降低。从某种角度看，司法机关和被侵权人的诉讼追求目标存在一定分歧，被侵权人往往更关心自己得到的补偿以弥补损失，而司法机关代表国家公权力追究刑事责任，更关注的可能是被告是否受到合理的刑罚处罚，甚至还存在某些办案机关不同意被侵权人的代理律师阅卷、参与诉讼，不通知开庭时间，案件做出判决之后也不告知被侵权人的现象。❸ 这些现象都反映出司法机关对于被侵权人的权利保障不够重视的问题。

---

❶ 章宁旦. 未形成源头打击致制假售假犯罪多发——行政执法与司法机关存对接问题亟待解决 [EB/OL]. [2017 - 08 - 04]. http://news.sina.com.cn/o/2013 - 04 - 05/163626740321.shtml.

❷ 宋健. 知识产权刑事案件办理程序的思考与实践 [J]. 人民司法, 2012 (21).

❸ 郭建. 侵犯知识产权犯罪诉讼程序的缺陷及完善 [J]. 四川警察学院学报, 2010 (3).

四、知识产权行政司法保护存在的问题

1. 知识产权行政司法的作用不够明显

从近些年江苏知识产权行政执法的情况及行政诉讼案件情况看，知识产权行政司法的作用没有明显体现。江苏行政执法机关查处了很多知识产权侵权或者违法案件，2015年，江苏省知识产权局系统受理各类专利纠纷388件，查处假冒专利2 350起，工商系统查处商标违法案件1 434件，版权系统查处著作权侵权盗版案件39件，南京海关查获侵权嫌疑案件5 581件；2016年，全省受理专利案件6 390起，查处商标违法案件1 474件，著作权侵权盗版案件立案60件，南京海关共查获侵权嫌疑案件233起，涉及货物8 496批次；2017年，江苏知识产权局系统、工商系统、公安系统受理、查处或者立案的案件数量分别为8 055件、1 899件和3 531件，版权主管部门查处或者立案的案件90件。但是，2015年和2017年全省法院受理知识产权"三合一"改革试点行政案件分别仅为30件和28件。❶ 虽然江苏的知识产权行政执法机关在执法业务水平上不断提升，但进入行政诉讼程序的案件数量与现实中当事人对于行政执法机关决定不满意的情况仍然存在不小的差距。这说明，由于多方面的因素，江苏法院对于知识产权行政执法行为的监督作用还没有得到有效发挥。

2. 对知识产权行政诉讼的相关问题存在分歧

江苏的法院系统对于知识产权诉讼涉及的很多问题还存在一定的分歧，包括不同法院或者法官之间的分歧、法官与学者之间的分歧等。分歧的对象也是多样化的，如对于申请行政确认不侵权的案件，能否再向法院提起民事确认不侵权之诉，还是只能对于行政机关的决定不服再向法院提起行政诉讼？❷ 再如，法院判决对行政机关根据法律规定履行法定职责而作出

---

❶ 2015年江苏省知识产权发展与保护状况白皮书［R］；2016年江苏省知识产权发展与保护状况白皮书［R］；2017年江苏省知识产权发展与保护状况白皮书［R］.

❷ 谢绍静. 知识产权确认不侵权诉讼与行政处理及行政诉讼的关系之厘定［J］. 科技管理研究，2013（5）.

的行政判断能否予以撤销，或者作出替代行政决定的判断？❶ 这种争议不仅出现在其他地方的法院，在江苏也存在。这种分歧既影响了不同法院对于同类问题处理态度的一致性，也会影响部分法院知识产权行政诉讼判决的社会认可度或者社会效果。

3. 知识产权行政司法的作用受限于现有制度

当事人对行政机关就著作权、商标权、专利权等知识产权以及不正当竞争等纠纷所作出的行政行为不服时，可向人民法院提起的行政诉讼，人民法院可以发挥司法审查职能进行监督。但是，我国在知识产权行政司法保护方面存在针对滥用行政行为的司法审查制度不够全面的问题，因为根据我国行政诉讼法相关规定，人民法院不能离开具体行政行为而对抽象行政行为进行事先的、预防性的、抽象性的司法审查。另外，依相关法律规定，法院对于知识产权行政行为的司法审查仅仅局限于行为合法性方面。我国行政行为司法审查理论普遍认为，人民法院对具体行政行为进行审查时，以合法性为审查原则，至于行政机关在自由裁量范围内作出的行为是否适当、是否合理，人民法院一般不进行审查，❷ 这无疑限制了司法监督的作用，影响知识产权行政司法保护的效果。

第四节 提高江苏知识产权司法保护水平的对策

一、多维度提高知识产权司法队伍的整体素质

司法队伍的素质是影响知识产权司法保护水平的核心因素，要使江苏省知识产权司法保护水平有较大的提升，就必须从多种途径提高知识产权司法队伍的整体素质。

---

❶ 杨建顺. 从"苹果佰利案"看知识产权行政诉讼的是与非 [N]. 中国知识产权报，2017-06-09（8）.

❷ 吴汉东，锁福涛. 中国知识产权司法保护的理念与政策 [J]. 当代法学，2013（6）.

1. 采取有效措施提升现有司法队伍的整体业务水平

提高现有司法队伍的业务水平是提高知识产权司法保护水平的基础,而现有司法队伍业务水平的提高需要从多个角度展开。

(1) 优化知识产权案件办案人员的配置。将现有司法队伍中的人员进行必要的梳理分析,根据各人的专业背景、办案经验、专业能力等情况,在内部对于司法人员进行优化组织,既使每个人的专长得到有效发挥,又使每一审判组织的整体水平得到提升。另外,针对不同法院法官专业素质的参差不齐的问题,可以考虑通过挂职等交流方式,建立知识产权法院之间、知识产权专门审判机构之间、上下级法院之间形式多样的人员交流制度,逐步实现各地区法院知识产权法官队伍建设一体化,❶ 提高知识产权司法队伍的整体素质。

(2) 做好新法官选任工作。在法官选任方面,应当建立起科学的人才遴选机制,根据江苏当前司法队伍实际存在的问题,应当注重择优招录精通法律而又兼具理工科专业背景的法官。注重从精通法律、具有技术专业背景并且具有一定审判经验的人员中选拔和培养人才,缓和知识产权案件快速增加与司法力量相对不足的矛盾,❷ 使知识产权审判队伍的知识结构更趋全面。

(3) 加强现有知识产权司法人员的业务能力提升工作。做好法官的在职培训工作,特别是制定和实施法官的培训规划。通过多种途径对于知识产权审判人员进行培训教育,法院既要与知识产权主管机关联合策划和举办专项知识产权培训班,自己也要定期举办一些业务培训班。从保障培训效果考虑,培训内容应当设计合理,具有较强的针对性,将知识产权法律知识和技术知识、理论知识与实践技能有机结合起来。强化法官业务交流平台建设,促进不同诉讼业务的法官相互传授办案经验,以推进知识产权案件审判能力的不断增强,着力培养精通法律、了解技术并具有国际视野

---

❶ 最高人民法院. 中国知识产权司法保护纲要(2016~2020)[R].

❷ 最高人民法院. 最高人民法院关于全面加强知识产权审判工作为建设创新型国家提供司法保障的意见[R].

的知识产权法官,同时,也要加强司法人员的思想教育以及法律职业道德修养,提高廉洁司法意识。

2. 借助高校力量做好知识产权审判人才储备工作

随着国家知识产权战略的深入推进和知识产权事业的不断发展,知识产权司法人员的需求也在不断增长,因此,做好合格知识产权审判人才的储备工作也应当受到相应的重视,这是保证知识产权司法保护水平在未来得以持续提升的关键。这种储备人才应当是经过系统教育和训练的人才,特别是专业性的知识产权人才培养机构所输送的毕业生。在当前知识产权人才培养平台中,高校无疑是主要力量。目前,在江苏省内包括南京理工大学、苏州大学、江苏大学等高校已经建立知识产权学院,努力为江苏的知识产权强省建设培养多方面的知识产权人才。但是,与全国其他地区的高校一样,江苏高校在知识产权人才培养上也面临许多问题,如生源结构单一、培养与需求脱节、实务型复合型师资匮乏、教学方式单调和实践能力培养不够等,❶ 很多高校在培养知识产权人才方面还存在认识不准确的问题。❷ 为了使高校培养的知识产权人才能够适应江苏知识产权司法保护工作的实际需要,江苏法院系统应当积极参与高校的知识产权人才培养工作,在高校知识产权人才培养的目标定位、培养方案的制订、课程教学、实务能力训练等多方面发挥自己的作用。

3. 通过科学的技术专家使用机制弥补专业审判力量的不足

由于很多知识产权案件涉及与科学技术相关的事实判断,而大多数法官没有相应的技术背景,这使得案件的质量很难得到保证。为了弥补传统法官在技术事实认定能力方面的不足,法院有必要采取一些合理的机制将技术专家的力量有效利用起来。技术专家可以协助法官查明技术事实,提高技术类案件的审判质效。最高人民法院在 2014 年 2 月召开了"加强知识产权司法保护、推进科学技术创新发展座谈会暨特邀科学技术专家聘任仪

---

❶ 刘介明,王雪祺. 我国高校知识产权人才培养面临的问题及其解决策略 [J]. 教育与职业,2015(11).

❷ 李国英. 高校知识产权人才培养模式的优化 [J]. 高教论坛,2012(2).

式"，新聘了 10 名中国科学院和中国工程院院士作为最高人民法院的特邀科学技术咨询专家，此举进一步增强了技术咨询专家为专利等技术类案件提供智力支持的力度，❶ 也为地方法院作了良好的示范。目前，江苏法院普遍建立了技术专家库，聘请在各技术领域具有较高专业水准的技术专家参与案件审判工作。在今后的审判工作中，也可以通过聘请技术专家、建立专家咨询委员会、专家顾问团、推进技术专家陪审制度、健全完善专家辅助人制度等方式，进一步完善科学技术专家咨询机制，解决知识产权案件审理中技术事实认定难的问题，提高知识产权纠纷案件尤其是技术类纠纷案件的审理水平，加强司法公信力。

二、严格追究知识产权侵权人的民事责任

民事审判是知识产权司法保护最基本的方式，加强知识产权司法保护，就应当严格追究知识产权侵权人的民事责任。解决好当前知识产权民事诉讼的问题，是严格追究知识产权侵权人民事责任的基础。

1. 着力解决知识产权人取证难的问题

考虑到很多知识产权人对于民事诉讼证据规则不够熟悉，因而很少能够主动有针对性地开展一些侵权证据的收集保存工作，江苏法院系统应当对知识产权人在日常加强民事证据知识的教育，宣传一些有效的取证方法，引导知识产权人在采取正式的维权行动之前就能够预先采取一些证据收集行动。在知识产权民事案件立案后，法官应当对于知识产权人的证据收集与提交进行一些有针对性的指导，减少当事人自身取证行为的盲目性，提高取证的效率。此外，为了帮助知识产权人更好地、更加及时地收集侵权证据，法院应当加强诉前证据保全和诉讼中证据保全措施的运用力度。

2. 提高知识产权民事案件的审判效率

法院应当采取有效措施加快审判速度，在法律所规定的各种有效期限内，尽可能在更短的时间内完成相关的行为。在很多知识产权民事案件中，

---

❶ 最高人民法院. 中国法院知识产权司法保护状况（2014）［R］.

由于被告申请宣告知识产权无效导致法院中止审理，这是一些案件经历较长时间的重要原因；在这些案件中，法官应当加强与知识产权确权机构的沟通，加快对无效宣告请求的处理，尽早恢复法院对案件的审理。在保证查明案情和正确裁决的前提下，法院可以有意识地增加简易程序的适用。另外，为了防止在民事案件判决后知识产权人已经遭受无法恢复的一些损害，法院应当在受理案件时进行细致分析，适当加大诉前禁令的适用。总之，法院应当建立程序规范、保护有力的司法临时保护机制，合理发挥行为保全、财产保全、证据保全的制度效能，提高知识产权司法救济的及时性、便利性和有效性。❶

3. 有效降低知识产权人的维权成本

从尽可能降低知识产权人在民事诉讼中的维权成本的角度考虑，法院在计算知识产权人维权合理费用时最好作适当的扩张，从而将知识产权人在民事诉讼中所支出的费用更多地纳入可赔偿的范围。在费用之外，知识产权民事诉讼对于知识产权人可能造成的一些消极影响，也是知识产权人的维权成本。对于这种成本，需要法院在处理案件时应当尽可能采取恰当的方式加以消除，比如尽可能减少知识产权案件的影响范围，主动向知识产权人可能的合作伙伴或者合同相对人说明情况。

4. 增加对于受害知识产权人的赔偿力度

我国现行的知识产权侵权损害赔偿制度，与美国等西方发达国家的区别并不大或者说基本相同，甚至在一些方面超越了它们，但法院判赔数额大相径庭。❷ 针对当前知识产权纠纷案件赔偿额普遍偏低的现状，法院应当进一步加大损害赔偿力度，致力于实现侵权赔偿与知识产权市场价值的协调性和相称性。在确定赔偿额时，法院可以根据侵权行为的性质、作用和侵权人主观恶性程度，区分情况对待，对于生产商、制造商等侵权源头领域的侵权行为，应当加大打击力度，根据被侵害知识产权的市场价值及

---

❶ 陶凯元. 知识产权审判应坚持正确的司法政策［J］. 紫光阁，2016（11）.

❷ 李明德. 关于《专利法修订草案（送审稿）》的几点思考［J］. 知识产权，2016（5）.

对侵权行为人营利的贡献度，提高赔偿数额。对于销售商、网吧经营者、终端使用者，则要依据具体情节合理确定其是否应承担侵权责任及所应承担的赔偿数额。❶

由于在现实中一些法院对于法定赔偿金的适用往往具有象征性，实际赔偿力度通常不大。因此，从加大知识产权侵权人赔偿力度的角度考虑，法院应当尽可能减少法定赔偿的适用。在司法实践中，法院也要注意贯彻精细化裁判的审判理念，逐步减少适用法定赔偿案件的数量，可以尝试多采用假定许可使用费解决赔偿额低的问题。❷ 我国商标法、专利法均明确规定，权利人的损失或者侵权人获得的利益难以确定的，参照许可使用费的倍数合理确定。但在司法实践中依据许可使用费的倍数确定赔偿额的比例极低，南京地区法院的工作报告显示，在专利侵权案件中，采用许可费用倍数标准的案件占1.23%；近年来我国专利许可平均合同金额在50万元左右，而在南京地区法院判决专利侵权成立的163起案件中，权利人损害赔偿诉请的平均金额为41.1万元，法院案均判赔额为27.8万元，平均支持度65.51%。若法院在权利人的损失或者侵权人获得的利益难以确定时，多尝试参照许可使用费的倍数确定赔偿数额，并适当增加赔偿的倍数，不失为解决赔偿额普遍偏低的一种有效途径。

在不得不适用法定赔偿制度解决侵权赔偿问题时，法院也要从高确定赔偿数额，不能抱着将法定赔偿当成象征性举动的传统思维习惯。近年来，司法实践中知识产权损害赔偿不足的问题也在迅速改观，出现了一批引人注目的高额赔偿案件，国家政策和舆论导向也在向着增加侵权成本、威慑侵权行为的方向发展。❸ 江苏法院在适用法定赔偿制度时应当顺应这一趋势。一般来说，损害赔偿的确定应当以知识产权的"合理价值"即"成

---

❶ 陶凯元. 充分发挥司法保护知识产权的主导作用［J］. 民主，2016（4）.

❷ 宋健. 知识产权损害赔偿问题探讨——以实证分析为视角［J］. 知识产权，2016（5）.

❸ 刘晓春，高志达. 加大知识产权损害赔偿成为大势所趋［J］. 中国对外贸易，2017（9）.

本+收益"作为裁判基础,❶ 同时考虑知识产权的市场影响力和增值能力。法院在确定法定赔偿数额时也应当以此为基本标准,在此基础适当提高赔偿数额。

另外,法院应当用好补偿性赔偿制度。依据现行立法,权利人获得的赔偿数额往往低于其实际损失,无法真正起到补偿被侵权人损失的目的;纵观国外的立法和司法实践,英美法系国家在传统的补偿性赔偿的基础上,引入了惩罚性赔偿制度,对于恶意侵犯他人合法的知识产权的行为,给予惩罚性赔偿。❷ 我国越来越多的人呼吁加强惩罚性赔偿在知识产权案件中的适用。特别是对于商标侵权案件,由于法律已经明确规定了惩罚性赔偿制度,法院应当充分利用好这一制度解决部分案件受害人获得赔偿低的问题。对于制假源头、重复侵权、恶意侵权及群体侵权的行为,除依法判决其承担相应的民事责任外,还可以依法采取收缴侵权物品、罚款等民事制裁措施,情节严重的可以适用惩罚性赔偿条款,充分发挥司法的威慑力,确保权利人的损害得到充分有效的救济。❸

加大对于知识产权人的赔偿力度不能仅仅停留在纸面上,即使法院判决的赔偿数额很高,如果这些判决最终得不到执行或者执行的效果不好,那么法院的判决对于知识产权人就没有实质性意义,反而会使知识产权人对于司法保护失去信心。因此,江苏法院应当加大赔偿判决的执行力度,保证知识产权人的赔偿请求真正得到实现。从提高执行效果的角度考虑,法院应当针对知识产权案件的特点使用好诉前保全和诉讼保全措施。

---

❶ 吴汉东.知识产权损害赔偿的市场价值基础与司法裁判规则[J].中外法学,2016(6).

❷ 孙那.知识产权惩罚性赔偿制度研究[J].私法,2016(2).

❸ 吴汉东,锁福涛.中国知识产权司法保护的理念与政策[J].当代法学,2013(6).

三、合理运用知识产权刑事保护手段

1. 适当扩大知识产权刑事保护的范围

江苏法院应当在必要时运用刑事手段打击针对专利权、商标权、版权、商业秘密以外的知识产权（其他知识产权）的严重侵权行为。对于严重侵犯其他知识产权、造成严重损失或者严重破坏经济秩序的，虽然无法适用刑法"侵犯知识产权罪"部分的相关规定，但可以认真分析刑法所规定的其他相关犯罪的构成要件，只要能够符合其中某犯罪的构成要件的，就依照相关的罪名追究刑事责任。

2. 加强与知识产权行政执法的交流沟通

江苏的各级法院和检察院应当与同级知识产权行政执法机构建立稳定而有效的日常交流和沟通机制，加强对于知识产权行政执法人员的刑法知识的培训和指导，帮助知识产权行政执法人员正确识别在执法过程中发现的知识产权犯罪线索，以便司法机关能够在第一时间从知识产权行政机关那里获得知识产权犯罪信息及相关材料，从而及时启动刑事追究程序。另外，针对知识产权行政保护与司法保护衔接不够，部分需要进入司法程序的案件没有被行政执法机关移交给司法机关的问题，江苏司法机关已经采取向政府机关提出司法建议的方式加以应对，取得了一定的效果；司法机关应当总结这种做法的成功经验，进一步加大这类司法建议的运用力度。

3. 灵活适用知识产权犯罪的定罪标准

在运用刑事保护手段保护知识产权的同时，也应当注意到若刑事介入过多，会过分遏制市场活力，不利于激励创新的问题。目前我国在商业秘密等领域的刑事介入过多，已显现出对创新和发展的极大副作用，也使其成为刑事保护较易被滥用的领域。❶ 因此，江苏的司法机关在运用知识产权的刑事保护手段时，应当考虑到刑法的谦抑性，坚持罪刑法定，慎重把握入罪标准，强化证据的收集和审查，以本省实际情况、发展阶段以及知

---

❶ 孔祥俊. 当前我国知识产权司法保护几个问题的探讨——关于知识产权司法政策及其走向的再思考［J］. 知识产权，2015（1）.

识产权保护实际需求为基础,把握好刑事司法裁判的尺度和刑法保护的边界。在适用已经显得滞后的司法解释确定侵权人是否构成犯罪时,如果司法解释规定的定罪数额明显过低,司法机关可以考虑其他方面的情节给予不予追究刑事责任的处理;即使不得不追究刑事责任,也应当采取单独适用附加刑的方式进行处理。

4. 加大对知识产权刑事案件受害人经济利益的保护

司法机关在实施知识产权刑事保护时,除了做好惩罚犯罪、威慑知识产权侵权人外,还要重视被侵害人的权利和经济利益,加强对知识产权人知情权、赔偿权的保障。知识产权刑事案件不仅侵犯了社会主义市场经济秩序,也侵害了知识产权人的合法权利。加大对知识产权犯罪的打击力度,固然可以从根本上保护全体被害人的合法权益,如果具体的被害人能够通过刑事诉讼及时、充分地挽回经济损失,亦有利于调动他们同违法犯罪行为做斗争的积极性,进而更充分地发挥刑事法律制度的效力和作用。❶ 在追究知识产权人刑事责任的同时,法院应当有效适用刑事附带民事诉讼程序,妥善解决好知识产权人经济赔偿问题。

四、有效发挥行政诉讼对知识产权保护的推动作用

1. 加大行政诉讼对于知识产权行政行为的监督力度

鉴于目前与知识产权相关的行政行为相对人提起行政诉讼的积极性不高、法院立案的知识产权行政案件较少的状况,司法机关应当加大对于行政诉讼受案范围及诉讼程序的宣传,让更多的人熟悉其提起行政诉讼的权利及途径,奠定其在不服知识产权行政行为时通过行政诉讼维护其权益的基础。同时,法院应当努力提高知识产权行政案件的审判质量,对于行政行为相对人获得胜诉的行政诉讼案件进行广泛的解读和宣传,使公众深入感受到司法机关维护行政行为相对人合法权益的决心,增强行政行为相对人通过行政诉讼维护其权益的信心。这样一来,更多的知识产权行政行为

---

❶ 邵建东. 中国完善知识产权刑事保护的几点思考 [J]. 中德法学论坛,2007 年年刊.

能够在事实上进入司法机的监督范围,也能够督促知识产权行政主管机关及其工作人员更加规范其知识产权执法行为及其他知识产权管理行为,提高知识产权行政保护行为的质量和效果。

2. 对于知识产权行政执法行为进行更加有效的监督

针对目前行政执法中存在的执法缺乏透明度、以罚代刑、执法标准不统一等突出问题,法院应当充分发挥行政审判的监督职能,不断提高法院对知识产权行政执法行为进行司法审查的质量,更好地彰显司法保护所具有的"稳定长效、规则明确、裁判权威、透明度高"等优势,真正显示在"双轨制"保护体系中司法保护的主导作用,借助司法保护促进行政保护质量的提高。

法院对于知识产权行政执法的监督应当是多方面的。司法机关要强化对知识产权授权确权行政行为和行政执法行为合法性的全面审查,不受当事人诉讼主张的严格限制。[1] 通过对行政机关强制执行知识产权相关处理决定申请的审查,一方面对于行政处理决定的合法性进行监督,另一方面对于经审查符合执行条件的行政处理决定,应及时裁定并予以强制执行,使行政处理决定所保护的知识产权能够得到及时保护。加大对在保护知识产权方面的行政不作为的司法监督力度,督促行政执法机关及时依职权制止侵权行为。强调对于知识产权的保护,并不意味着对于行政相对人权益的忽视;法院在监督行政执法的同时,也要注重保护知识产权行政相对人的合法权益。

五、深入开展知识产权司法交流与指导工作

1. 加强知识产权案例指导工作

指导型案例对司法裁判具有指引示范作用,加强案例指导工作,有助于法院总结审判经验、统一法律适用和裁判尺度,也有利于提升司法效率,促进司法公正。2010年,最高人民法院制定了《关于案例指导工作的规定》,正式建立规范化的案例指导制度。截至2017年11月,最高人民法院

---

[1] 陶凯元. 知识产权审判应坚持正确的司法政策 [J]. 紫光阁, 2016 (11).

第四章　知识产权司法保护主导作用进一步彰显的问题

一共发布了92个指导性案例，其中涉及知识产权的案例为20件，内容涉及植物新品种权、外观设计、发明、著作权等各类型的知识产权。由此可见，最高人民法院在知识产权审判领域加强案例指导的意愿较强。国内知识产权司法保护状况较好的北京、上海等地区也十分重视案例指导工作，北京市高级人民法院曾专门组织召开了北京市法院知识产权精品案件研讨会，并编辑出版了《北京市高级人民法院知识产权疑难案例要览》；上海市高级人民法院也出版了中英文的《知识产权案例精选（2011~2012）》和《上海法院知识产权裁判文书精选（2009~2013）》。❶ 近年来，江苏省高院每年也会发布知识产权十大案例，对于该年度社会影响较大、具有典型意义的知识产权案件进行总结；法院系统应当对于案例指导工作的成效与不足进行总结和分析，不断改进知识产权案例指导工作，同时在省辖区法院系统推广案例指导制度。

近年来新型知识产权案件层出不穷，图形用户界面、深度链接、贴牌加工、体育赛事著作权保护等一系列争议较大的案件都急需在立法和司法解释之外，以司法案例的形式补充更加具体的裁判规则。❷ 为了防范新型知识产权案件的产生导致案件审理结果更多的不确定性，更需要江苏法院在审判工作中加强案例指导工作。法院应当注重深度挖掘一些典型案例的价值，认真研究最高人民法院发布的知识产权指导性案例、公报案例、最高人民法院知识产权审判庭发布的典型案例、"最高人民法院知识产权案例指导研究（北京）基地"发布的案例以及最高人民法院司法案例研究院发布的知识产权典型案例。同时，江苏法院也要积极总结审判经验，整理编纂具有典型意义的知识产权案件，构建指导性案例和参考性案例并存的案例体系，实现各种案例严格规范生成和不断编纂更新替代的互动机制，建立知识产权案例数据库，打造智能化案例信息管理和应用系统，❸ 加强

---

❶ 最高人民法院. 中国法院知识产权司法保护状况（2014）[R].
❷ 李瑛，许波. 论我国案例指导制度的构建与完善——以知识产权审判为视角 [J]. 知识产权，2017（3）.
❸ 最高人民法院. 中国知识产权司法保护纲要（2016~2020）[R].

案例指导工作的规范化、标准化和信息化建设，完善案例指导工作机制。

2. 加强司法研讨工作

知识产权领域立法与社会发展之间的不协调，导致在知识产权审判实践中常常需要面临许多复杂疑难案件的法律适用问题。尤其是随着近年来植物新品种、集成电路布局设计、互联网领域知识产权侵权等新型案件数量的不断增加，需要的专业知识程度更深、范围更广、难度更大，对知识产权司法保护工作提出了更高的要求，司法机关之间、审判人员之间应当加强交流，在一些新型知识产权案件的处理上形成一些共识或者指导性意见。2016年，最高人民法院开展了"商业模式等新形态创新成果的知识产权保护办法"专题调研工作，对审理电影作品和以类似摄制电影的方法创作的作品民事纠纷案件适用法律问题以及著作权集体管理制度的相关问题进行调研，配合全国工商联开展民营企业知识产权保护专题调研，参与"标题党"整治工作，为净化网络环境提供法律支持。在北京、上海等知识产权司法保护工作做得较好的地区，当地法院也十分注重加强司法研讨工作，北京市高级人民法院在调研的基础上形成并发布了《北京市高级人民法院关于网络知识产权案件的审理指南》，对商标、专利授权确权案件出台了审判参考问答。上海市高级人民法院也曾组织对"商标多重许可中的法律问题""涉深层链接的著作权侵权问题""计算机软件专利权保护"开展调研。❶从现实情况看，江苏法院系统积极开展司法研讨工作，深入分析新型疑难案件，对于解决知识产权领域立法与社会发展之间的不协调，规范侵权的认定标准、统一裁判尺度具有重要的意义。

---

❶ 最高人民法院. 中国法院知识产权司法保护状况（2016年）[R].

第五章　知识产权行政保护应有能量充分释放的问题

第一节　知识产权行政保护的价值及其实现条件

一、知识产权行政保护的特点与优势

对于知识产权行政保护的理解有广义和狭义两种。广义上的知识产权行政保护是包括知识产权行政授权、行政确权、行政处理（包括行政调解、行政裁决、行政复议、行政仲裁等）、行政查处（包括行政处罚、行政强制等）、行政救济、行政处分、行政法制监督、行政服务，等等；狭义上的知识产权行政保护是指当知识产权被侵犯后，行政机关依据权利人的申请或依职权主动保护权利人的合法权益，以维护社会正常的秩序。[1] 本书持广义的理解，知识产权行政保护是行政主体对知识产权提供的保护，具体来说，指政府机关为保护知识产权所进行的行政管理或者行政执法等具体行政行为和抽象行政行为的总和。[2] "行政"语义上指"管理、执行事务"，具有目的的公共性、主体的恒定性、行为的执行性、规范性和能动性的特征，同样"行政保护"也具有以上特点。知识产权行政保护作为知识产权保护的重要部分，相较于其他主体提供的知识产权保护，尤其是相对于司

---

[1] 宋惠玲．我国知识产权行政保护的概念、问题及解决之策 [J]．学术交流，2013 (7)．

[2] 曲三强，张洪波．知识产权行政保护研究 [J]．政法论丛，2011 (3)．

法保护而言，其具有独特的优势。知识产权行政保护的特点与优势主要体现在以下六个方面。

1. 知识产权行政保护的多样性

与其他各种知识产权保护相比较，知识产权行政保护具有很强的多样性。这种多样性至少体现在两个方面。

（1）知识产权行政保护主体的多样性。由于我国在知识产权行政体制上长期采取的是分散管理的体制，不同类型的知识产权分别由不同的政府部门进行行政管理，这就导致不同类型知识产权的行政保护主体也是多样的。各级知识产权局主要负责专利权、集成电路布图设计等知识产权的行政保护工作，各级工商行政管理局主要负责商标权和地理标志的行政保护及不正当竞争的规制（含商业秘密保护），各级版权局主要负责版权的行政保护工作，政府的农业和林业主管部门负责品种权的行政保护工作。此外，政府农业主管部门和进出口检验检疫管理部门也承担一定的地理标志行政保护工作，海关负责进出口环节的知识产权行政保护工作。虽然经过知识产权主管部门的综合改革，整合了国家知识产权局和原工商行政管理总局的知识产权管理与知识产权执法职能，但知识产权行政保护的分散局面仍然继续着。我国知识产权行政工作由诸多专门部门来分别负责，这种制度设计既是中国知识产权制度发展历史的反映，也是中国现有行政司法体系的直接体现；这种多元化执法主体制度的优点在于分工较细，相应的机构职责也较为明确，加之行政执法自身高效、简便的特点，对快速、充分保护知识产权意义重大。❶

（2）知识产权行政保护方式的多样性。根据我国知识产权法律的规定及实践情况看，知识产权行政保护的方式明显呈现多样性。主动针对知识产权侵权行为进行执法与依申请而进行知识产权保护并行。在实践中，行政机关不仅可以根据权利人的申请对专利、版权、商标等知识产权纠纷进行高效的处理，还可以主动开展有关专利等知识产权行政执法检查，公开

---

❶ 肖尤丹. 中国知识产权行政执法制度定位研究 [J]. 科研管理，2012（9）.

相关政府信息以便利公众特别是权利人对信息的查询和对相关政策的了解，有利于促进知识产权的蓬勃发展。既有针对知识产权纠纷的行政调解与行政裁决，目前我国知识产权纠纷行政调解的范围涉及专利、商标、特殊标志、集成电路布图设计、植物新品种等领域；❶ 也有针对知识产权侵权或者违法行为实施的行政强制、行政处罚，还有奠定知识产权保护基础的行政确权。既有刚性很强的知识产权保护行动，也实施了很多软性的保护措施。虽然在既有的知识产权行政保护体制下，政府对知识产权的干预与管制仍旧停留在重监管而轻服务的阶段，不利于知识产权事业的发展，❷ 但从近些年的情况看，知识产权主管部门越来越意识到在知识产权保护方面加强行政指导和行政服务的重要性，并在这些方面开展了很多较有成效的工作。既有各知识产权行政部门单独执法的常规之举，也有大量针对知识产权侵权或者违法行为的联合执法行动，地方知识产权部门联合执法时往往是将同一地区的版权局、工商局、公安局、质监局、海关等多个部门联合起来。❸ 既有覆盖较大范围知识产权保护事务或者较多知识产权保护事项的抽象性行政行为，也有针对特定的对象采取具体知识产权保护措施的具体行政行为。

2. 知识产权行政保护的广泛性

知识产权行政保护的范围非常广泛，特别是政府知识产权主管部门出台的知识产权保护政策，几乎涵盖经济社会发展的各个方面。这种广泛性主要体现在以下四个方面：首先，保护客体的广泛性。所有类型的知识产权都可以获得行政保护，无论是境内主体拥有的知识产权，还是境外主体拥有的知识产权，都可以获得行政保护。其次，保护领域的广泛性。知识产权行政保护已经覆盖经济生活的各个领域，无论是民营产业，还是涉及

---

❶ 赵春兰. 知识产权纠纷行政调解服务机制的建构 [J]. 甘肃社会科学，2013 (2).
❷ 韩俊英. 我国知识产权行政保护路径的困境与出路 [J]. 山东行政学院学报，2017 (2).
❸ 武善学. 我国知识产权部门联合执法协调机制研究 [J]. 山东社会科学，2012 (4).

国防知识产权的产业，都在加强知识产权行政保护工作；无论是对战略性新型产业，还是对传统产业，政府相关部门都采取了很多知识产权行政保护措施。再次，保护企业的广泛性。知识产权行政保护面向各类市场主体，国有企业、集体企业与民营企业，内资企业、外商投资企业和外国企业，公司企业、合伙企业和个人独资企业，其知识产权都受到知识产权行政主管部门的保护，其实施知识产权侵权行为，知识产权行政主管部门都会根据申请或者依职权进行处理。最后，保护环节的广泛性。在研发设计、产品采购或者技术引进、生产制造、商品销售等各个环节，知识产权行政主管部门都会采取一定的行政保护措施。

3. 知识产权行政保护的主动性

从我国知识产权保护的实践情况看，除了少量的政府知识产权主管部门应当事人申请而采取的知识产权保护措施外，绝大多数知识产权行政保护行动是政府知识产权主管部门或者相关部门主动实施的。各级政府的知识产权主管部门会根据经济社会发展的情况及时发布一些知识产权保护政策，或者设立或者实施一些知识产权保护示范工程，在整体上主动引导和推进知识产权保护工作。知识产权主管部门会经常开展形式多样的调查，了解企业在知识产权保护方面的问题和需求，主动提供知识产权保护的政策咨询和对策建议，主动帮助企业解决在知识产权保护方面面临的一些难题。知识产权行政执法部门除了应知识产权纠纷当事人的申请而提供调解服务或者进行裁决外，更多地依职权主动查处各类知识产权侵权行为或者违法行为。

4. 知识产权行政保护的低成本

目前我国在知识产权民事诉讼中，知识产权权利人的维权成本高，侵权者的违法成本却较小。❶ 通过司法途径保护知识产权往往需要比较高昂的费用，更需要权利人投入大量的时间和精力，诉讼案件的巨大影响还会使知识产权人遭遇一些其他不利的影响，这些都是知识产权司法保护给知

---

❶ 张庆林，董健. 知识产权司法保护为何不理想 [J]. 人民论坛，2016（10月中旬刊）.

识产权人可能带来的较大的成本。知识产权行政保护在降低维权成本方面具有明显的优势。TRIPs协议强调行政保护需要降低成本，提高效率；我国2008年颁布的《国家知识产权战略纲要》也明确指出要加大知识产权的执法力度，降低维权的成本，提高侵权的代价。以知识产权行政执法为代表的知识产权行政保护活动，一般不需要权利人缴纳案件处理费用或者律师费用，权利人仅需支付其自身在参与行政执法时所花费的费用即可；知识产权行政保护的时间周期通常要比民事诉讼短得多，权利人能够在较快时间内得到案件的处理结果，不需要经过很长时间的等待；从实际情况看，知识产权行政执法活动的公开范围和公众知晓程序要远远低于民事诉讼案件，因此，知识产权人遭遇诉讼纠纷或者其权利受到挑战等信息对于知识产权人的商业机会或者市场声誉所造成的消极影响是很小的，知识产权人在这方面的代价也要比诉讼小得多。

5. 知识产权行政保护较强的专业性

知识产权案件具有较强的专业性，这种专业性包括两个方面，即法律上的专业性和内容上的专业性。知识产权司法保护较强的专业性主要体现在法律上，因为法官通常都是精通相关实体法律和程序法律的专家。知识产权行政保护较强的专业性则体现在知识产权案件的内容上，行政管理人员或者执法人员通常对于知识产权案件所涉及的技术、作品等方面知识或者实际情况比较熟悉，很多行政管理人员或者执法人员往往本身就是涉案知识产权所涉及的技术或者作品方面的专家，他们在案件事实，尤其是技术事实的认定、侵权行为对于权利人的影响的判断等方面更具有相应的专长和经验。因此，在知识产权案件所涉及的相关技术问题的处理上，知识产权行政管理人员或者行政执法人员的决定往往更贴近实际，更具合理性。

6. 知识产权行政保护的资源整合性

从我国的实际情况看，知识产权行政主管部门可以调动多方面的资源投入到知识产权保护中去。我国知识产权行政管理及执法部门涵盖政府的市场监督管理系统、知识产权局系统、版权管理系统、农林管理系统及海关系统等，每个政府管理系统都直接支配着知识产权保护所需要的专业人才、资金、信息平台、数据库等多方面的资源,他们可以在各自的职能范围内灵活分配和使用这些知识产权保护资源。同时,每个知识产权行政管理部门在其权力空间和影响力范围内,还可以有效地调动行业组织、知识产权服务机构、知识产权教育研究机构及其他社会力量参与知识产权保护。另外,联合执法已经成为我国知识产权行政主管部门经常采用的知识产权保护模式。地方知识产权部门的联合执法扩大了行政执法队伍,克服了执法力量不足的问题,可以有效解决行政执法中人员配备不足与执法任务繁重的矛盾。[1] 也就是说,知识产权行政主管部门会通过联合执法实现相互间知识产权保护资源的有效整合和价值提升。

二、知识产权行政保护的主要目标

知识产权行政保护的目标可以概括为两个方面,即直接目标和间接目标,下面分述之。

1. 知识产权行政保护的直接目标

所有知识产权保护的直接目标是维护知识产权人的合法权益,防范和制止知识产权被侵害,补偿知识产权人因为侵权行为所遭受的经济损失。作为我国知识产权保护体系重要组成部分的知识产权行政保护,自然不能背离知识产权保护行动的普遍目标,应当直接为知识产权人的权益保障服务。我国实行知识产权行政保护一方面是历史原因造成的,另一方面则是在鼓励创造说之下为加强知识产权保护的诉求而进行的制度选择,知识产权的行政保护在很大程度上发挥着权利救济的功能。[2] 如果政府知识产权主管部门以知识产权行政保护之名追求其他目标与利益,则有违知识产权行政保护之根本。对于知识产权行政保护措施合理性的评价,对于知识产权行政保护成效认定,应当首先考察其对于知识产权人私人权益保障的效果。

---

[1] 武善学. 我国知识产权部门联合执法协调机制研究 [J]. 山东社会科学, 2012 (4).

[2] 曹博. 知识产权行政保护的制度逻辑与改革路径 [J]. 知识产权, 2016 (5).

2. 知识产权行政保护的间接目标

知识产权行政保护作为一种基于公权力而实施的行为，必然要着眼于公共利益的保护，只不过这种公共利益的实现是以维护知识产权人的合法权益为手段或者路径的。可以说，维护特定的公共利益也是知识产权行政保护的使命，只不过它是知识产权行政保护的间接目标。考虑到知识产权行政保护工作在内容上的特殊性，其所要促进或者实现的公共利益主要有两个方面：一是以知识产权文明为内容的社会文明。知识产权行政保护属于政府公共管理行为，而政府公共管理的一个非常重要的目标导向是社会文明建设。政府只有形成物质文明、精神文明、政治文明、生态文明和社会文明共同促进的整体战略架构，更加关注社会建设，在职能定位和转变上更加倾斜于社会建设，加强体制创新，完善社会保障体系，推进社会管理与社会治理，使社会文明建设惠及民生，才能成为人民满意的服务型政府。❶ 知识产权行政保护的重要任务是提高社会公众的知识产权意识，提高社会公众尊重知识产权、尊重他人在知识产权中体现的劳动成果的意识。社会成员具有较强的尊重他人知识产权、坚决与知识产权侵权行为做斗争的意识，是良好社会氛围的重要组织部分，也是社会文明建设的重要目标之一。二是以创新秩序为核心的经济秩序。在知识产权的行政保护中，公共利益的表述成为行政权介入侵权纠纷的正当理由；知识产权中的公共利益仍是从鼓励创造的角度展开的论证，即鼓励创造是知识产权制度的基本功能。❷ 知识产权行政保护的重要任务之一是促使每个市场竞争者通过自己的劳动或者利益让与获得其所需的创新成果，制止各种盗取他人创新成果的行为，实质上是促进和维护一种公平竞争的创新秩序。知识产权行政保护通过创新秩序的维护维持创新者的市场竞争地位，激励创新者通过进一步创新获取更多的市场优势。

---

❶ 方世南，齐立广. 促进社会文明建设：政府公共管理的价值诉求与目标导向 [J]. 学习论坛，2010（3）.

❷ 曹博. 知识产权行政保护的制度逻辑与改革路径 [J]. 知识产权，2016（5）.

三、实现知识产权行政保护目标的条件

知识产权行政保护的目标得以实现,既需要知识产权行政部门自身构建合理的体制机制,采取适当的政策措施,也需要外部有效的配合和良好的环境。

1. 健全的知识产权行政管理体系

为了保证知识产权保护精神和尺度的统一,有效整合知识产权保护资源,及时应对知识产权侵权行为,知识产权行政管理机构,尤其是其中的知识产权行政执法组织应当向着综合化方向发展。只有那些特殊性较强、由专门的行政部门进行管理与执法能够产生更好保护效果的知识产权,才适宜由其他相关的政府部门承担保护任务。我国现行知识产权管理系统存在多头执法现象,针对不同的知识产权客体分别设定了不同的行政主管部门,分别负责管理专利权以及集成电路布图设计权、商标权、著作权等众多知识产权领域,过多的部门不仅造成管理成本的增加,在实践中还容易出现相互推诿的现象。随着企业知识产权保护意识的增强、对技术创新的投入加大,专利、商标的申请数量逐年增多,专利无效和商标争议、异议申请量也迅速增加,对行政管理及保护的要求更加严格。因此,需要加强知识产权管理部门的集中管理。在集中管理还不能到位的情况下,需要加快深化知识产权协同保护机制,构建跨区域、跨部门执法协作机制,持续深入开展专项行动,着力形成知识产权工作合力。在一些试点地方,知识产权行政管理与保护的集中化确实产生了较好的效果。以上海浦东为例,自 2015 年 1 月以来,上海浦东试水知识产权"三合一"行政管理、执法改革,浦东将专利、商标、版权集中管理,实行一个部门管理、一个窗口服务、一支队伍办案,并形成以"双随机""双评估"为主要手段的事中事后监管体系。改革使得区域知识产权管理职能的行使更加集中,对社会公众的诉求处置更加集中,更加符合知识产权制度的发展趋势。❶ 浦东自

---

❶ 叶宗雄,丁海涛,许春明. 上海浦东知识产权综合行政管理体制探索与实践[J]. 中国发明与专利,2015(3).

"三合一"改革以来，累计专利申请突破6.6万件，其中发明专利申请达到3.2万件，累计商标申请突破9万件，累计版权登记突破9.8万件；另外，累计接待各类知识产权投诉举报超过700起，最后都得到较好处理。这些成绩的取得，离不开知识产权行政管理与行政执法"三合一"机制的探索与实践。❶

健全的知识产权管理体系不仅是管理与保护各种不同类型知识产权的行政部门的有机组合或者协调问题，还需要在知识产权行政部门内部形成高度专业、反应迅捷的保护组织，内部的辅助机构能够给予执法组织以充分有力的支撑，在内部具有严格的程序约束及组织约束机制。比如，在知识产权行政部门内部实行首问负责制和首诉负责制；对于不同的投诉、举报与咨询，各单位应该进行内部转接交办，不得互相推诿拖托，提高接诉、应诉效率，从而使维权举报流程更通畅，让投诉举报查处无死角。

2. 及时有效的知识产权政策文件

知识产权行政主管部门出台的政策文件对于知识产权行政保护目标的实现具有重要的影响，尤其是地方知识产权行政主管部门制定的政策文件，在落实国家法律和政策文件规定的知识产权保护任务，动员各种知识产权保护资源，提升知识产权人自我保护的能力，规范行政执法机构和执法人员的行为等方面具有较大的作用。由于知识产权行政保护工作的面广量大、涉及因素繁多，容易出现地方立法之间争权、弃责、质量低下的问题明显，导致执法协调的任务艰巨，在操作中极易产生因执法依据不明、执法主体重复而相互扯皮的现象，不仅浪费社会资源，增加社会成本，从长远看还会降低行政执法的公信力。❷ 知识产权行政部门出台的相关政策文件要想有效促进知识产权保护工作，就必须消除这些常见的问题，保证政策文件本身的质量。

---

❶ 李宏伟. 上海浦东探索知识产权"三合一"改革［EB/OL］.［2018-10-02］. http：//news.sina.com.cn/o/2017-09-12/doc-ifyktzim9776104.shtml.

❷ 张楚等. 知识产权行政保护与司法保护绩效研究［M］. 北京：中国政法大学出版社，2013：288-289.

3. 合理的知识产权行政保护措施

知识产权行政保护的实际效果更多地取决于各种具体的保护措施,包括直接保护措施和间接保护措施。知识产权的行政管理和服务的完善为知识产权保护提供了先决条件,而行政保护还需要通过处罚性手段,即对知识产权侵权行为进行认定和对侵权人进行处罚,对权利人及时救济,保障其人身性、财产性利益。知识产权行政部门的管理性与服务性工作,是其保护知识产权的间接措施,它们为具体知识产权保护工作的开展确定了方向,奠定了基础,创造了条件,提供了资源。知识产权行政部门对于侵权行为的查处以及对于侵权纠纷的调解,是其保护知识产权的直接措施。知识产权行政部门所进行的行政确权、行政指导、行政服务、行政协调、行政动员等间接保护措施的效果取决于这些措施是否建立在充分调研与论证以及良好沟通的基础上,并紧密结合知识产权保护工作的实际需要,同时采取容易为管理或者服务对象接受的方式。行政查处主要是通过对知识产权违法行为的处罚、执行,维护知识产权管理秩序和社会公共利益,为知识产权有效保护提供良好的制度环境。为了保护行政查处的合法性、合理性及其结果较高的认可度,行政查处主体应严守正当程序,增加查处的透明度,防止单方、主观恣意地行使行政权力;另外,可以在行政机关内部成立执法监察部门,监督、检查执法活动。❶ 考虑到很多知识产权侵权行为的技术性较强,为了提高侵权事实认定的质量,知识产权行政执法人员在查处侵权行为时应当根据需要采取一些技术手段,适当借鉴技术专家的力量。行政调解的质量与效果取决于知识产权行政执法人员对于相关知识产权法律知识掌握的程度、对于案件主要事实了解的情况、对于双方当事人引导和说理方法的妥当性、对于案件处理所提出的建议方案的合理性。

4. 良好的知识产权行政保护氛围

知识产权行政保护目标的实现还有赖于良好的社会氛围,需要广大经营者对于公平竞争秩序和知识产权保护的期待,需要社会公众具有较强的

---

❶ 段葳,章娅彤.知识产权行政保护的边界重构 [J].河南社会科学,2014 (7).

知识产权意识,特别是拒绝知识产权侵权行为的心态。只有在这样的社会氛围下,才会有更多的人通过举报或者投诉等方式为知识产权行政部门查处知识产权侵权行为提供更多的线索;才会有更多的人配合知识产权行政部门调查知识产权侵权行为;知识产权行政部门针对侵权行为作出的处理决定或者采取的惩罚措施才会因受到更多的认同而产生广泛的影响,并进而在培育鼓励公平竞争、尊重知识产权等意识方面发挥较大的作用。

第二节 当前江苏专利权行政保护的问题与对策

一、专利权行政保护存在的主要问题及原因

1. 专利权行政保护力度的欠缺

江苏省知识产权局系统在工作思维上还没有转向专利权的保护和服务这两个重点,很多地方和工作人员的工作重心仍然停留在专利事务的管理和市场秩序的维护上。从近些年江苏省知识产权局系统处理的案件看,2015年,全省受理各类专利纠纷388件,结案214件,查处假冒专利2 350起;2016年,全省受理专利案件6 390起,结案6 295起,案件数量居全国前列;2017年,全省受理专利案件8 055件,同比增长25.6%,其中侵权纠纷1 674件;结案8 106件,同比增长28.8%,其中侵权纠纷1 725件,案件数量保持全国前列。❶ 直接属于专利权行政保护的案件无论是从数量上,还是从其在案件总数中所占的比例看,都明显较低,这反映出知识产权局系统处理案件的重心仍在于市场秩序的维护,而不是专利权的保护。放眼全国,从近些年国家知识局的相关统计数据看,专利侵权纠纷的处理占全部案件的比例超过50%,比如,2015年上半年前,全国专利行政执法办案总量突破万件,达10 190件,其中,办理专利纠纷案5 437件(包括专利侵

---

❶ 2015年江苏省知识产权发展与保护状况白皮书[R];2016年江苏省知识产权发展与保护状况白皮书[R];2017年江苏省知识产权发展与保护状况白皮书[R]。

权纠纷办案5 332件）；查处假冒专利案4 753件。[1]江苏省知识产权局系统虽然在处理案件的总数上位列全国前列，但其所处理的侵权案件数量与广东、浙江等地相比还有较大的差距。另外，在专利权人保护上，江苏省知识产权局系统将绝大部分精力放在亲自办案上面，而在动员社会力量推进专利权保护工作以及与司法机关紧密配合以惩罚严重的专利侵权等方面重视不够。江苏专利权行政保护的力度不够还体现在知识产权局系统在处理专利权纠纷时所确定的赔偿数额以及在查处专利侵权时所决定的处罚金额与北京、上海等地的情况相比还显得比较低。

2. 专利权行政保护的组织体系不健全

江苏省专利行政保护的组织体系由专利管理组织和专利执法组织构成，专利管理组织是指制定专利保护政策，对专利保护进行引导、协调、服务的机构与人员，专利执法组织是指依职权或者根据当事人申请处理具体的专利侵权纠纷或者查处专利违法行为的机构与人员。这两种组织目前都设在知识产权局系统。就知识产权局的设置看，除省一级设置了单独的知识产权局外，只有苏州等个别设区的市设置了单独的知识产权局，其他设区的市基本上是在科技管理行政部门挂知识产权局的牌子，即一个机关两块牌子，设置1~2个负责专利事务的内设职能部门；在县（市）区一级由科技管理行政部门负责专利事务，除个别县（市）区外，一般连知识产权局的牌子都未挂。也就是说目前江苏在绝大多数设区的市和全部县（市）区没有负责专利权保护的独立的行政部门，在绝大多数县（市）区甚至没有在其他行政部门中内设专门的职能部门。在没有独立的行政部门和专门的内设职能部门负责专利权保护事务的情况下，专利保护事务很可能无人关心，专利保护政策、专利保护的引导与协调、专利保护相关的服务、专利行政执法就得不到深入的研究，其质量也得不到保证，效果自然不会有预期的那么好。

---

[1] 艾欣. 全国专利行政执法总量突破万件，力度不断加大［J］. 今日科技，2015（7）.

专利执法人员的缺少是江苏省各个地方专利行政执法组织普遍存在的问题，即使省一级的专利行政执法机构，也仅有寥寥的几个专门执法人员。由于专利行政执法人员的缺乏，没有专业的力量去进行专利行政执法的宣传，大量专利权人对于专利行政执法不够了解，进入专利行政执法程序的侵权案件也就比预期的数量要少得多；长期专注于专利行政执法人员的缺乏，自然也会影响专利行政执法的质量和水平。另外，执法是一项复杂的工作，是将行政执法依据适用于具体事件的复杂过程，行政执法依据是一般性的、抽象的，而具体事件则是繁复的，行政执法人员必须能够准确地理解法律，并能够根据具体事件准确地选用有关的行政执法依据；行政执法要求执法者有完备的法律知识、强烈的法律意识、丰富的社会经验、系统的知识结构和对法律的无限忠诚，还要有高尚的品德，能不徇私情、执法如山、廉洁高效。❶ 与这一要求相比，目前江苏的专利行政执法人员在业务素质上还存在较多的不足。

前述专利行政保护组织体系不健全问题的产生，原因是多方面的：一是对于知识产权行政执法本身的合理性具有较大的争议。知识产权行政执法的扩张趋势已经引起学界的广泛关注，学界对行政执法问题有褒有贬，但多数学者均从不同角度表达了对行政权扩张的担忧，❷ 这从某种程度上说也导致了各地在机构设置上的谨慎。二是各地对于专利行政执法的重要性认识不够，因此在机构设置和人员配置方面仅采取一些象征性的做法。三是在政府机构精简的总体思路下各地对于专门行政机构的设置通常存在保守心态，再加上在工商行政管理、版权管理等行政部门中已经存在一些知识产权行政执法人员，地方政府在这方面的机构设置就显得更加谨慎。

3. 专利权行政执法的政策文件不完善

行政执法是专利权行政保护的核心部分，它指中国专利行政管理部门严格遵循法定程序，运用法定行政职权处理各种专利纠纷和查处各种专利

---

❶ 王青斌. 论执法保障与行政执法能力的提高 [J]. 行政法学研究，2012（1）.

❷ 李永明，郑淑云，洪俊杰. 论知识产权行政执法的限制——以知识产权最新修法为背景 [J]. 浙江大学学报（人文社会科学版），2013（5）.

违法行为、维护专利市场秩序和提高专利社会保护意识,从而有效保护专利权主体合法权利的一种法律保护方式。[1] 从作为专利行政执法依据的国家现有相关法律、行政法规和部门规章规定的情况看,专利行政执法人员具有较大的自由裁量权,这种自由裁量权在控制措施不力的情况下容易被滥用。从现实情况看,专利行政执法自由裁量权被滥用的情形主要有:专利行政执法权力行使方式的随意选择、违反专利行政执法权力行使关于时限等的程序规定、专利行政执法权力适用的种类和幅度与案情事实不符、专利行政执法权力行使标准的模糊性导致的行政不作为等。[2] 在不能及时通过国家法律、行政法规或者部门规章的修订实现对专利行政执法行为进行有效控制的情况下,各地根据本地情况制定相关的政策文件,就专利行政执法行为进行较多的限制,无疑是控制专利行政执法人员滥用自由裁量权的可行路径。江苏省知识产权局在这方面已经做出了较大的努力,在国家知识局制定的《专利行政执法办法》《专利行政执法操作指南》《专利行政执法证件与执法标志管理办法》《专利行政执法案卷评查办法》等文件之外,江苏省知识产权局近十年来制定了《行政执法人员执法行为规范》《专利行政处罚听证规则》《专利执法规程》《江苏省知识产权局重大行政处罚备案审查制度(试行)》《行政执法监督检查办法(试行)》和《行政执法考核评议暂行办法》等政策文件或者规范性文件。但是,从内容上看这些文件对于专利行政执法行为在实体上的要求和限制明显不够,更多细致的规定体现在程序上;在对专利行政执法行为的约束和监督机制的设计上,主要是构建内部的评价监督机制,没有引入外部的监督。

专利行政执法政策文件不完善的原因主要在于地方专利行政管理机关对于地方性政策文件在专利行政执法质量保障方面的重要性认识不足,在政策文件或者规范性文件制定方面缺乏必要的知识和经验,对于专利行政执法权滥用的问题及其控制机制和措施缺少系统深入的研究。

---

[1] 邓建志. 中国专利行政保护制度的基础理论研究 [J]. 湖南师范大学社会科学学报, 2012 (3).

[2] 邹龙妹. 专利行政执法自由裁量权的控制 [J]. 知识产权, 2013 (9).

4. 专利权行政保护的措施不够合理

在很长的时间内，江苏省作为多项专利发展数据多年位列全国第一的省份，知识产权局系统所受理的专利侵权案件数量却未入全国三甲，有人统计了 2008~2013 年中国 10 个省市受理专利侵权案件的数量，江苏仅列第五，不到广东受理专利侵权案件数量的 1/3。❶ 出现这种情况的原因是多方面的，但江苏省知识产权局系统发现专利侵权案件的措施不到位是一个重要因素。多年来，江苏省知识产权局系统在调动多方力量发现专利侵权、举报或者投诉专利侵权方面采取的措施不多。在专利权硬性保护措施和软性保护措施之间，江苏知识产权局系统将主要的精力投向了以专利行政执法为核心的硬性保护上，而在指导企业维权、协调专利权保护力量进行集体保护等方面采取的有效措施不多，这实际上是源于长期以来在专利权保护理解上的偏差和在专利权保护理念上转变的滞后。专利侵权纠纷的处理是专利权行政保护的重要内容，目前江苏管理专利的行政部门和全国其他管理专利的行政部门一样，基本上是按照类似于民事诉讼的程序来处理专利纠纷的，而没有根据专利纠纷和行政执法的特点采取一些更具针对性、更具实效的处理程序。这种基本照搬民事诉讼程序的做法实际上是因为管理专利的行政部门没有认真研究专利纠纷行政处理的特殊需要以及在程序设计上的惰性。就我国目前的立法现状和行政体制而言，管理专利工作的部门不具备独立的执法能力和执法资源，在执法过程中需要借助公安、海关、工商、税务等部门的配合。❷ 这就需要管理专利工作的部门采取有效措施与其他相关的部门加强沟通，建立经常性的联系和稳定的协作机制，但从江苏的情况看，这种稳定而经常性的协作关系并未建立，究其原因，与知识产权局系统的行政位次不高、其他行政部门配合的意愿不强有很大的关系。

---

❶❷ 万里鹏. 我国专利行政执法制度实证分析 [J]. 科技管理研究，2015 (9).

二、提高专利行政保护水平的主要对策

1. 利用新一轮政府机构改革机会完善专利行政保护组织体系

在新一轮政府机构改革中将专利行政保护机构作为知识产权局重要的内设部门加以设置,并做到上下级在专利行政保护职能部门上的无缝对接,同时在人员编制上予以保证。在进行人员组合时充分考虑专利行政保护的业务特点及其对专业知识和技能的要求,吸纳或者整合专业素养比较高的人员进入专利行政执法队伍。在新一轮政府机构改革之前,江苏省知识产权局已经出台《专利行政执法推进计划》,推进专利执法重心下移,建立了上下联动、横向配合、协作办案的执法机制,增强了行政执法保护的力度。❶ 这种协作联动机制需要相应的组织保障,江苏省可以利用新一轮政府机构改革,在各承担知识产权管理与保护职能的机构分别设立相应的协调合作组织,专门负责不同部门之间、上下级部门之间在专利权行政保护及其他知识产权行政保护方面的沟通、协调与合作事务,设置专门的保护协调岗位。

2. 多头并进以全面推动专利行政保护工作

江苏的知识产权局系统应当认真审视和理清其工作思路,改变重管理、轻保护与服务的传统思维,合理对待专利管理、保护与服务之间的关系,将专利权保护持续作为其重点工作。将增加处理专利侵权纠纷的数量作为一个重要的工作目标,通过加大其专利行政执法职能的宣传、有效利用大数据资源、在重要科技园区或者产业园区及重要企业派出驻点执法人员、设立专利侵权信息联络员等途径,发现更多的专利侵权纠纷线索,并采取鼓励举报或者投诉的措施,使进入专利行政执法程序的案件能够有较大幅度的增加。在专利行政执法之外,拓展专利权行政保护的思路,通过政策引导、示范工程、服务平台构建、经费支持、行业动员、资源联合协调、知识推广等举措,有效整合专利权保护资源,提升企业保护专利权的信心

---

❶ 李明星,戴勇,傅巧琳. 区域知识产权战略管理专题研究 [M]. 镇江:江苏大学出版社,2012:187.

和能力，为专利权保护创造更好的内外条件，从而提升江苏专利权保护的整体水平。

3. 完善评价监督机制以增强专利权行政保护效果

专利行政保护的评价监督机制是专利权行政保护效果不断提高的重要保障机制，这种保障机制涉及评价监督主体、评价监督内容、评价监督方式、评价结果的使用等四个方面。目前江苏省知识产权局系统虽然对于专利权的行政保护也进行了一定的评价监督，但这种评价监督是零星进行的，而且主要是内部监督，评价监督的方式也比较简单。着眼于全面提高专利权行政保护的效果，江苏省应当从多个方面构建或者优化专利权行政保护的评价监督机制。

首先，扩大评价监督主体的范围，实行内外结合的评价监督机制。根据评价监督事项的不同选择评价监督主体，可以是由知识产权局系统内部的其他职能部门实施评价监督，也可以委托第三方评价机构进行评价，还可以向社会发布相关信息以接受社会监督、征求社会公众的意见。优化对专利行政执法进行内部评价监督的机制，设立专门的评价监督主体，实现评价监督的常态化，保证评价监督主体与执法主体的分离。

其次，扩大评价监督的事项范围。评价监督对象应当突破目前针对专利行政执法的做法，扩展到知识产权局与专利权保护相关的政策文件的制定、示范工程项目建设、信息服务平台构建、定向指导等行政指导、行政决定、行政协调、行政服务等多方面的活动。评价重点为专利权保护的实际效果，包括个体效果和整体效果。

再次，采取多样化的评价监督方式。根据评价监督的对象和事项，单独或者结合使用多种多样的评价监督方式。将事事监督和事后评价监督有机结合起来，将期中评价和期终评价有机结合起来；将政府评价、行业评价和社会评价结合起来；将线上评价和线下评价结合起来；将专业评价与公众评价结合起来；将定期评价与动态评价结合起来。

最后，科学运用评价监督的结论。对于评价监督结论应当进行科学的分析，在此基础上适时调整或者纠正正在执行或者进行的专利权行政保护相关政策、决策、服务或者执法行动，为以后进行同类活动提出合理化建议，根据评价结论对于在专利权行政保护过程中具有违法失职行为的人员进行问责。

另外，对于属于具体行政行为范围的专利权行政保护行为，应当加强传统的外部监督机制的作用，主要是行政复议和行政诉讼。此外，作为引领型知识产权强省建设试点地区的江苏省，还应当有效利用知识产权行政检察机制，即由检察机关在履行职责中发现知识产权行政执法机关违法行使职权或者不行使职权的行为，通过检察建议、督促移送、立案监督等手段督促其纠正，通过预防报告、预防咨询、宣传典型等方式服务支持和促进行政执法机关更好地履行知识产权保护职责。这是对知识产权行政执法的有益补充，有利于保障行政机关依法行政、依法用权，及时、有效保护知识产权人的合法权益。❶

4. 大胆创新以采取更多提高专利权行政保护力度的措施

行政保护的突出优点是反应迅捷，处理周期短。江苏的知识产权局系统应当在这方面作出更多努力，充分释放专利权行政保护的这一优点。有人对浙江 287 家创新型企业进行问卷调查，纠纷企业普遍认为专利行政执法结案速度偏慢，对专利执法保护力度的评分也远低于司法的评分。❷ 这种状况实际上也存在于江苏。因此，江苏的专利行政保护机构应当努力优化专利行政执法流程，缩短专利行政执法周期，提高专利权人对于执法工作的满意度。为了加快专利侵权纠纷的处理，专利行政执法机构应当加强专利纠纷行政调解手段的运用，江苏自身在这方面也有不少成功的事例。比如，2012 年 3 月，好孩子公司发现无锡某儿童用品公司生产销售的婴儿推车侵犯了好孩子公司的专利权，在掌握相关侵权证据后，好孩子公司立即向江苏省知识产权局提起处理专利侵权纠纷请求；江苏省知识产权局专利行政执法人员立即深入侵权企业展开调查，查封侵权产品，保全证据，

---

❶ 肖中扬. 论知识产权行政检察 [J]. 知识产权，2017（6）.
❷ 包海波，徐明华，陈锦其. 专利保护水平与企业专利保护需求 [J]. 科研管理，2011（11）.

组织双方企业代理人当面质证,使对方承认侵权,许诺停止生产销售侵权产品,并赔偿好孩子公司经济损失30万元,短短两个多月,该案就得到圆满处理。❶

专利权行政保护的另一个优点是灵活方便。江苏省知识产权局系统为了将这一优点发挥出来,采取了一些措施,比如,在全省设立了10多个专利行政执法巡回审理庭,就近审理专利侵权案件,既方便了专利权人的维权行动,又可以借助案件的审理发挥较强的教育作用。当前巡回审理法庭还存在一定的问题,需要加以完善,主要的措施是增加巡回审理法庭的数量,制订巡回审理法庭的规则,加强巡回审理法庭的执法力量,通过宣传及典型案例的处理扩大巡回审理法庭的影响,提高公众对于巡回审理法庭的认识和信赖。

从现实情况看,专利权的行政执法往往不是专利权纠纷处理的终局,很多经过行政执法的专利权侵权纠纷还会进入司法程序。即使如此,专利权的行政执法也可以对于专利权纠纷的司法保护发挥较大的促进作用。鉴于专利诉讼对于证据的高要求及证据收集的时限性,专利权的行政执法可以在这方面发挥较大的作用,也就是专利行政执法部门可以对于专利侵权纠纷应当迅速作出反应,在第一时间收集与侵权相关的证据材料,并加以固定和保存。即使其对于专利权纠纷的处理决定不能令当事人双方信服,但其收集和固定的证据材料也可以帮助法院在较短的时间内认定专利侵权纠纷的事实,加快专利侵权诉讼的处理进程。

另外,专利权的行政保护容易被忽视的一个优点是其对于保护资源的调动和整合能力。作为引领型知识产权强省建设的试点省份,江苏省在这方面应当发挥引领作用,在人们关注的专利权行政执法之外发挥更大的保护作用,尤其是将专利权保护相关的政策文件的保护引领作用、专项工程的保护示范作用、平台建设的保护资源整合作用、协调沟通的保护力量动员作用、信息收集与发布的保护服务作用通过适当的方式加以有效的发挥。

---

❶ 赵建国. 迫切希望加大专利行政保护力度 [EB/OL]. [2017-09-12] http://www.nipso.cn/onews.asp?id=18234.

第三节 当前江苏商标品牌行政保护的问题与对策

一、商标品牌行政保护存在的主要问题及原因

由于商标品牌数量巨大所带来的保护压力的增加,对商标品牌保护工作的研究不够深入,在商标品牌保护方面的资源配置不足等因素的影响,目前江苏的商标品牌行政保护还存在较多的问题。

1. 商标品牌行政保护的规范性不强

虽然江苏在省级层面和省辖市层面出台了一些涉及商标品牌保护的政策文件,如原江苏省工商局发布的《省工商局关于深化"护航品牌"专项活动的通知》、江苏省地方标准《商标代理服务规范》和《企业商标管理规范》《省工商局关于开展保护地理标志商标专用权专项行动的通知》,苏州市发布的《关于实施商标战略、建设品牌强市的实施意见》《关于开展驰名商标企业商标管理行政指导的通知》《关于深化开展"护航品牌"专项活动的通知》《苏州市工商局 2015 年商标监督管理工作要点》《苏州市工商局 2015 年打击侵犯知识产权和制售假冒伪劣商品工作要点和任务分工》和《2016 年商标监督管理工作意见》等,原南京市工商行政管理局发布的《南京市工商局关于提升商标品牌工作全省首位度的意见》和《2017 年商标发展与监管工作意见》等。但这些政策文件基本上还停留在对商标品牌保护工作进行指导或者布置的层面,缺乏对商标品牌行政保护工作的规范性要求,特别是没有就全省的商标品牌行政保护(尤其是其中的商标行政执法工作)制定专门的规范性文件,这不仅使得全省的商标品牌行政保护工作缺乏稳定的统一要求,导致各地在进行商标品牌行政保护时各行其是,而且对于各个具体的商标行政执法活动缺乏严格的要求和约束,容易产生商标行政执法的随意性等问题,影响商标品牌行政保护工作的质量。

2. 商标品牌行政保护工作的不平衡

首先,从各省辖市的情况看,商标品牌保护的力度有明显的差异。根

据原江苏省工商局发布的《江苏省区域商标品牌发展指数报告（2018）》，2015~2017年苏州市的商标品牌保护力指数明显高于其他地区，仅有苏州市每年的指数值超过0.8，而在13个省辖市中每年有8~9个市的指数值不足0.7，甚至每年有多个市的指数值不足0.65。❶从各地在商标品牌保护方面所采取的措施看，苏州、南京、无锡等地的工作力度较大，而宿迁、镇江等的工作力度较小。地区之间商标品牌行政保护工作的不平衡还体现在一些特殊类型的商标上。比如，在地理标志的保护上，江苏目前共有地理标志商标257件，其中淮安市一个地方的地理标志商标达116件，接近全省其他地方地理标志商标的总数。❷从这个数字可以看出江苏各地在地理标志商标行政保护工作的力度上明显存在较大的差异。

其次，从查处案件的类型看，行政执法部门查处案件的重点是侵权假冒案件，一般商标违法案件的数量明显较少。比如，2015年全省行政执法机关共查处侵权假冒伪劣商品案件3 732件，查处各类一般商标违法案件1 437件；❸2017年全省共查处各类商标违法案件1 920件，97.4%的案件涉及商标侵权假冒案件。❹

再次，从保护工作的重点看，虽然各地行政执法机关商标品牌保护工作的重点突出，但也存在一些重要方面重视不够的问题。在实施高标准的商标保护上，江苏省加强了高知名度商标保护，将130家驰（著）名商标企业、老字号企业列入重点保护对象，建立全省重点企业打假保优协作网，开展联手打假行动。❺另外，侵权案件高发地、制造业集中地、专业市场、互联网等也是行政保护工作重点。但是，对于服饰和小商品市场、装潢建材市场、农村和城乡接合部市场、商标代理市场等侵权易发风险点缺乏集

---

❶ 江苏省区域商标品牌发展指数（2018）[R]：22.
❷ 257件地理标志产值300余亿 成为江苏发展"摇钱树"[EB/OL].[2017-09-27].http://jiangsu.sina.com.cn/news/general/2017-08-30/detail-ifykiuaz1848263.shtml.
❸ 王晓易.江苏工商部门发布"2015商标发展与保护"白皮书[EB/OL].[2017-12-08].http://news.163.com/16/0426/06/BLIE9U4M00014AED.html.
❹❺ 朱梦笛.2017年度江苏省商标发展与保护状况白皮书出炉[EB/OL].[2018-08-09].http://k.sina.com.cn/article_3233134660_c0b5b8440200066tf.html.

中整治。

最后,从保护工作的性质看,江苏各地的商标品牌管理机关将工作重点放在商标品牌保护的前期基础工作(主要是商标注册、驰名商标的认定)和假冒注册商标及其他商标侵权行为的查处上,而在调动行业组织、社会团体、服务机构及其他社会力量参与商标品牌保护等保护资源调动与整合工作方面欠缺必要的力度。

3. 商标品牌行政保护力度的欠缺

虽然从总体上看江苏的大多数知识产权行政执法机关查处的知识产权侵权或者违法案件的数量较大,但部分案件所给予的行政处罚的力度并不大,未能有效发挥行政处罚对于知识产权侵权人的制裁作用。2015年全省共查处侵权假冒伪劣商品案件3 732件,案值6 798.32万元,罚款5 784.2万元,❶ 罚款金额仅相当于违法金额的85%,每个案件平均罚款金额仅1.5万元;2016年,全省共查处侵权假冒案件3 501件,其中商标侵权假冒案件2 038件,涉案金额3 234.39万元,罚没金额恶813.85万元,❷ 罚没金额仅相当于违法金额的25%,每个案件平均罚款金额不到0.4万元;2017年全省共查处各类商标违法案件1 920件,案值2 722.38万元,罚没金额3 836.91万元,❸ 罚没金额有所提高,相当于违法金额的1.4倍,每个案件平均罚款金额约2万元。

商标品牌行政保护力度的欠缺还体现在其他一些方面。比如,对于严重的商标侵权行为显得较为宽容,在商标刑事案件上与司法机关的衔接工作做得不够好,移送司法机关的案件数与实际发生的严重商标侵权案件数量相比明显偏少。再如,在境外商标品牌保护工作方面存在较大差距,这种差距突出地体现在推进企业通过马德里体系进行国际商标注册事务上,

---

❶ 王晓易. 江苏工商部门发布"2015商标发展与保护"白皮书 [EB/OL]. [2017-12-08]. http://news.163.com/16/0426/06/BLIE9U4M00014AED.html.

❷ 谈玮,朱静怡. 江苏工商发布2016年度商标发展与保护状况白皮书 [EB/OL]. [2017-12-08]. http://www.js315ccn.com/html/business/detail_ 2017_ 04/25/54172.shtml.

❸ 朱梦笛. 2017年度江苏省商标发展与保护状况白皮书出炉 [EB/OL]. [2018-08-09]. http://k.sina.com.cn/article_ 3233134660_ c0b5b8440200066tf.html.

到"十二五"末,江苏省通过马德里体系注册的国际商标的数量仅有1 400件,不仅与广东等省份存在巨大的差距,也与江苏省作为外贸大省的地位明显不相称。

4. 商标品牌行政保护导向的偏差

从江苏省商标品牌管理部门工作的实际情况看,在商标品牌的行政保护方面存在一些导向上的偏差。首先,对于驰名商标保护的思想偏差。截至 2017 年年底,江苏省经过认定的驰名商标数量已经达到 733 件,❶ 在商标品牌保护方面江苏省近些年将商标被认定为驰名商标的企业作为重点受保护对象,实际上是源于对于驰名商标性质的错误认识,将驰名商标看成了一种特殊类型的商标,而不是像法律规定的那样将驰名商标的认定看作维权的手段。同时,江苏省还将新增驰名商标的数量作为一定时期内的工作目标,这实际上是对驰名商标法律性质误解而产生的一种悖论。❷ 其次,商标品牌行政管理工作的重心在于市场秩序的维护,而非商标权人权益的维护。从商标行政执法机关处理商标侵权案件的实际情况看,他们更关注市场秩序的维护和恢复,罚款等行政处罚手段使用较多,而对于商标权人的赔偿问题则关注不够,也没有采取一些有效措施促成侵权人和商标权人就赔偿问题达成协议。同样,商标品牌行政管理部门将更多的精力放在与商标权保护相关的一些基础工作上,主要是商标注册量的提升、品牌商标的培育等方面,而对于已经获取商标权的注册商标在权益保障方面的工作力度显得不足。最后,商标行政执法机关在商标权保护工作方式上重突击行动而轻日常保护。虽然近些年全省商标行政管理部门查处的商标侵权假冒案件的数量很大,但这些案件的很大一部分来源于各种专项行动,如地理标志商标专用权保护行动、打击商标侵权"溯源"专项行动等,商标行政管理部门在日常管理中针对商标侵权假冒行为采取的有效措施并不多。

---

❶ 朱梦笛. 2017 年度江苏省商标发展与保护状况白皮书出炉 [EB/OL]. [2018-08-09]. http://k.sina.com.cn/article_ 3233134660_ c0b5b8440200066tf.html.

❷ 董新凯. 谈驰名商标"创造"之悖论 [J]. 现代经济探讨, 2011 (3).

5. 商标品牌保护手段的单调

江苏省商标行政主管部门对于商标品牌的行政保护主要是基于举报或者投诉而对假冒侵权行为或者商标违法行为进行的查处。通常是单独进行商标行政执法行动，与其他政府部门有些联合执法或者保护行动，但数量较少。其基本的保护手段是直接动用其所掌握的公权力调查、处理商标违法行为或者侵权假冒行为，而在发动、指导或者整合社会力量、企业自身的力量进行商标品牌保护的工作方面缺乏足够的行动。商标行政主管部门在运用行政手段推动企业强化商标品牌保护能力方面所做的工作还很不到位。虽然江苏省商标主管部门与相关部门联合编制了江苏省地方标准《企业商标管理规范》，其中涉及企业商标保护的要求，并在全省进行推广应用，每年重点指导1 000家企业进行标准落实行动，[1]但在缺少实质动力的情况下，这种标准化行动并未使很多企业在商标品牌保护能力方面有多大的提升。另外，江苏省的商标行政执法机关在商标品牌保护方面更多地因循传统的管理思维，缺乏较强的服务精神，在商标品牌保护手段方面没有较强的创新意识，也没有多少创新举动。

二、提高商标品牌行政保护水平的主要对策

1. 加快出台商标品牌行政保护的规范性文件

江苏省商标品牌主管部门应当根据《中共江苏省委江苏省人民政府关于加快建设知识产权强省的意见》和江苏省政府出台的《关于知识产权强省建设的若干政策措施》专门就商标品牌保护工作制定一个专项政策文件，对于商标品牌行政保护作出较为全面的规定，以此文件统领、指引和规范全省商标品牌行政保护工作，减少不同地方、不同部门、不同执法人员在实施商标品牌保护活动中的盲目性、随意性和差异性。该政策文件应当在全面规定的基础上着重就商标侵权易发高发行业、市场区域的商标权行政保护工作、互联网领域商标侵权行为专项执法行动作出一些专门规定。

---

[1] 朱梦笛. 2017年度江苏省商标发展与保护状况白皮书出炉[EB/OL]. [2018-08-09]. http://k.sina.com.cn/article_3233134660_c0b5b8440200066tf.html.

考虑到商标行政执法在商标权保护方面的重要作用，而且该工作既关系到商标权人的权益，又关系到争议对方当事人的利益，江苏省还应当专门出台《江苏省商标行政执法实施办法》或者类似的规范性文件，对于商标行政执法的基本要求、执法组织和执法人员、执法范围与事项、执法方式、执法程序、处理措施和处理决定、执法信息的公开、执法监督、执法文档管理、违规执法的责任等事项作出明确规定，全面推进商标行政执法规范化工作。

2. 大力弥补商标品牌行政保护的薄弱之处

针对当前江苏商标行政主管部门在商标品牌行政保护方面存在的薄弱之处，在今后应当着重做好以下五个方面的工作：一是树立科学的商标品牌保护理念。回归商标权私权的本位，更多地利用行政手段动员商标权人采取相应的救济措施，将商标使用秩序的维护与商标权的保护作必要的区分；厘清驰名商标的法律属性，从维权手段的角度考量和处理驰名商标相关事宜，摒弃追求驰名商标数量指标的错误做法。二是加大落后地区商标品牌的行政保护力度。着重对于苏北地区的商标品牌工作加强行政指导，通过行政手段为苏北地区的商标品牌保护工作提供更多的资源和专业支持。三是加强商标行政执法与商标刑事司法的衔接。在商标行政执法机构与司法机关之间建立稳定的沟通渠道，确定固定的联络人员，加强重要案件的共同研讨，建立侵犯商标权重大案件挂牌督办制度，加强信息共享，形成工作合力。四是加强对我国企业在海外商标权益保护工作的行政支持力度。为企业拓展海外市场提供专业化的商标权保护方面的指导和服务，建立海外商标品牌风险预警和快速应对机制，支持行业协会、专业机构跟踪发布重点产业商标权信息和争议动态；发布海外知识产权服务机构目录，引导企业利用优质服务资源应对海外商标权争端；建立企业海外商标案件信息提交机制，加强对重大商标纠纷案件的跟踪研究，组织专业力量支持企业海外商标维权。五是着力提高商标行政执法公信力。现有的知识产权行政机关兼具行政管理职能和行政执法职能的集权模式为执法公信力的塑造埋下了制度隐患，应当进一步夯实行政执法的信用基础，树立公正和效率并重的价值理念,通过各种行政执法的信息载体昭示执法公信力之所在。❶商标行政主管部门一方面要通过规范执法、提高商标执法质量赢得社会的信任,另一方面要加强与社会就商标执法进行的信息沟通与交流,建立专门的信息交流平台,持续稳定地发布商标执法信息。

3. 加大商标品牌违法行为的行政制裁力度

作为引领型知识产权强省建设试点地区的江苏省,应当在全国实行更严格的商标权保护,这种严格保护的重要体现就是加大对于商标侵权违法行为的行政制裁力度。首先,对于商标侵权违法行为应当从高适用罚款处罚。在法律规定的罚款幅度内,一般宜在较高的档次上确定罚款的数额。重点打击恶意侵权、重复侵权行为,对于这些行为可以考虑按照法定罚款的最高数额进行处罚。其次,通过行政手段削弱违法侵权人再次侵权的能力。要严格执行没收、销毁侵权工具、侵权产品的规定,消除侵权人进一步实施侵权违法行为的隐患。再次,加大对跨区域商标侵权行为的打击力度,目前一些地方正在探索通过建设网上信息平台来解决跨区域执法问题,但相关机制还需进一步加强。❷ 最后,通过增加商标侵权人的信誉损失使其付出更大的代价。商标行政主管部门应当有效利用其公信力,在尽可能大的范围曝光、公开商标侵权人的侵权违法信息,使其市场信誉遭受应有的降低。

4. 通过多种方式提高商标品牌行政保护水平

江苏省商标行政主管部门除了继续做好直接的商标行政执法(主要是对于商标侵权违法行为的查处)工作以外,还要有效利用一些间接保护手段,如构建商标保护信息服务平台、协助企业建立商标权保护联盟、对企业商标权保护进行专业指导等。

商标行政主管部门应当努力提供更多、更便捷的商标权纠纷解决渠道。

---

❶ 安雪梅. 集权模式下我国知识产权行政执法公信力的考察 [J]. 广东工业大学学报(社会科学版), 2013 (1).

❷ 张伟. 加强知识产权保护须强化跨区域行政执法力度 [N]. 中国高新技术产业导报, 2013-05-20 (A06).

可以利用其公信力为商标侵权纠纷当事人提供更多的调解服务,也可以与现有的一些社会调解组织或者人民调解组织合作,使更多的民间调解组织参与到商标侵权纠纷的处理过程中。还可以与各省辖市的仲裁委员会进行合作,构建专门的商标纠纷仲裁组织,充分利用仲裁的优点解决商标侵权纠纷。

商标行政主管部门应当加强与其他力量的协同,共同推进商标品牌保护工作。协同的对象既包括竞争执法、消费者权益保护、市场监管、企业登记注册、企业监管、广告监管等原工商系统的部门,也包括公安、海关、质监等其他行政机关,还包括行业协会、电商平台、中介服务机构等社会力量。当前,江苏省在推进省内各市、县以及长三角地区打击商标侵权假冒区域化合作,促进跨部门、跨区域商标执法信息共享,建立健全联席会议、线索通报、证据移转、案件协查等制度等方面已经有了一定的基础,❶商标主管部门与公安系统建立了工作座谈机制、重大案件会商机制以及建立大数据的交换和应用机制,省工商局负责提供全省重点企业商标的注册情况,建立重点商标保护名录,省公安厅等部门适时提供投诉举报途径,做好案件数据的收集、整合、分类和重点研判,提高打击商标侵权假冒案件的精准度。❷在今后一段时间要努力将这些工作深入开展下去,并不断提升工作层次,拓展协同合作的范围,与更多的机构或者组织就商标权保护实现信息共享、经验交流、相互协助、联合行动。

商标行政主管部门应当充分利用社会征信体系实现商标权保护水平的提升。建立商标侵权违法档案,将假冒注册商标、侵犯商标权等信息纳入企业或者个人征信系统。将有严重商标侵权或者违法行为的经营者信息及时向相关部门通报或者向社会公开,联合相关部门对有严重失信记录的经营者的经营行为或者其他活动进行一定的限制。实行商标行政执法信息公

---

❶ 国家工商行政管理总局.关于深入实施商标品牌战略推进中国品牌建设的意见[R].2017.

❷ 省工商局与省公安厅建立商标知识产权保护长效机制[EB/OL].[2017-09-25]. http://lxhy.jsip.gov.cn/cydw/201702/t20170213_38239.html.

开制度，及时向社会发布案件投诉和处理情况。

商标行政主管部门应当着力创新商标品牌行政保护方式，充分利用大数据、云计算等现代信息化手段，探索实行"互联网+监管"模式，增强对商标侵权或者违法行为线索的发现、收集和甄别能力。

商标行政主管部门应当通过多种方式提升企业在商标品牌方面的自我保护能力。加强对企业商标保护工作的指导，帮助企业构建有效的商标保护体系，制定科学的商标保护制度，整合企业的商标保护资源。在进行资源配置时考虑到企业商标维权工作的需要，向企业提供一定的商标保护资源。做好企业与知识产权服务机构的协调对接工作，提高企业借助知识产权服务机构增强商标保护能力。通过政府资助的知识产权培训项目，加大对企业商标品牌专业人员的培训，提高企业商标品牌专业人员的业务素质。

第四节　当前江苏版权行政保护的问题与对策

一、版权行政保护存在的主要问题及原因

由于作品数量巨大、覆盖面广，版权侵权案件大小不同、类型多样，新型案件层出不穷，[1]人们对于版权保护的研究和宣传不够，再加上部分人员和部分地方重视程度不高，江苏省在版权行政保护方面还存在不少问题。

1. 版权行政执法机制不够完善

目前，我国的版权行政保护主要以国家版权局、省级版权局、地市版权局的三级版权行政执法为主，同时其他政府部门也参与一定的版权保护工作，如工商、文化、海关、技术监督局和公安局等部门。这一版权行政保护系统看似无懈可击，其实处处皆有漏洞，如机构之间没有有机衔接、各机构遇到问题或者责任时互相扯皮、执法成本高、执法效率低下等问题。

---

[1] 任晓宁. 江苏：版权执法以办案为中心［N］. 中国新闻出版广电报，2018-03-01(6).

第五章　知识产权行政保护应有能量充分释放的问题

随着我国文化领域门类不断细化与增多，目前相关政府部门间行政职权划分过于笼统、区分度不够的问题越来越突出，造成实际上职能交叉与重叠多，形成一定的管理冲突。在版权行政主管部门内部，负责版权管理的职能部门与负责行政执法的职能部门之间缺乏经常性沟通和密切的协作，影响了版权行政执法的效率和精准度。版权行政执法机制的顺畅运行需要科学的制度规范，但目前江苏省在国家法律、行政法规之外结合江苏的实际情况制定的版权行政执法方面的规范性文件极少，能够查到的仅有《江苏省新闻出版（版权）管理执法规程》《江苏省新闻出版（版权）局行政执法公示制度（试行）》和苏州市发布的《苏州市专利、版权违法行为举报奖励办法》。

2. 版权行政执法的力度明显不足

从江苏知识产权行政执法的相关统计数据看，版权局系统行政执法的案件数量与其他相关部门行政执法的案件数量相比存在明显的不足。从近些年的情况看，知识产权局系统、工商系统、公安系统在知识产权方面的行政执法力度较大，查处的案件数量很多；相对而言，版权主管部门通过行政执法查处的版权侵权案件则较少。以2017年度为例，江苏知识产权局系统、工商系统、公安系统受理、查处或者立案的案件数量分别是8 055件、1 899件和3 531件，而版权主管部门查处或者立案的案件只有90件。这实际上并非实际发生的版权侵权案件少，因为江苏当年法院系统受理的版权侵权案件达4 559件，超过专利侵权案件、商标侵权案件。❶ 这只能说明版权主管部门查处版权侵权或者违法行为的力度不够。此外，版权行政执法力度不足还体现在对于版权违法或者侵权行为所给予的行政处罚较轻，通过调解等方式确定的赔偿数额也比较低。

3. 行政执法机关发现版权侵权现象的效能不高

江苏省版权局系统近些年之所以查处的版权违法或者侵权案件比较少，并非版权违法或者侵权行为本身发生的比较少，而是对于已经发生的很多

---

❶　2017年江苏省知识产权发展与保护状况白皮书［R］.

版权侵权或者违法行为没有通过有效的途径加以发现。江苏省版权局为切实解决版权行政执法案源不足的问题，广泛宣传投诉举报方式，积极拓展投诉举报渠道，同时加大网络巡查力度。❶但从版权案件实际增长的情况看，这些措施的效果并不明显。一方面，这些举措本身还存在一定的问题，宣传发动的举措类型也不够多；另一方面，部分版权行政执法行动的效能还没有被权利人及公众所认可，他们对向版权行政执法部门投诉举报的实际效果存在疑虑，加上目前对于举报投诉人的其他激励不足，这自然会影响他们举报投诉的积极性。

4. 版权行政保护的人才支持较为薄弱

版权行政保护是一项高度专业化的工作，涉及众多方面，工作难度大，需要大量的专业化才，这也是版权行政执法能够取得较好效果的重要基础。从目前江苏的现实看，这一基础还显得很薄弱。首先，专业人员的数量很少。即使是江苏省版权局，其专职执法人员也仅仅是寥寥的几个人，更不要说省属各个地方的专职版权执法人员的数量了。2017年江苏省版权局举办了全省版权行政执法工作培训班，参加培训的包括来自全省基层版权行政管理、文化行政执法及专业市场版权管理部门的代表也仅有150人。❷另外，辅助版权行政执法的专业人员比较少。在专利权、商标权的行政执法过程中，由于全省有众多的专利代理机构和商标代理机构及相应的专业服务人员，行政执法部门在需要时可以获得很多专业人员的辅助，而对于版权行政执法部门来说，目前的版权中介服务队伍还没有形成专业化和规模化，能够为他们的版权行政执法提供专业支持的辅助人员很少。其次，版权行政执法人员的业务素质还存在差距。在现有的版权行政执法人员中，具有版权系统知识和实践能力的人员还不多，有些人员具有版权专业知识但又对版权领域的实际情况了解不多，有些人员虽然具有丰富的实践经验，

---

❶ 任晓宁. 江苏：版权执法以办案为中心［N］. 中国新闻出版广电报，2018-03-01(6).

❷ 万进萍. 江苏版权行政执法工作培训班开班［EB/OL］.［2018-01-02］. http：//news. sina. com. cn/o/2017-12-05/doc-ifyphtze4624011. shtml.

但缺乏应有的专业素养。尽管江苏省版权局每年都举办版权行政执法培训班，但由于时间短、参加培训的人员情况多样，很难使受训人员在专业知识和技能上有较快的提升，加上市、县执法人员流动较快，有些经过培训的人员可能很快又退出了版权行政执法队伍。

5. 未能有效发挥社会组织的保护力量

在版权行政执法人员本身无法满足版权保护需要的情况下，有效利用专业性社会组织的力量无疑是一种较好的选择。但是，包括江苏在内的各地，版权行政主管部门在发挥专业性社会组织作用方面的工作并不能令人满意。首先，未能有效利用著作权集体管理组织在版权保护方面的作用。著作权集体管理组织的所有活动始终要以著作权人合法利益的实现为基本目标，获得授权的集体管理组织事实上已经成为著作权许可交易的一方当事人，而非提供公益性服务的社会团体。❶ 版权行政主管部门没有与著作权集体管理组织进行有效的协调和沟通，没有在动员集体管理组织参与版权行政执法方面采取一些有效的举措，著作权集体管理组织基本上游离于版权行政执法之外，没有给予版权行政执法部门以有效的配合。其次，未能有效利用版权中介服务人员的力量。虽然江苏的版权中介服务队伍在整体上还不够成熟，人数较少，但在处于不断增长的势头之中。版权行政执法部门在发挥版权中介服役机构及其专业人员助力版权行政执法方面办法不多，效果不明显。

6. 版权行政保护面临的新问题比较多

由于作品涉足的领域非常广泛，而随着新技术、新模式、新业态、新媒体的不断呈现，作品及相应的侵权行为也变得越来越多样化，版权行政保护面临的形势日趋复杂。特别是网络技术的飞速发展和数字出版技术的广泛运用，侵犯著作权的行为变得简便、多发、泛化且难以查证，给包括行政执法在内的版权保护工作带来很多新的难题。虽然近些年江苏省版权局每年都与省公安厅、省网信办、省通信管理局联合开展打击网络侵权盗

---

❶ 向波．著作权集体管理组织：市场功能、角色安排与定价问题［J］．知识产权，2018（7）．

版"剑网"专项行动,❶取得一定的效果,但由于版权行政主管部门对于网络侵权等新型版权侵权现象缺乏系统深入的研究,有些措施针对性不强,网络版权侵权行为依然广泛存在,引起了著作权人或者广大作品使用者的不满。

二、提高版权行政保护水平的主要对策

1. 构建规模化与专业化的版权行政保护队伍

高水平的版权行政执法队伍是加强版权行政保护工作的根本,是形成科学版权行政保护决策和采取有效版权行政执法措施的基础。作为引领型知识产权强省和文化大省的江苏,应当采取多方面的措施打造一支强有力的版权行政保护队伍。首先,迅速扩大版权行政保护队伍的规模。适当增加版权行政主管部门的人员行政编制,组建版权行政执法中心,通过事业编制的形式聘用较多的版权行政执法人员。尤其在县(市)区一级设立版权行政执法小队,充实一定数量的行政执法人员。其次,厘清版权行政保护机构内部的关系。区分版权行政管理与版权行政执法两方面的职责分工,前者应当注重版权行政保护政策的出台和调整,加强对于版权行政执法人员的业务指导,协调版权行政执法队伍与外部的关系;后者着重于具体的版权执法行动,特别是获取执法线索,制订执法方案,采取执法措施,分析执法成效等。再次,构建一支版权行政保护的外围支撑力量。考虑到专门执法力量的欠缺和版权案件的高度专业性与复杂性,很多在版权执法过程中的问题可能无法靠行政执法人员自身得以解决,这就需要构建一支稳定的技术专家队伍,在必要时帮助行政执法人员解决一些专业性较强的问题。比如,我国出版物逐渐呈现数字化趋势,在此种背景下,数字出版版权经常就会出现版权概念界定不清晰、出版版权执法不严格等情况。❷数字出版对于传统版权制度下的很多概念和规定构成冲击,需要借助专家的

---

❶ 2015 年江苏省知识产权发展与保护状况白皮书 [R];2016 年江苏省知识产权发展与保护状况白皮书 [R];2017 年江苏省知识产权发展与保护状况白皮书 [R].

❷ 李东. 数字版权保护存在的问题及解决措施 [J]. 中国报业,2018 (3).

力量进行认定和解释。

2. 提高版权行政保护的综合能力

版权行政保护的综合能力是指版权行政保护机构及其人员应当具有版权行政保护工作所需要的多方面的素质和能力。其一，版权行政保护的决策能力。要加强对于版权行政管理人员决策素养的提升，使他们能够根据国家的宏观政策和发展趋势，结合江苏及本地的文化产业发展的实际情况，就版权行政保护工作形成科学的决策，包括制定一些符合地方需要的政策文件。其二，版权行政保护的资源整合能力。版权行政保护部门应当扩大自身的视野，通过政策导向、利益激励等方式调动版权中介服务人员、版权专家学者等社会力量参与版权的行政保护工作，弥补版权行政主管部门在人力上的不足和在专业上的局限。其三，版权行政保护的协调能力。由于版权行政保护涉及面较广，需要采取的措施可能已经超出了版权行政主管部门的职权范围，这就需要版权行政主管部门加强与其他政府部门的沟通协调，特别是与文化、电信、公安、海关等部门的协调，寻求其协作与配合，甚至采取联合执法行动。其四，对于版权行政保护相关专业知识的熟练掌握。要加强对于版权行政管理人员和行政执法人员相关法律知识和专业理论的学习，使其能够在熟练掌握版权法律知识和行政法律知识的前提下对于版权违法侵权行为作出准确定性、有效调查、合理处罚。还要加强对于版权行政管理人员和行政执法人员的政治理论学习，提高其政策水平，使其充分认识版权保护工作面临的国际压力和国内需求，保证版权保护工作符合国家的政策导向。其五，对于版权行政保护相关事实情况的熟悉。版权行政主管部门应当不断加强对于本地版权发展情况及版权侵权现象的调研，了解本地经济社会发展情况与各种传统因素，只有在这种情况看才能找准版权行政执法的方向和重点，所采取的行动也才能更具维权效果和社会效果。

3. 增强版权行政保护的公信力

版权行政保护公信力的提升是版权保护工作能够得到加强的社会基础。从提高版权行政保护公信力的角度，江苏的版权行政主管部门应当着力做好以下工作：一是不断提高版权执法的质量。办案质量高低是执法行动公信力大小的决定因素，特别是对于一些有较大社会影响的案件，版权执法部门应当集中高水平的执法人员，在执法的各个环节加以精耕细作，做出执法精品，借此为整个执法部门赢得较好的口碑。二是提升执法规范化水平，特别是加强办案程序方面的规范要求，防止因为程序上的不谨慎导致整个案件处理结果受到当事人和公众质疑。三是加强与社会公众的互动。有关艺术作品版权行政保护领域仍存在处罚信息公开不够、行政执法程序和刑事司法程序衔接不畅、艺术作品网络侵权监管不足等问题。❶ 事实上，这种信息不公开、执法不透明的现象在很多版权行政执法场合都存在，有时执法本身可能没有问题，但因为公众对于执法过程不了解而导致执法的结果受到怀疑甚至攻击。江苏的版权行政主管部门应当充分利用其自身的版权信息服务公共平台及其他大众传播媒体，及时发布执法信息，特别是及时提供公众关注度较高的案件处理信息。

4. 优化版权违法侵权行为的发现机制

版权行政保护的强化首先需要发现更多已经发生的侵权行为，而新技术给版权侵权行为所提供的便利加大了版权行政主管部门发现版权侵权行为的难度。以数字技术、网络技术为代表的新媒体技术带来了信息传播技术的革命，也给版权保护带来了全面而深刻的冲击；在新媒体版权保护的实施机制中，除必要的行政保护之外，建设全民参与的社会保护环境也非常重要；需要通过充分发挥社会力量，合力营造良好的社会环境，为新媒体版权保护构建坚实的社会基础。❷ 要发动各种社会力量提供版权侵权线索或者信息，除通过提高行政执法质量赢得社会公众的信任外，版权行政主管部门还应当从多个不同的角度采取一些方便权利人或者社会公众提供案件线索的措施，如在更多的地方设立版权举报投诉联络点，建立较多的新媒体版权信息交流平台，主要是微信公众号、微信群、QQ群等，设立更

---

❶ 段庆华. 艺术作品的版权行政保护——基于云南省版权行政执法的实证考察［J］. 云南大学学报（法学版），2015（5）.

❷ 欧阳斐斐，薛荣. 我国新媒体版权保护环境问题分析［J］. 编辑之友，2016（6）.

多的投诉举报电话和邮箱,在版权信息公共服务平台上开辟版权案件及侵权信息交流平台,在版权信息公共服务平台上设立版权侵权违法案件举报投诉专区,充分利用网络平台,建立版权"网警",通过有效的技术措施主动在一些网络讨论版发掘版权侵权信息,定期向社区或者代表性单位发送版权侵权案件线索征集函或者调查问卷。

5. 加大版权专项保护行动的力度

版权行政主管部门应当针对侵权易发领域、社会影响较大的领域、版权对经济社会发展较为重要的领域开展若干版权保护专项行动。加强网络环境下的知识产权保护是当前知识产权执法保护的重点,也应当是版权行政执法的重点。❶ 早在2016年,国家版权监管部门针对互联网治理的热点和难点,明确了网络文学、App、广告联盟、私人影院和电子商务平台等五个重点整治领域,并对其实施了分类管理和专项整治,还重点关注了贴吧、自媒体、私人影院等侵权盗版现象频发领域,维护权利人的合法利益,对此应继续加大力度进行监管和整治。江苏作为引领型知识产权强省建设试点地区,更应当在这些方面采取有力措施。应当加强对重点网站和重点作品的监管;并对网络版权保护中涉及的热点、难点问题组织研究探讨,积极寻求有效的解决方案。考虑到计算机软件、网络文学、网络游戏等作品在经济社会发展中的巨大作用或者广泛影响,它们应当成为江苏版权行政保护的重点对象,版权行政主管部门应当加强对这些作品内容、传播规律、侵权特点等方面的研究,有针对性地采取一些切实有效的保护措施。

为了加大对于版权的保护力度,威慑侵权人,版权行政主管部门应当做好与司法机关的衔接工作,确保能够对于严重的版权侵权行为追究刑事责任。版权保护中行刑衔接不畅的原因主要是相互间移送的实体标准不明、程序操作性不强以及执法人员素质的制约。因此,须以厘清移送种类的理论为起点,构建具有交互性的移送制度,确立清晰的移送基准,以及加强行政与刑事相互之间的监督来完善版权保护的基本制度。❷

---

❶ 李顺德. 对加强著作权行政执法的思考 [J]. 知识产权, 2015 (11).
❷ 夏雨. 论版权保护中行政处罚与刑罚衔接 [J]. 中国出版, 2014 (10).

第五节　当前江苏其他知识产权行政保护的问题与对策

一、其他知识产权行政保护的主要问题

1. 江苏非物质文化遗产行政保护存在的主要问题

目前，江苏省非物质文化遗产资源丰富、门类众多，有许多传统技艺、民间传说、传统曲艺等散落在民间，只有通过调查才能全面了解和掌握。通过分析非物质文化遗产资源的数量、种类、分布、存续环境和现状等各方面因素才能更完备、系统地对非物质文化遗产进行保护，而政府具有组织调查的独特优势，能够整合各方面的力量完成相关工作，同时也更具公信力，因此行政保护对于非物质文化遗产的保护具有重要作用。

为了保护非物质文化遗产，江苏省及省属地方颁布了一系列地方法规或者政策文件，如《江苏省非物质文化遗产保护条例》《南京市非物质文化遗产保护条例》《苏州市非物质文化遗产保护条例》等，但淮安、连云港等地目前还没有出台相应的政策文件。同时，现有的政策文件也存在针对性较弱、缺乏长效保护机制等问题。另外，从江苏各地的情况看，对于非物质文件遗产的保护在总体上还不够重视，保护工作力度远不如对于专利权、商标权和版权等传统典型知识产权的保护。

2. 江苏商业秘密行政保护存在的主要问题

目前，我国对商业秘密的法律保护已形成民法、刑法、劳动法和反不正当竞争法等法律共同作用的综合保护模式，并以反不正当竞争法为主要的保护依据。在商业秘密法律保护体系中，行政保护具有重要地位，它不仅致力于保护商业秘密权利人的合法权益，而且努力营造和维护公平竞争的市场环境。

从江苏一些地方的情况看，侵犯商业秘密案件目前主要呈现四大特点：高智商人员犯罪居多；员工跳槽后侵犯商业秘密现象频发；手段隐蔽、打击难度大；涉及领域广泛、危害后果严重。南京市80%的侵犯商业秘密案

件都发生在职工跳槽之后，一些企业掌握技术秘密的人员与同行人员内外勾结，通过泄露本单位客户名单、产品配方、工艺流程等获取非法利益，或者是"另立门户"。❶

从现实情况看，江苏的市场监督管理机关在对侵犯商业秘密行为进行行政执法的过程中面临"三难"现象：发现难、取证难、认定难。究其原因有三：一是隐蔽性强。商业秘密本身具有隐蔽性，随着信息化技术手段的普及，网上作案手段被广泛运用，侵犯商业秘密行为的实施变得更为隐蔽，如果企业没有主动发现而报案，市场监督管理机关通过日常巡查很难发现。二是界定难。关于商业秘密的界定，按我国现行法律规定，需要具备不为公众所知、具有价值性、实用性、采取保密措施等方面的要件。但是，对于某种信息是否为公众所知悉、是否具有实用性，以及权利人与被投诉方的信息是否相同或者实质相同等问题，在实践中会存在很大的争议，往往需要借助专业鉴定。三是事实认定难。在认定是否构成侵权行为时通常要对权利人和被控侵权人的信息是否具有"一致性"和"相同性"进行认定，从执法实践来看，真正意义上完全的"一致性"和"相同性"情形少之又少，大多"一致"、大多"相同"的情况反而更多。工商机关依现有法规作出侵权行为是否成立的认定难度很大，行政风险很高。❷

3. 江苏植物新品种行政保护存在的主要问题

江苏在植物新品种的行政保护方面存在较大的压力，因为江苏植物新品种的总量在全国居于领先地位。据2017年的统计，农业知识产权创造指数排列前三位的分别为江苏98.37%、山东95.08%、浙江84.74%，位居申请量指数、授权量指数和维持年限指数第一的分别是江苏、浙江和北京，与2016年情况比较，江苏持续占据申请量指数第一的位置。❸ 江苏品种权

---

❶ 雒呈瑞，许震宁. 南京检方细析侵犯商业秘密案特点 80%案件发生在职工跳槽后[EB/OL]. [2017-10-15]. http://www.gywb.cn/content/2015-04/23/content_2919143.htm.

❷ 马伟，夏建华. 加强商业秘密行政保护 服务加快经济发展方式转变——苏浙沪地区第三届公平交易执法（经济检查）协作会议综述[J]. 工商行政管理，2010（22）.

❸ 中国农业知识产权创造指数报告（2017）[R].

行政保护还面临植物新品种结构不合理的问题。科研院所是目前江苏品种权最主要的申请主体，种业企业的申请量还不到科研院所的一半；而且，目前申请保护的植物新品种以大田作物为主，品种结构也不够平衡。从全国情况看，植物品种权保护范围有待扩大，植物新品种保护意识相对薄弱，植物新品种保护结构单一和区域性过度集中，❶ 这些问题在江苏同样存在。另外，在植物新品种行政保护体制上，也存在一定的问题。从横向看，农业植物新品种和林业植物新品种的划分僵硬、农业部门和林业部门机构设置不统一、协同执法难以配合、存在效率低下和资源浪费等问题；从纵向看省级行政部门和县级行政部门职权划分不科学。❷

二、提高其他知识产权行政保护水平的主要对策

1. 加强江苏非物质文化遗产行政保护的主要对策

首先，加强非物质文化遗产保护的基础工作。相关部门需要全面展开和完成各地非物质文化遗产的普查工作，加强部门与各高校间的合作，运用"互联网+"建立各地的非物质文化遗产库；需要培育、建立一支具有较高业务水平和专业技能的非遗保护队伍；加强非遗相关的地方立法工作，依法推动非遗的行政管理和行政保护；重视非物质文化遗产保护场馆及保护基地建设；加大非遗及其保护的宣传力度，开展定期定点的专题活动，如中国昆曲艺术节、中国苏州评弹艺术节等，提升全社会的认知水平。❸

其次，加强对非物质文件遗产传承人的支持和保护。非物质文化遗产基于其特有的无形性和非物质性，需要以人为传递载体，因此，保障传承人以主动、积极、合理的方式传递文化遗产也成为非物质文化遗产有效传承的重要因素。现阶段，绝大多数拥有独特技艺的传承人生活地偏远，年龄结构偏向老龄化。尽管已经有部分代表性传承人基于不同级别的代表性

---

❶ 张超，周衍平. 基于创新情境下的植物新品种保护问题及对策研究［J］. 山东科技大学学报（社会科学版），2016（2）.

❷ 郭霞. 植物新品种行政管理体制改革研究［J］. 科技与法律，2016（2）.

❸ 贺云翱. 江苏非遗保护与传承的对策思考［J］. 群众，2016（4）.

传承人认定制度得到了国家的认定并获得资助,但是单纯的政府补助金额有限,要更好地调动传承者的积极性,应当完善已有的相关奖励制度和行政帮助制度。

最后,对于不同的非物质文化遗产采取区分保护措施。目前,江苏省已有联合国教科文组织"人类非物质文化遗产代表作"10项,位列全国第一,国家级非物质文化遗产名录108项,省级非物质文化遗产名录369项,市级非物质文化遗产名录1 424项,县级非物质文化遗产名录2 773项。这些非物质文化遗产包括民间文学、民间音乐、传统戏剧、曲艺、传统手工技艺、传统医药等,需要相关行政主管部门针对不同非遗项目采取不同的保护方式,推进非遗资源可持续发展利用。❶

2. 加强江苏商业秘密行政保护的主要对策

首先,加强事前预防。江苏省及各市应确立商业秘密重点保护企业,由市场监督管理部门根据职能分工分片区负责联系企业,全程指导企业采取商业秘密保护措施,及时处理商业秘密难点问题解答和案件投诉,避免侵权案件"发案早、发觉慢、报案迟"而造成严重损失。采取有效激励措施推动行业保密促进会等协会组织的成立,把分散的企业、分散的资源整合起来,维护商业信誉,加强交流合作。

2012年原江苏省扬州市靖江市工商局专门制定方案推动企业转型发展,以广泛征集企业意见为基础,精选20家示范单位,根据企业发展特点,定制转型发展的"升级套餐"。❷ 以重点骨干企业和高新技术企业为重点,建立商业秘密保护企业名录数据库,对纳入保护名录数据库的企业建立挂钩联系制度,及时帮助企业护权。这种事前预防措施可以考虑在全省推广。

其次,建立健全查处机制。加大对商业秘密侵权行为查处力度,重点查处侵犯权利人技术方案、制造方法、配方、工艺流程、样品、模具、操

---

❶ 贺云翱. 江苏非遗保护与传承的对策思考 [J]. 群众, 2016 (4).
❷ 杨晓柳, 吴娟. 靖江工商局端出助企转型升级"套餐" [EB/OL]. [2017-09-27]. http://news.cntv.cn/20120403/113571.shtml.

作手册、涉及商业秘密的业务函电等技术信息和经营信息等商业秘密的违法行为,切实保障企业合法权益,并对查处的案件在相关媒体公开曝光,使侵权人不仅要遭受经济处罚,还要遭受市场信誉的损失。

再次,健全部门联动机制。积极寻求地方政府支持,加强部门之间的协作,建立职能部门既分工负责、各司其职,又共享优势、相互配合的工作机制。确定由工商牵头、公安局、科技局、保密局、劳动局等相关部门参与的商业秘密保护协作机制。只有企业、政府、社会三方联动,才能形成企业商业秘密保护的完整体系,共同筑成商业秘密保护的坚固防线。

最后,开展商业秘密保护行政指导工作。2017年4月,原扬州市工商局启动了小微企业商业秘密保护宣传月活动,旨在通过宣传,促进小微企业了解掌握商业秘密的相关知识,提高小微企业对核心技术发明、新工艺、客户信息、产品配方等商业秘密保护的意识,形成商业秘密保护的长效机制,为小微企业发展壮大、产业转型升级营造良好的环境。❶ 市场监督管理部门应当更多地开展这种行政指导工作,通过设立工商"护密指导员"和"护密强企联络点",对有需求的企业开展失密风险评估,形成评估意见书,指导企业开展商业秘密保护工作。引导商业秘密权利人积极加强商业秘密管理,增强商业秘密保护的主动性;加强对重点企业的商业秘密保护知识培训与辅导,引导企业建立较为完备的商业秘密保护内部管理机制。明确企业商业秘密保护的人员,实施专人负责管理,建立、完善保护商业秘密的各项规章、制度,使企业商业秘密保密管理规范化、具体化,签订保密协议、竞业禁止协议,实施严格的约束,保障企业能够依据违约责任得到全面而及时的法律救济。❷

3. 加强江苏植物新品种行政保护的主要对策

政府相关部门应当积极推动建立省级新品种保护专项基金,对申请品

---

❶ 扬州局开展小微企业商业秘密保护宣传月活动[EB/OL].[2017-09-27]. http://gsj.jiangsu.gov.cn/art/2017/5/4/art_ 59556_ 7405430. html.

❷ 陈康,夏建华.行政指导巧破商业秘密保护困局[J].工商行政管理,2010(22).

种权和获得授权的品种权人给予一定奖励,特别是通过激励机制和政策引导调动企业品种创新和品种权申请的积极性。鼓励科研教学单位、企业积极向境外申请品种权,鼓励蔬菜、花卉、果树等作物的品种权申请,要加大对企业申请、向境外申请和蔬菜、花卉、果树等申请品种保护的奖励额度。同时积极引导省内企业成立专门的品种权保护机构,制定本单位品种权保护激励机制和管理办法,依法保护自己的品种权。政府相关部门应当有重点地开展品种权行政保护工作,强化省、市、县三级联动,以品种权人反应强烈的问题为重点,集中力量查处大案要案,加大案件曝光和处罚力度,充分发挥舆论宣传导向作用,宣传、发动全社会力量,增强全社会维权意识,严厉打击侵犯品种权行为,建立打假护权长效机制,由过去品种权企业单一被动维权,形成群众监督,种子企业、种子管理、种子执法、工商、公安等部门联动维权的局面。

  品种权管理部门应当充分利用信息公示提高品种权保护的效果。要及时对省内育成品种实行品种权申请、授权及品种权转让许可备案登记,对在江苏境内有生产、经营行为的外省品种实行经营(生产)授权备案登记,同时在官方网站上公布,让各级农业行政主管部门、种子生产、经营、使用者及时了解品种权信息,让全社会共同监督品种侵权行为,各级农业行政主管部门据此主动介入种子市场品种维权管理以及规范生产许可证发放等工作。❶

---

  ❶ 宋锦花,张玉明,许明,等. 江苏省农业植物新品种保护的现状与发展对策[J]. 农业科技通讯,2015(4).

第六章 市场主体知识产权自我保护能力亟待增强的问题

第一节 当前市场主体的知识产权保护风险

一、江苏当前市场主体的基本状况

(一) 江苏当前市场主体的总体情况

随着商事制度改革的深入，2017年江苏省新登记各类市场主体152.74万户，同比增长13.8%；新增注册资金3.84万亿元，同比增长25.5%。其中，新登记公司类市场主体47.85万户，同比增长23.55%；新登记个体工商户95.74万户，同比增长25.94%。截至2017年12月底，全省累计实有各类市场主体811.01万户，累计注册资金25.33万亿元，较2016年增长16%，创历史新高，累计注册资金25万亿余元，较2016年增长23%。其中，企业约290万户，个体户约510万户，农民专业合作社约10万户。全省平均每千人拥有市场主体101户，超出全国平均水平30户；平均每千人拥有企业36户，超出全国平均水平14户。从主体类型地区分布上看，全省累计企业类市场主体，苏南160.8万户、苏中44.3万户、苏北62.06万户，占比分别为：60.2%、16.6%、23.2%。累计个体工商户，苏南200.4万户、苏中105.8万户、苏北162.1万户，占比分别为：42.8%、22.6%、34.6%。累计农民专业合作社，苏南2.02万户、苏中2.23万户、苏北5.4万户，占比分别为：20.9%、23.1%、56%。2018年江苏的市场主体又有了较大的变化,截至2018年8月底,全省实有各类市场主体总数(含分支机构)878.86万户,注册资本金总额281 398.95亿元,分别比上年底增长8.47%和12.38%,其中,企业总数308.44万户,注册资本272 927.27亿元,分别比上年底增长6.37%和12.46%;企业总数中企业法人240.27万户,比上年底增长9.63%,其中,公司法人238.07万户,比上年底增长9.86%;非公司法人2.20万户,比上年底减少10.92%。个体工商户560.50万户,资金数额5 975.95亿元,分别比上年底增长9.81%和13.37%。农民专业合作社9.92万户,出资总额2495.73亿元,分别比上年底增长1.14%和1.73%。❶

另外,从江苏省工商局提供的数据来看,实体经济仍然是江苏省商业发展的优势所在,一方面由于江苏省实体经济底蕴深厚,另一方面商事政策的放宽对实体经济的收益提升效果更为明显。随着商事制度改革的日趋深入,改革成效激发创业主体的投资激情,也明显表现为市场主体数量的强劲增势。苏南市场主体的增幅仍然较为明显,数量也占据了全省市场主体增加总量的半壁江山;随着经济政策的带动,苏中、苏北市场主体的数量也逐渐增多,主要体现为农民专业合作社的数量提升。在企业减负和人才资源优化的政策引导下,制造业为主的第二产业增幅最大,延续了前一年的回升态势。

(二) 江苏当前市场主体的主要特点

1. 市场主体的分布不平衡

江苏省的市场主体分布不平衡状态一直存在,这种不平衡体现在多个方面,有些是全国存在的现象,有些则是江苏独有的现象。首先,不同组织形式的市场主体数量差异较大。截至2018年8月底,江苏共有各类市场主体约879万,其中个体工商户超过560万,占全体市场主体的比例超过63%,内资企业和外资企业分别为3 084 353户和58 693户,比例分别约

---

❶ 江苏省2017年12月市场主体发展情况;江苏省2018年8月市场主体发展情况[EB/OL]. [2018 - 09 - 30]. http://gsj.jiangsu.gov.cn/art/2018/9/10/art_59648_7809736.html.

35%和0.7%。❶ 其次，不同地区市场主体的数量差异较大。从前述统计数据看，在约308万户的企业中，苏南近161万户，比例约52%。相对于企业来说，虽然苏南的个体工商户数量也是最多，但与苏北的差距并不大，苏北的个体工商户数量相当于苏南的80%。最后，不同类型市场主体的注册资本金额差别巨大。以企业和个体工商户为例，虽然企业数量仅为个体工商户数量的55%，但企业的注册资金数相当于个体工商户的约46倍。

2. 新型市场主体增长快速

新兴产业持续保持良好的发展势头，为新旧动能转换和经济转型升级提供了重要动力，在新增企业名录中，四成企业为高科技企业或现代服务业企业，信息传输、软件和信息技术服务业、科学研究和技术服务等领域的新设企业数量增速排名都在前列，租赁和商务服务类企业发展也相对较快。南京等个别地方某些新兴产业2017年新登记企业增长比例近70%；❷最近一两年来南京新增的企业多为高科技企业和现代服务业企业，企业整体结构进一步优化，这也是近几年南京持续鼓励和引导企业转型升级，并出台一系列科技创业扶持政策的重要成果。❸ 即使位于苏北的连云港市，2017年上半年科学研究与技术服务、教育、文化体育和娱乐业的企业增长幅度也很快，分别达到40.62%、169.44%和57.5%。❹

3、政府在市场主体增长方面发挥重要作用

2013年10月，国务院常务会议在北京召开，李克强总理部署了关于公司注册资本登记制度的改革，放宽工商登记条件，降低了市场主体登记的高昂成本、简化了复杂的登记程序、减少了市场主体在登记阶段存在的

---

❶ 江苏省工商局2018年8月《市场主体基本情况统计表（综合1表）》。

❷ 谈玮，邹伟. 改革激发活力 实体经济向好 江苏市场主体增幅全国第一［EB/OL］.［2018 - 06 - 28］. https：//www.dzwww.com/xinwen/shehuixinwen/201803/t20180330_17206685.htm.

❸ 董国成，江晓峻，邹伟. 市场主体过百万，南京每天诞生186家新公司［EB/OL］.［2018-03-12］. http：//js.people.com.cn/n2/2017/0720/c360301-30503160.html.

❹ 杨玥. 2017年上半年连云港市市场主体发展情况分析［EB/OL］.［2018-07-02］. http：//jsgs.jschina.com.cn/gsdy/201707/t20170720_815371.shtml.

法律不确定性。次年2月，国务院着手修改《公司登记管理条例》《企业法人登记管理条例》等8部行政法规，并废止了2部商事活动相关行政法规，从纵深方向推动工商登记制度改革，深化商事制度改革，放宽市场准入、强化事中事后监管、优化服务，激发市场活力。随后，商事制度改革在全国范围内全面依法推进。江苏积极落实国家商事制度改革措施，迅速取得较好的效果。注册资本登记制度改革实行仅2个月，江苏新登记内资企业便大幅增长，全省新登记内资企业57 139户，注册资本2 004.25亿元，同比分别增长20.82%、41.15%；在各种类型企业中，私营企业54 444户，占总数95.28%，增长19.78%；在各种组织形式中，公司制企业49 095户，占总数85.92%，增长56.16%；在各个行业中，批发和零售业最多，达20 218户，占总数35.38%，而房地产业增幅最大，达200.36%。❶

近些年，江苏不断出台一些推进商事制度改革的政策或者措施。2015年江苏省政府发布《关于进一步放宽市场主体住所（经营场所）登记条件的指导意见》（苏政发〔2015〕113号），实施了一系列新举措，如开展市场主体住所（经营场所）登记申报制试点工作，规范利用住宅作为经营性住所登记的条件，取消对住所（经营场所）登记的不合理限制，创新市场主体住所（经营场所）登记方式，进一步简化住所（经营场所）登记手续，明确相关部门市场主体住所（经营场所）管理工作职责等。江苏在全国率先实行市场主体登记信用承诺制，近2万家企业享受"容缺受理"便利。企业过去办理登记注册事项时，因缺少个别非要件性材料等往往需往返多次甚至办事受阻；改革后的市场主体登记信用承诺制适用于4大类，主要为注册登记事项承诺、履行法律义务承诺、守法经营承诺、自愿接受社会监督和服从行政裁决的承诺；企业可以到当地政务服务中心办事大厅或者通过互联网登记系统和全程电子化登记系统申请注册登记。实行登

---

❶ 江苏工商. 江苏省注册资本登记制度改革前两个月市场主体发展情况［EB/OL］.［2018-01-09］. http：//www.jsgsj.gov.cn/baweb/sho 汇报 w/sj/bawebFile/1037735.html.

信用承诺制，有效简化了登记手续，为企业更快地进入市场开设了绿色通道。❶ 2017年8月，江苏省政府公布了新出台的《省政府关于切实减轻企业负担的意见》，该意见也是商事制度改革后江苏第三次在全国省级层面率先出台为企业减轻负担、降低成本的政策。全省各地积极响应省政府对于企业减负的号召，努力营造更为宽松的生产经营环境；与此同时，优化人力资源结构，通过政策导向和优惠积极引导人才供给，以保证在经济增幅的前提下，实现人才需求的平衡，打造全省中小型企业的核心竞争力。正是这些地方政策措施的推动，才有江苏省近些年市场主体的持续快速发展。

二、市场主体在知识产权保护方面存在的主要风险

基于当前江苏市场主体的发展情况和内部管理情况，结合近些年围绕江苏市场主体发生的知识产权案件，可以发现企业在知识产权保护方面面临各式各样的风险，既有境内知识产权风险，也有海外知识产权风险；❷ 既有自身遭受损害的知识产权风险，也有造成他人损害的知识产权风险；既有单个企业遭受损害的知识产权风险，也有导致行业损害的知识产权风险。下面以风险的内容为标准可以将目前江苏的市场主体在知识产权保护方面的风险概括为三个方面。

1. 知识产权侵权风险

知识产权侵权风险是指企业侵犯他人知识产权的风险，尤其是被他人指控侵犯知识产权的风险。企业知识产权侵权风险的具体表现是多样的，

---

❶ 赵伟莉. 江苏在全国率先实行市场主体登记信用承诺制 [EB/OL]. [2018-05-27]. http://jsnews.jschina.com.cn/jsyw/201703/t20170321_243870.shtml.

❷ 根据笔者研究，海外知识产权风险主要包括：（1）在海外被控侵犯知识产权的风险，如遭受知识产权侵权诉讼，遭受"337"调查、欧盟展会侵权调查、海关执法等行政执法程序；（2）在境外遭受知识产权壁垒的风险；（3）自身知识产权遭受海外企业侵害的风险，如自有成果被他人抢先申请专利、知识产权申请受到当地企业不当影响、知识产权被当地企业侵害等；（4）在海外企业并购中的知识产权风险；（5）涉外知识产权交易与合同风险等。

比较常见的如企业在产品或者服务中使用的技术因落入他人专利权利要求的范围而可能被专利权人控告侵犯专利权的风险;企业在不知情的情况下在产品或者其包装、场所、宣传品上使用的商标、文字、图案或者标志因与他人在同种或者类似商品上注册的商标相冲突而可能被商标注册人控告侵犯商标权的风险;企业在经营过程中未经作者同意使用了他人某一作品而可能被他人指控侵犯著作权的风险。再如,企业在研发时聘用其他企业的科研人员可能被指控侵犯其他企业商业秘密的风险。研发人员具有一定的流动性,如科研院所向企业流动、高等院校向企业流动、企业之间的流动等,由于专业的限制,基本上是行业内流动;研发阶段,研发人员可能将之前掌握的他人未披露过的技术信息有意或者无意地应用在技术创新项目中,导致侵权风险。❶

企业遭遇的知识产权侵权风险不仅存在于境内,还有很多发生在境外。比如,我国企业在美国遭受联邦贸易委员会知识产权侵权调查的风险。中国企业已成为近些年美国"337调查"的最大受害者,在2012年美国总共发起的40起"337调查"中国企业被诉13起,而其中以专利侵权为诉由发起的比例超过90%。❷再如,我国一些民营企业在与东盟等国进行交易的过程中被当地企业控告侵权的风险。在我国走入东盟的企业当中,民营企业居于多数,而大部分的民营企业规模小,仅重视眼前经济利益,常常以产品销量、营业收入等指标作为衡量企业对外投资成功与否的标准,欠缺海外投资中进行知识产权布局和风险防控的意识,在进行海外扩张时没有提前对目的国的知识产权环境进行充分了解,贸然"走出去"而侵犯他人知识产权,导致企业惨淡收场。❸

企业遭受知识产权侵权风险可能给企业造成多方面的损害。一旦企业

---

❶ 张宇红. 基于企业技术创新的知识产权风险识别与控制 [J]. 企业改革与管理,2018 (13).

❷ 卢海君,王飞. "走出去"企业知识产权风险研究 [J]. 南京理工大学学报(社会科学版),2014 (2).

❸ 张婷,苏平. "一带一路"战略下我国与东盟国家贸易中知识产权风险防控对策探析 [J]. 电子知识产权,2017 (5).

被认定侵犯他人的知识产权，首先就会因承担民事赔偿责任或者遭受行政罚款处罚而使经济利益受到一定的损失，其次企业还会因产品或者服务存在侵权问题而丧失部分乃至全部市场，最后企业还会承担侵害他人知识产权之名，企业的市场信誉也会因此受到损害。

2. 知识产权受害风险

知识产权受害风险是指企业自身的知识产权在权利上或者利益上受到他人损害的风险，包括权利直接受到损害和权利所蕴含的利益受到损害两个方面。企业知识产权受害风险的表现也呈现出多样化的态势。

比如，企业的职务发明专利流失的风险，有些企业的领导为发明人出具"非职务发明创造"的证明，导致发明创造人将执行本企业任务或者主要是利用本企业的物质技术条件完成的发明作为非职务发明申请专利，导致企业专利权向个人流失，企业蒙受巨大损失。

再如，企业的创新成果或者标志被他人抢先申请知识产权的风险。有些企业不重视商标权的获得，不及时注册自己已经使用并有一定市场影响力的商标而被他人抢注，导致企业不仅无法获得注册商标的保护同时还被责令停止使用，使得企业对于已经投入巨大的人力财力进行经营的商标付之东流。❶ 这种风险在境外也经常发生在我国企业身上。我国企业在"走出去"之前甚至之后通常未对其商标的先期海外布局予以足够的重视，这导致中国商标在海外遭抢注、花费巨额资金打造的品牌竟已名花有主的惨案屡屡发生；国外竞争对手常常利用相关企业海外知识产权管理的漏洞，采取仿制我国企业的专利产品，将我国企业的专利在海外申请专利并以之要挟中国企业等方式侵害中国企业的合法权益。❷ 在"一带一路"倡议实施过程中我国的企业很容易遭受这种风险。我国以专利权为主导的企业进入"一带一路"沿线国家和地区，技术上虽尚未达到国际领先水平但又超

---

❶ 刘映春，孙那. 企业知识产权风险控制与防范体系研究［J］. 企业研究，2012（4）.

❷ 卢海君，王飞. "走出去"企业知识产权风险研究［J］. 南京理工大学学报（社会科学版），2014（2）.

第六章 市场主体知识产权自我保护能力亟待增强的问题

过绝大多数市场国的科创能力,在"一带一路"市场国具备专利权优势。❶在东盟这一知识产权发展水平总体上不高的地区更会发生这种我国企业的创新成果被当地企业抢先申请专利权的风险。由于东盟国家中绝大部分都是发展中国家,还处在研发自主技术、培育自主品牌,利用创新推动经济转型的重要阶段;由于这些国家知识产权保护力度较弱,模仿他国专利或品牌的情况较普遍,加之我国企业自身不积极申请海外商标专利等因素,使得我国产品或技术被仿冒或被侵权的情况时有发生。❷

又如,创新成果在申请知识产权时受到他人阻碍的风险。这种阻碍不仅是在国内,有些企业在申请知识产权时受到其他企业恶意利用异议等程序延迟自己获得知识产权的进程;也发生在境外,为了在当地进行知识产权布局或防止当地企业抢先申请知识产权,我国一些出口企业近些年积极在进口国申请相关知识产权,但这种行动往往受到当地企业的恶意阻挠。❸

还如,企业的知识产权被他人直接侵害的风险,包括他人未经企业许可而使用了企业的专利技术,未经企业许可而使用了企业的注册商标,未经企业许可且超过合理使用的范围而使用企业的作品,企业的商业秘密遭受其他企业以某种方式进行的侵害。有些知识产权受害风险在一些特定类型的企业更容易发生,如老字号企业的商业秘密遭受损害的风险。商业秘密在老字号企业中普遍存在,如老字号企业在长期生产实践中摸索和总结形成的独特产品配方或制作工艺等,是老字号企业安身立命之本。商业秘密可能的流失渠道有员工流出,尤其是掌握老字号企业商业秘密职工的流出;老字号企业参加各种展示会、接待来访参观团,或者企业内部技术档案管理不善等导致的商业秘密流失。❹

---

❶ 王莲峰,牛东芳."一带一路"背景下我国企业海外知识产权风险应对策略[J].知识产权,2016(11).
❷ 张婷,苏平."一带一路"战略下我国与东盟国家贸易中知识产权风险防控对策探析[J].电子知识产权,2017(5).
❸ 董新凯.企业"走出去"的知识产权风险及防范[J]现代经济探讨,2017(5).
❹ 柴小青.老字号企业的知识产权风险与防范[J].时代经贸,2010(4月上旬刊).

207

知识产权受害风险还有一种特殊的形式，那就是非因他人原因，而是因企业自己的原因导致其知识产权丧失的风险。比如，企业没有在规定的期限内申请商标续展注册而导致注册商标被注销，企业因没有按照规定缴纳专利年费而导致专利失效，企业因违反注册商标使用管理规定而导致注册商标被撤销。

3. 知识产权合同风险

在企业与其他企业通过合同的形式进行交易的过程中企业可能会遭受到知识产权风险，也就是在这些合同关系或者交易关系中企业的知识产权可能在权利上或者利益上受到对方当事人的损害，或者因为知识产权而遭受到对企业不利的影响。企业可能遭受的知识产权合同风险具有多种表现。比如，在合同有关知识产权的条款中暗藏着对企业不利的一些规定。尤其是企业在境外的很多经营活动一般以合同形式开展，这些合同有可能含有与知识产权相关的陷阱，即合同中隐含一些不易察觉、对我国企业不公平或不合理的条款，或者包括一些我国企业一般不愿接受的条款。❶ 又如，因为对方当事人不履行合同中有关知识产权的条款而使企业遭受损失。再如，在企业订立知识产权许可协议时因为对交易对方当事人选择的不当，使企业的知识产权本身遭受损害（如注册商标的被许可人在使用商标时擅自改变注册商标的标志有可能导致该注册商标被撤销），或者对知识产权的声誉造成损害（如因为注册商标的被许可人使用注册商标的商品质量出现严重问题而使该注册商标的市场声誉受到较大损害），或者降低了知识产权的市场价值（如在注册商标独占使用许可合同中因被许可人恶意收藏注册商标导致注册商标在特定地域的市场影响严重削弱）。

---

❶ 董新凯. 企业"走出去"的知识产权风险及防范 [J]. 现代经济探讨，2017（5）.

第二节 江苏市场主体应对知识产权保护风险的能力问题

一、应对知识产权保护风险的体系建设问题

企业知识产权保护风险的应对是一个体系化的工作，需要从多个方面努力，包括多方面的内容。企业完整的知识产权风险应对体系应当包括以下三个方面：知识产权保护风险的分析机制、知识产权保护风险的防范机制、知识产权保护风险的化解机制。从江苏企业的实际情况看，在这三个机制建设方面还存在不少问题。

1. 知识产权保护风险的分析机制不健全

要防范和有效化解知识产权保护风险，就得先对企业可能面临的知识产权保护风险进行科学的分析。健全的知识产权保护风险分析机制应当由分析主体、分析内容、分析程序、分析方法、分析报告等要素构成。虽然近些年江苏的知识产权事业发展很快，但真正进行专门的知识产权保护风险分析的企业很少，更谈不上构建专门的知识产权保护风险的分析机制。即使有些企业进行了知识产权保护风险分析，在分析机制上也存在诸多问题。

从分析主体上看，虽然江苏有少量的企业对于其知识产权保护风险会在事前进行一定的分析，但在分析主体上有两个极端，要么是委托知识产权服务机构进行分析，要么单纯由企业内部的知识产权管理人员进行分析，由内外两方面的专业人员共同组成风险分析机构并吸收科技人员参与分析的企业寥寥无几。有些企业则简单地将风险识别工作通过课题的形式委托给高校或者研究机构单独去完成。

从分析内容上看，主要是风险识别。风险识别是指发现、分析风险的过程，即要知道哪里有风险、有什么风险。[1] 江苏的一些企业虽然做了一

---

[1] 张宇红. 基于企业技术创新的知识产权风险识别与控制 [J] 企业改革与管理, 2018（13）.

些知识产权保护风险识别工作，但其风险识别往往是很简单的，对于风险要素的考察存在较多的缺漏。有些企业仅关注专利保护风险或者品牌保护风险，而没有关注其他知识产权保护的风险识别；有些企业仅仅是笼统地分析风险的类别及表现，而没有深入分析风险形成的主要来源及原因；有些企业对于风险的多样性缺少相应的分析；有些企业对于不同风险的特点、发展过程及其趋势缺少应有的分析；有些企业对于风险涉及的企业生产经营的环节、岗位等事项缺乏必要的分析。此外，对于一些特殊风险缺乏专项分析，比如大量企业对于海外知识产权风险在事先没有相应的分析和鉴别，对于境外相关知识产权情况根本不了解。❶

从分析程序上看，在江苏很少有企业就知识产权保护风险的分析制定专门的制度，没有就风险识别的时间、步骤、相关文件资料的生成与提交等事项做出明确的要求，风险识别在总体上呈现较为混乱的局面。

从分析方法上看，江苏很多企业的风险分析工作仅仅是表面上的，没有紧紧结合企业产品或者服务的行业属性、技术特点以及企业的内部情况。有些企业简单地将专利信息检索分析作为风险识别的方法。有些企业相信，企业通过专利微导航可实时了解专利技术动态、竞争对手专利布局等情况，及时调整研发策略，防范专利风险，提升竞争力。❷ 他们将专利导航当作知识产权风险识别的工具。实际上，专利导航产业发展，内容涵盖专利信息利用，战略制定，产业规划，协同运用和专利运营，遵循"以政府为支撑，以企业为主体，以市场为导向"的思路。❸ 也就是说，专利导航着重解决企业未来技术发展方向问题，而不是风险识别问题；而且，专利导航也不涉及其他类型的知识产权的保护风险。

从分析报告上看，虽然一些江苏的企业做了知识产权保护风险的识别

---

❶ 董新凯．企业"走出去"知识产权风险及其防范［J］．现代经济探讨，2017（5）．
❷ 曹洪等．专利微导航企业发展应用——以特高压技术领域为例［J］．中国发明与专利，2016（10）．
❸ 李琪，陈仁松．浅谈专利导航产业发展的方法和路径［J］．中国发明与专利，2015（8）．

与分析工作，但对于分析报告没有给予足够的重视。有些企业根本没有制作规范的风险分析报告。有些企业虽然制作了风险分析报告，但总体上看分析报告显得比较粗糙，要么是内容较为简单，要么是要素不全；特别是有些分析报告没有对于企业在风险防范与化解方面的工作提出具有较强可操作性的建议与对策。

2. 知识产权保护风险的防范机制不完善

在知识产权保护风险识别与分析的基础上构建有效的风险防范机制，这是企业知识产权风险管理的基本内容。从江苏的现实情况看，能够构建较为完善的知识产权保护风险防范机制的企业数量很少，绝大多数企业知识产权保护风险的防范机制存在要素不全或者操作性不强的问题。

首先，知识产权保护风险防范的整体安排不到位。鲜有企业专门就知识产权保护风险（或者全部知识产权风险）的防范工作制定系统的工作方案或者规划，只是有少量的企业制定了知识产权工作的整体方案，并在其中就知识产权风险及其防范作了一些笼统的规定。很多企业就连知识产权工作的整体方案都没有。特别是对于海外知识产权风险这类较为特殊的知识产权风险，未做到"产品未动、知识产权先行"，未将知识产权与企业在海外的生产经营战略统筹考虑和有效整合。❶

其次，知识产权保护风险防范的基础工作不扎实。知识产权保护风险的防范需要很多基础条件，几乎没有哪个江苏企业能够保证全部的基本条件都得到满足，或多或少存在欠缺，甚至有些企业在风险防范的基础工作方面存在严重的不足。有些企业没有专门的人员负责风险防范工作；很多企业缺少知识产权信息检索所需要的专业数据库或者软件系统，目前只有少数企业建立了自己的专利信息数据库，部分企业对专利信息和技术情报工作重要性认识不够；❷ 大量企业缺少要求职工在相关的生产经营环节采取风险控制措施的规章制度；众多企业在风险防范方面没有专项资金支持；

---

❶ 董新凯. 企业"走出去"知识产权风险及其防范 [J]. 现代经济探讨，2017（5）.
❷ 王冬林，虞文武. 企业知识产权的维权援助现状、问题与对策——以常州市为例 [J]. 产业与科技论坛，2013（45）.

绝大部分企业没有就风险防范与其他企业、行业组织、服务机构、政府部门构建协同组织或者联盟；大多数企业的管理人员与普通员工的风险防范意识较为淡薄。

再次，知识产权保护风险防范的具体措施不合理。江苏的企业通常将知识产权信息检索作为风险防范的基本措施。尤其是在项目确定前，需要通过专利检索分析，规避侵权风险，实现项目在立项阶段的知识产权风险预警，❶ 对此企业都比较认同。但目前的知识产权信息检索分析工作存在许多问题，比如，企业一般专注于专利信息检索，而对其他知识产权信息检索和风险预警工作不够重视；企业通常会在申请知识产权或者项目立项时进行知识产权信息检索，而忽视了在其他生产经营环节或者活动时的知识产权信息检索，如商品采购环节的检索、生产制造环节的检索等；企业的检索通常是一次性的，对于周期较长的项目或者产品没有进行持续检索或者跟踪检索。企业在签订重要合同或者交易前对于相关知识产权的尽职调查工作不力，导致最终落入对方的知识产权陷阱，或者使其在交易的预期利益受到较大损害。大量的企业在很多生产经营环节没有采取必要的知识产权保护风险防范措施，比如，在原材料采购阶段或者对外签订合作协议时未进行知识产权审查，未就知识产权侵权责任的承担作出约定；在人才引进时未进行知识产权风险评估，事实上人才在企业之间流动时，不可避免地带动知识产权的流动和转移，也容易导致一些知识产权的流失。❷

最后，知识产权保护风险防范的约束机制不严格。虽然有些企业规定了职工或者特定岗位、生产经营环节的知识产权保护风险防范义务，但对于在风险防范方面做出突出成绩的员工没有相应的奖励或者激励，缺乏有效的知识产权保护激励机制，影响了科研人员的主观能动性和创造力的发挥；❸ 而对于在风险防范方面不履行应尽的职责、造成企业面临较大知识

---

❶ 李宇华. 浅谈项目立项中的知识产权分析评议 [J]. 中国发明与专利, 2016 (5).
❷ 崔德国. 企业知识产权法律风险与防范的研究 [J]. 中小企业管理与科技, 2014 (1月上旬刊).
❸ 李青. 企业内部知识产权保护措施研究 [J]. 管理观察, 2017 (2).

产权风险的员工，也没有规定或者追究相应的责任，这就使得企业有关知识产权保护风险防范的要求不受员工重视，甚至流于形式，没有发挥应有的作用。

3. 知识产权保护风险的化解机制不成熟

知识产权保护风险的化解是指在知识产权保护风险实际发生并转化成知识产权纠纷的情况下企业采取一定的措施应对和解决这些纠纷。就江苏的情况看，企业在知识产权保护风险的化解机制的构建和运行方面普遍存在较多问题，较为突出的问题有：未进行事先谋划，绝大多数企业还没有认识到知识产权管理的重要性，更谈不上从战略上进行规划；[1] 未构建知识产权保护风险应急准备体系，对于可能出现的知识产权风险的应对组织、应对途径、应对步骤、应对策略和措施、应对条件的保障等事项预先作出安排，以至于企业在面临知识产权纠纷时显得较为荒乱，影响了纠纷的处理效果；大量的企业没有稳定的应对知识产权纠纷的组织；部分企业在面临知识产权纠纷时未能认真研究和利用合适的解决途径，有些企业贸然发起诉讼，但实际效果并不好；在多个途径可以利用时，有些企业没有合理地安排好先后顺序，操作步骤不当，没有将不同的机制有机结合起来；一些企业证据收集工作不到位，特别是不注意在有纠纷苗头时事先收集相关证据材料，在维护自身权益或遇到专利纠纷时，由于平时不能事先收集证据，往往导致企业在知识产权纠纷的处理中处于不利形势；[2] 有些企业不顾自身的条件，一厢情愿地采取一些不切实际的解决路径，最终的结果与其期望差别较大。

二、应对知识产权保护风险的管理队伍问题

知识产权风险的管理是高度专业化的工作，没有专业组织和团队的精心投入，是很难取得较好的成效的。但是，江苏的企业在内部知识产权风

---

[1] 于冬林，虞文武. 企业知识产权的维权援助现状、问题与对策——以常州市为例 [J]. 产业与科技论坛，2013（4）.

[2] 周莹. 关于企业加强知识产权创造和保护的思考 [J]. 江苏科技信息，2014（4）.

险管理队伍建设方面还存在较大的问题。

1. 知识产权专业管理机构的缺失

从很多政府部门和研究机构对于江苏企业调研的情况以及公开发表或者发布的一些资料和信息看，知识产权专业管理机构的缺失在江苏是一个普遍的现象。除了一些知识产权事务较多的特大或者大型企业外，企业一般都没有设立专门管理知识产权事务的机构或者团队，更不要说设立专门进行知识产权风险管理的团队了。即使是在苏南一些知识产权发展情况较好地区，大多数企业也还没有认识到专业机构的设置和利用以及配置专业人员的重要性，没有设置专业人员从事企业知识产权的管理；企业缺少知识产权专业人才，特别是兼通技术和法务的综合人才。[1] 中小企业普遍没有设立专门的知识产权管理机构，一般也没有设立兼职的知识产权管理机构。部分大企业也没有设立专门或者兼职的知识产权管理机构；有些大企业设立了专门的知识产权管理机构，但机构的人员编制较少；有些大企业仅仅设立兼职的知识产权管理机构，通常是由科研管理机构、综合管理机构或者法律事务部门兼管知识产权事务，包括知识产权风险管理事务。

2. 知识产权专业管理人员的不足

知识产权专业管理人员的不足是江苏绝大多数企业在知识产权保护风险管理方面存在的一个大问题。真正能够配置专门知识产权管理人员的企业只是极少数，较常见的情形是在其他一些机构中配备兼职负责知识产权事务管理的人员。对于规模较小、资金较少的中小型科技企业而言，配备专业知识产权人才体系是一笔不小的开支，因此在大多数情况下由研发人员负责知识产权管理事务，这也给科技人员带来了很大的负担。至于配备通晓知识产权国际法律规则、能够熟练开展知识产权战略策划和推广业务、代理知识产权诉讼活动活动知识产权专业人才，对于绝大多数企业来说只能是一种奢望。绝大部分中小规模市场主体连兼职的知识产权管理人员也

---

[1] 王冬林，虞文武. 企业知识产权的维权援助现状、问题与对策——以常州市为例[J]. 产业与科技论坛，2013（4）.

没有，根本未采取任何形式配备负责知识产权管理事务的人员。

江苏的市场主体不仅知识产权专业管理人员的数量普遍存在不足，现有的知识产权专业管理人员在能力和素质上也存在较大的缺陷。目前企业的知识产权管理人员一般只能从事一些简单的知识产权管理事务，就知识产权保护风险的管理而言，也主要是从事一些信息检索、日常应诉等工作，至于知识产权风险的战略管理、知识产权风险的深度分析、涉外知识产权诉讼的应对等较为复杂的事务，往往没有多少知识产权管理人员能够熟练承担。

在企业知识产权专业管理人员数量不足、能力不够的情况下，培训是能够在短时间内缓解企业知识产权管理人员不足的主要途径。江苏在企业知识产权人才培训方面确实做了大量的工作，以 2017 年为例，江苏省知识产权局组织培训知识产权工程师 2 315 人、企业高级管理人员 893 人；江苏省工商局举办了 4 期企业品牌管理人员培训，共培训企业品牌管理人员 450 人，并积极与世界知识产权组织中国办事处协调，进行了 2 期专项培训，参训出口企业达 400 家。❶ 但以提升企业知识产权专业人才能力为目标的培训工作仍然存在很多不足：培训工作的覆盖面不大，特别是大量的中小企业没有得到参与培训的机会；大量的企业没有意识到培训工作的重要性，选派职工参与培训的积极性不高；企业自发、自费进行培训的意愿普遍不强，实质性的培训行动更少；部分培训在内容设计、师资安排等方面不尽合理，培训的效果不能令人满意；部分培训的针对性不强，普及性培训偏多而深入的培训偏少，行业性培训明显不能满足需要。

3. 知识产权专业人员分工的不合理

在配备知识产权专业人员的企业中，对于知识产权专业人员的分工也存在不合理的问题。有的企业因为知识产权专业人员数量很少，无法再对这些人员进行分工，他们需要对于包括知识产权风险管理在内的所有知识产权事务进行管理，在知识产权风险管理方面投入的时间和精力自然会受

---

❶ 2017 年江苏省知识产权发展与保护状况白皮书 [R].

到较大的影响。有些企业虽然知识产权专业人员的数量较多，但未对他们管理的事务作必要的分工，极少数企业能够在知识产权专业人员中指定专人进行知识产权风险管理；至于在知识产权风险管理方面区分专利、商标品牌、版权等不同性质的知识产权而对知识产权专业人员进行分工的企业就更少，甚至就没有。

三、应对知识产权保护风险的制度建设问题

企业知识产权保护风险的管理是一项长期的工作，只有将相关的工作要求制度化，特别是通过企业内部的规章制度加以落实，才能保证知识产权保护风险管理工作得以稳定开展并普遍受到重视。在这方面，江苏的市场主体还存在一定的差距。

1. 落实国家对企业知识产权工作的规范要求不够好

国家近些年来加大企业知识产权工作的规范化要求，其代表性工作就是在企业推广知识产权管理规范化工作，即促进《企业知识产权管理规范》（企业知识产权管理国家标准）（GB/T 29490—2013）在企业的贯彻（以下简称"贯标"）。江苏是最早开展企业"贯标"工作的，国家《企业知识产权管理规范》也是在总结江苏经验的基础上形成的。江苏在2008年颁布了企业知识产权管理的地方标准《江苏省企业知识产权管理规范》（DB 32T1204—2008），并在全省遴选部分企业着力推广该标准。国家的《企业知识产权管理规范》（GB/T 29490—2013）由国家知识产权局制定，经由国家质量监督检验检疫总局、国家标准化管理委员会批准颁布，于2013年3月1日起实施。在国家标准颁布后，江苏大力进行"贯标"工作，并在短时间内取得了较好效果；2017年江苏便引导2 403家企业参与贯彻国家标准，参与"贯标"企业的总数已经超过9 000家，新增1 423家企业通过认证和绩效评价，其中90家企业被评为贯标先进单位。❶

总体上看，企业"贯标"的状况还不够理想。且不论全部市场主体，

---

❶ 2017年江苏省知识产权发展与保护状况白皮书［R］.

仅就江苏超过 300 万的企业数量而言，已经完成"贯标"的企业比例还没有达到 1%，绝大多数企业离知识产权管理标准化的要求还比较遥远。即使已经完成"贯标"的企业，虽然表面上达到了国家标准，但企业知识产权管理的实际水平可能并未真正达到标准的要求，很多企业在"贯标"时还存在流于形式或者走过场的情形。有不少企业虽然完成了"贯标"，但在"贯标"验收后其知识产权管理水平并未稳定地保持下去，知识产权管理工作状况出现反复的已"贯标"企业在江苏还为数不少。

2. 基于企业特点制定知识产权风险管理制度的状况不理想

企业根据自身在产品、技术、员工素质、企业文化、外部环境等方面的情况制定内部知识产权风险管理制度，是企业长期稳定地做好知识产权保护风险的防范与化解工作的重要基础及保障。但是，这一基础工作并未受到江苏企业的重视。以常州为例，大多数企业缺少严格的规章制度来对知识产权管理加以指导；许多企业知识产权档案的管理与企业的其他档案进行合并管理，而没有专门的知识产权档案制度。[1] 有些企业仅仅是笼统地将企业知识产权管理的基本制度适用于知识产权风险管理工作；有些企业虽然也有一些针对知识产权保护风险管理的内部规定，但这些规定大多流于形式，或者较为抽象概括，甚至是从其他企业的规章制度中照搬来的，根本发挥不了有效的作用。至少中小企业，除一些发展较好的科技型企业外，对于知识产权保护风险管理的制度建设，就更加不予关注了，甚至直接采取漠视的态度。

四、应对知识产权保护风险的物质技术条件问题

1. 缺乏应对知识产权保护风险的技术能力

从应对知识产权保护风险的角度考虑，江苏市场主体的技术能力显得有些不足，主要体现在两个方面。

其一，缺少知识产权风险管理工作所需要的技术支撑。知识产权保护

---

[1] 王冬林，虞文武. 企业知识产权的维权援助现状、问题与对策——以常州市为例[J]. 产业与科技论坛，2013（4）.

风险管理涉及知识产权保护风险的分析、知识产权保护风险的防范和知识产权保护风险的化解等内容，无论是风险的分析，还是风险的防范，往往需要查询、检索知识产权信息或者其他相关的信息，需要及时把握同行业的发展动态和技术创新的情况。这就需要有一个数据量大、信息覆盖面广且能够及时更新的信息系统或者数据库，特别是有一个能够及时提供查询服务的企业自己的强大数据库和查询系统。但从江苏企业的现有情况看，仅有为数不多的企业能够自己构建这种高效的查询系统并保证系统的正常运行。更多的企业需要借助专业服务机构所拥有的数据查询系统进行检索分析，不仅不能频繁查询，而且经费负担较大，查询的结果有时还缺乏较强的针对性。

其二，企业创新成果的薄弱不利于知识产权保护风险的防范和化解。许多成功的企业，尤其是跨国公司，早已意识到，知识产权并不只是一种单纯的法律权利，而更是一种可以广泛运用的竞争工具和商业策略，可以成为增强企业技术能力、竞争能力和获利能力的法律筹码。❶ 如果企业自身的创新能力较强，在其生产经营领域拥有较多高质量的知识产权成果，对于其防范和化解知识产权保护风险就非常有利。原因在于，其他企业一般不会轻易对一个拥有较多同类知识产权成果的竞争对手发动知识产权侵权指控，因为这么做很容易遭受来自竞争对手类似的反击，且这种侵权指控的胜算要比向一个缺乏自有知识产权的企业发动攻击的成功率低得多；如果一个企业拥有高水平自主知识产权，即使其遭受同行业竞争对手的侵权指控，也可以利用可能的反诉等手段增加在诉讼中对抗筹码，从而获得对自己有利的结果。我国企业之所以在境外更容易遭受知识产权风险，且最终败诉的比例较高，一个重要的原因在于"走出去"的中国企业中大部分主要是依靠资金和劳动力优势，在境外的知识产权储备明显不足。❷

江苏已经算是知识产权大省，并且正在努力建成引领型知识产权强省，企业的创新成果和知识产权产出能力在整体上较强。2015年，江苏省专利

---

❶ 袁真富. 加强中小微企业知识产权保护 [J]. 社会观察, 2014 (12).
❷ 董新凯. 企业"走出去"知识产权风险及其防范 [J]. 现代经济探讨, 2017 (5).

申请量和授权量、企业专利申请量和授权量、发明专利申请量 5 项指标连续 6 年保持全国第一，发明专利授权量则首次跃居榜首，从而实现 6 项指标全国第一，"数量布局、质量取胜"取得初步成效；万人有效发明专利 14.22 件，同比增长 39.17%。在知识经济时代，知识产权已成为"江苏制造"向"江苏智造"嬗变的强大"助燃剂"。❶ 商标、版权等知识产权也在不断发展，仅仅 2017 年，全省便新申请商标 353 402 件，新增注册商标 159 560 件，新增马德里商标国际注册 629 件，全省总数达 1 921 件，新增地理标志商标 8 件，全省地理标志注册总量达 261 件；全省作品登记 28.6 万件，同比增长 58.9%；新增登记人 8 400 家，增加 66.7%；著作权合同登记 5 200 件，增长 385%，完成图书版权引进合同登记 725 份，电子出版物版权认证 69 件，一般作品转让和许可合同备案 4 033 份；全省农业植物新品种权申请量为 115 件，授权量为 70 件，全省累计农业植物新品种权申请量为 1 229 件，授权量为 681 件。❷ 即使如此，现有的创新成果和知识产权水平还不足以对企业的知识产权保护风险的防范和化解形成强大支撑。拥有创新成果和知识产权的企业毕竟只是少数，绝大多数企业还没有较强的知识产权产出能力。有些企业虽然拥有一定的知识产权成果，但由于知识产权质量较差、水平不高，难以发挥防范他人侵害或者对抗他人侵权指控的作用。正如有学者所说，专利质量反映的是专利权的实际法律效力，依法享受的保护范围适当，专利权稳定，难以被规避，侵权者难以逃脱法律责任，难以被发现法律保护漏洞，可阻止相同发明构思的其他实施例也成为专利。❸

2. 应对知识产权保护风险的物质条件难以满足需要

知识产权保护风险的应对需要必要的物质保障条件，比如，各种风险防范工作所需要的场所、设备、仪器等，与知识产权纠纷的处理相关的取得等工作所需要的交通工具、仪器和材料等，另外在进行各种风险应对工

---

❶ 江霞. 江苏发明专利授权量首次跃居全国第一 [J]. 江南论坛，2016 (2).
❷ 2017 年江苏省知识产权发展与保护状况白皮书 [R].
❸ 刘洋，郭剑. 我国专利质量状况与影响因素调查研究 [J]. 知识产权，2012 (9).

作时所需要的经费。总体而言，能够为知识保护风险的应对工作提供必要的经费、场所、设备、仪器、工具等条件的江苏企业还是非常少的。特别是经费支持，在各种不同的场所都会遇到企业的知识产权管理人员抱怨知识产权工作经费缺乏的问题，能够将知识产权工作专项经费列入企业预算的情况并不多见，更不用说对于知识产权风险应对经费给予较多的保障。

五、应对知识产权保护风险的主观意识问题

较强的知识产权风险意识是企业做好知识产权风险的防范、有效化解知识产权风险的主观条件，也是企业在知识产权风险应对方面发挥主观能动性的前提。从江苏企业的情况看，这一主观条件不能令人满意。

1. 企业知识产权保护风险意识薄弱的情况

在绝大多数企业，知识产权风险意识的缺乏具有普遍性。江苏一些企业的知识产权管理人员在谈及企业职工知识产权意识时认识到，在一些企业中无论是企业的决策层，还是企业科研人员，都缺乏浓厚的专利意识，很多企业对专利在企业经营中的作用也不太清楚；有的企业甚至是在专利被指控或者处罚后才开始重视专利申请，在国外展会上由于缺少知识产权证明材料遭投诉后被迫撤柜的情况时有发生。[1] 尤其值得注意的是，企业领导和高层管理人员在知识产权风险意识方面的薄弱问题。就江苏的企业而言，与全国的情况差不多，有些企业的决策者和领导者对知识产权在企业市场竞争中的地位和作用认识不足，对当前知识产权保护工作面临的严峻形势估计不足，没有用好知识产权来促进企业的发展，在企业内部没有营造良好的尊重知识产权的氛围。[2]

从整体上看，众多企业，尤其是中小企业，从领导到员工都存在不重视知识产权，不重视知识产权保护，不重视知识产权风险的防范和应对等问题，甚至很多企业的领导和员工对于知识产权风险根本没有任何认识，

---

[1] 李卓坪. 我国企业知识产权保护现状及对策 [J]. 价值工程，2014（34）.

[2] 程启智，王军武. 我国企业知识产权能力：现状、问题与对策 [J]. 当代经济，2016（24）.

不知道知识产权保护风险的内涵、类型、成因、发展状况等,更谈不上在知识产权保护风险的防范和应对方面有强烈需求和精心谋划。特别是对于海外知识产权保护风险这种较为特殊的风险,包括江苏企业在内的中国企业更是缺乏必要的认识,特别是对于这类风险的消极影响认识不足,因而对待海外侵权指控抱有不正确的态度,不积极应对。不少"走出去"的企业在面对当地企业的知识产权侵权指控时往往抱着消极应对的态度:有些企业因为对当地知识产权法律制度和诉讼制度不太熟悉,以及对于巨大诉讼成本的忌惮,干脆放弃应诉;有些企业虽然应诉,但缺乏胜诉的决心和信心,而是抱着敷衍的态度,未作精心准备和周密安排。❶

江苏企业知识产权保护风险意识的薄弱在知识产权诉讼方面有较明显的体现。近五年,江苏省知识产权诉讼案件增长较快,体现出知识产权司法保护力度的加强。2013~2017年,江苏法院共审理知识产权民事案件57 401件,其中一审知识产权民事案件51 302件,二审知识产权民事案件6 099件,共审结48 895件;2017年,江苏法院共审理各类知识产权纠纷案件14 726件,其中知识产权民事案件14 249件,刑事案件449件,行政案件28件,共审结各类案件12 403件,其中知识产权民事案件12 036件,刑事案件351件,行政案件16件。新收一审知识产权民事案件11 162件,同比上升10.98%,新收一审知识产权刑事案件328件,同比上升30.16%,新收一审知识产权行政案件19件,同比上升137.5%。❷ 但在这些诉讼案件背后也呈现出企业知识产权保护意识的诸多薄弱之处:一是部分需要通过诉讼解决的案件因企业司法保护意识的薄弱而未向法院起诉。法院审理的知识产权案件数量与江苏企业知识产权受到实际损害的情况相比,存在很大的差距,虽然并非知识产权受到损害的企业都要向法院起诉,但至少有一部分受害企业应当通过诉讼途径获得更有效的保护,却因为对于知识产权司法保护的认识不足而没有利用这种保护方式。二是部分参与知识产权诉讼的企业因为对于司法保护的认识存在偏差而没有获得较好的保护。

---

❶ 董新凯. 企业"走出去"知识产权风险及其防范 [J]. 现代经济探讨,2017 (5).
❷ 2017年江苏省知识产权发展与保护状况白皮书 [R].

有些企业涉及的案件如果通过其他方式处理可能会获得更好的处理结果，但因对各种知识产权保护方式缺乏清晰的认识而错误地选择了诉讼；有些企业因为对司法保护缺乏清晰的认识而在诉讼过程中付出了更大的代价。

2. 企业知识产权保护风险意识薄弱的原因

企业知识产权保护风险意识薄弱的原因可以概括为以下四个方面：一是对于知识产权与企业生产经营的关系缺乏正确的认识。很多企业缺乏知识产权观念，仅仅短视地将产品销量、营业额等表面指标作为成功与否的标准，忽视知识产权风险，更缺少知识产权布局这个占据主动、控制损失和风险的必备程序，不注意保护自己的商标和专利，不进行专利检索就贸然"走出去"；殊不知，知识产权问题若解决不好，今天产品销量越多只意味着明天的赔偿责任更重，到头来只能是竹篮打水一场空，辛辛苦苦赚得的利润成为他人的囊中之物。❶ 二是未处理好创新成果与知识产权的关系：许多企业的老板和管理者认为只要拥有技术，延揽技术人才，就可以谋得企业的发展，不懂得知识产权的价值，忽视拥有知识产权的作用，❷没有认识到不用知识产权将其创新优势或者创新成果固定下来，其创新优势将迅即不复存在。三是大量的企业没有因知识产权而得较大利益以及因知识产权侵权指控而遭受较大损失的经历，对于知识产权的作用和知识产权保护风险的影响没有切身体会，因而也就对知识产权风险没有产生深切的认识。四是政府在知识产权意识提升方面的工作还不够有效。企业的知识产权风险意识需要通过引导才能得到较快的提升，这种引导的形式是多样的，如知识产权培训、典型知识产权案例的宣传、知识产权政策的引导与推介、日常知识产权工作的指导等。当前江苏在知识产权培训方面做了大量的工作，对于企业知识产权管理人员和科技人员知识产权意识的提升有较大帮助，但这种培训毕竟覆盖的企业很少，而且仅仅针对企业的少数人员，并未扩展到普通的员工；至于政府部门通过其他形式对于企业进行

---

❶ 卢海君，王飞. "走出去"企业知识产权风险研究 [J]. 南京理工大学学报（社会科学版），2014（2）.

❷ 蒋志宏. 我国企业知识产权法律风险防范研究 [J]. 科技管理研究，2010（12）.

知识产权意识提升的工作,则基本上没有什么力度。

六、应对知识产权保护风险的合作机制问题

知识产权保护风险的应对需要投入较多的资源,单个企业在资源能量及资源配置上往往无法满足这样的需要,通过合作的形式从外部获取资源或者进行资源共享无疑是企业增强应对知识产权保护风险能力的理性选择。比如,基于海外知识产权风险的复杂性和多样性,任何一个企业都很难单独防范和应对,有必要适当借助外部的专业力量和资源。[1] 但是,江苏的企业在通过合作方式应对知识产权保护风险方面做得并不好。

1. 政府引导企业合作应对知识产权保护风险的问题

政府引导企业在知识产权保护风险应对方面进行合作的形式主要有以下几种形式:一是由政府借助政策导向、资金支持、协调沟通促进企业之间形成知识产权保护联盟。二是构建知识产权信息公共服务平台,引导企业通过平台进行知识产权保护的信息交流和经验分享。三是对于特定企业之间在知识产权风险应对方面的合作进行专业指导。四是引导知识产权服务机构加强对企业的服务,促进企业与知识产权服务机构之间的合作。就江苏当前的实际情况看,政府及知识产权主管部门虽然通过政策文件倡导企业知识产权保护联盟的构建,但由于后续手段的缺乏及推动工作的不得力,政府部门所促成的企业知识产权保护联盟并不多,在部分地区甚至没有这样的联盟。各级政府知识产权主管部门虽然都构建了知识产权信息公共服务平台,但这些平台大多未开辟企业相互交流知识产权保护信息和经验的专区,在促进企业知识产权保护的信息合作方面没有能够发挥应有的作用。政府部门虽然在推动本地知识产权服务机构发展和引进外地知识产权服务机构方面做了大量工作,但未在推动服务机构与部分企业之间建立稳定的合作关系方面采取有效措施。政府部门虽然有时对单个企业的知识产权维权行动会以一定的形式进行指导,但就企业之间的维权合作进行的

---

[1] 董新凯.企业"走出去"的知识产权风险及防范[J].现代经济探讨,2017(5).

指导很少见。

2. 行业组织引导企业合作应对知识产权保护风险的问题

行业组织作为同行业企业的自治组织，在推动企业合作方面具有独特的优势。比如，在应对美国"337调查"时，行业协会能够利用其自身优势，充分发挥组织和协调功能，联合整个行业甚至其他外国被申诉人共同应对，调动一切可能的资源和力量，以争取应诉效果的最大化。❶ 在江苏，在南通家纺城、船舶工业园区等地区，行业协会在组织本行业企业共同采取维权措施、联合开展维权行动、组建知识产权保护联盟等方面做了很多工作，也取得了一定的效果。但是，像这样能够真正实质性地组织和引导企业进行知识产权维权合作的行业组织只是存在于少数地区，大部分行业协会对于本行业知识产权保护工作还不够重视，更谈不上有意识地推动其成员企业在知识产权风险应对方面进行紧密合作。特别是在应对海外知识产权保护风险方面，相关政府机构和行业协会在这方面还没有发挥明显的积极作用，致使企业在境外面临知识产权侵权指控时常给海外企业以各个击破的机会，培植了境外企业更多地对包括江苏企业在内的我国企业进行知识产权侵权指控的热情。❷

3. 企业自发进行合作应对知识产权保护风险的问题

一般说来，同行业的企业涉及的技术领域比较相近，在知识产权风险应对方面有更多相同或者相似的情况，知识产权保护的要求及措施也存在较多共通之处，它们在知识产权保护风险的应对方面更有进行合作的现实条件。但对于江苏很多产业园区及行业协会的调研发现，事实上同行业企业在知识产权保护方面进行联合或者协同行动的情况很少见，原因在于很多企业认为同行业企业存在竞争关系，它们害怕在合作过程中会泄露企业的一些信息或者秘密，企业一般缺乏自发联合的热情。

---

❶ 邹小伟，王莉娜. 我国高新技术出口企业知识产权保护分析 [J]. 科技创业月刊，2013（6）.

❷ 董新凯. 企业"走出去"的知识产权风险及防范 [J]. 现代经济探讨，2017（5）.

第三节　江苏提升市场主体知识产权保护能力的对策

一、夯实市场主体知识产权保护的基础

对于江苏的企业来说，防范知识产权风险、加大知识产权保护力度，必须扎实地做好相关基础工作，否则任何知识产权保护手段的运用都不会产生预期的效果。企业知识产权保护的基础工作主要是自身应对知识产权风险能力的提升，包括制度完善、意识提升、专业队伍建设、物质技术保障、体系健全等方面。

（一）完善企业内部的知识产权保护制度

1. 加大落实国家《企业知识产权管理规范》的力度

企业应当积极呼应国家"贯标"的要求，创造条件满足《企业知识产权管理规范》的要求。特别是有效利用国家和江苏省为企业"贯标"所提供的良好条件，使企业知识产权管理规范化水平实现迅速提升，达到相应的国家标准。企业在进行"贯标"活动时，不能流于形式，要将各项工作真正做实，使企业知识产权管理水平有实质性提升。对于已经完成"贯标"的企业，在"贯标"后不能放松对于知识产权管理工作规范化的要求，要做到持之以恒，防止知识产权管理水平出现下滑的现象。

对于江苏很多中小市场主体而言，由于基础非常薄弱，实现"贯标"有较大的难度。《企业知识产权管理规范》为市场主体提供了较为全面的知识产权管理规范，从知识产权管理范围、总体要求、文件管理要求、管理职责、资源管理、基础管理、实施和运行、审核和改进等多个方面规范市场主体知识产权管理体系。[1]中小市场主体可以先尽力按照这些规范要求去做，不求全面达标，但要使其知识产权管理工作的规范化程度不断有

---

[1] 周晓静.我国中小企业知识产权保护存在的问题及其策略［J］.中小企业管理与科技，2016（10）.

所提升。

2. 制定符合企业实际的知识产权规章制度

《企业知识产权管理规范》是面向全国企业提出的普遍性规范要求，而每个企业在产品或者服务、技术或者商业标志、员工素质、企业文化与传统、外部政策环境和市场环境等方面的情况都有自己的特殊性，只有根据企业的实际将《企业知识产权管理规范》的要求转化为企业的具体规定，或者内化到企业自身的规章制度中，这些规范要求才能落到实处。另外，企业还应当结合企业的实际需要制定一些补充规定，因为《企业知识产权管理规范》通常难以覆盖企业知识产权风险防范和化解的各个方面。在进行内部规章制度设计时，企业一定不能照搬政府部门的规定或者其他企业的规章制度，而是要针对企业自身的实际需求。特别是对于一些特殊性较强的企业，内部规章制度建设应当重点关注企业主要的知识产权保护工作。比如，对于仓储物流企业来说，知识产权保护工作的重点在于商标的选择、注册、组合使用等方面；❶ 对于房地产企业，其常见的知识产权侵权案件主要是楼盘名侵犯他人注册商标专用权纠纷、未经许可使用他人设计方案（设计图纸）或者沙盘而侵犯他人著作权纠纷、施工单位专利侵权纠纷等，房地产企业应当着重对这些知识产权的创造、评估、申请、保护、运用等通过制度进行明确规定；❷ 对于外向型经营企业，应当结合境外主要竞争对手的情况、当地的法律制度和市场环境，制定专门的海外知识产权战略和专项知识产权工作规章制度。❸ 对于每个企业来说，应当先对企业所面临的知识产权风险点进行详细的分析，在此基础上将知识产权风险防范和化解的责任落实到各个生产经营环节和相关的岗位，通过规章制度将知识产权风险管理的责任分解到相关的岗位职责中。

(二) 全面提高企业职工的知识产权保护意识

作为企业的管理者，必须意识到知识产权对企业利益所产生的价值和

---

❶ 王晖龙. 仓储物流企业如何做好知识产权保护工作 [J]. 中华商标，2016 (2).
❷ 赵浩. 房地产企业知识产权保护体系的构建 [J]. 房地产市场，2016 (33).
❸ 董新凯. 企业"走出去"的知识产权风险及防范 [J]. 现代经济探讨，2017 (5).

重要性,意识到利用法律手段保护企业自身知识产权的必要性。❶ 在提高企业职工知识产权意识方面,企业需要做的工作主要是三个方面。

1. 明确知识产权保护意识提升的主要内容

企业进行知识产权意识提升活动,主要是让企业领导、管理人员、科技人员和普通员工明确知识产权与企业生产经营活动的关系、与企业创新成果的关系,知悉企业主要的知识产权风险,了解基本的知识产权法律知识,对于本领域知识产权保护状况有一些基本的认识,掌握一些基本的知识产权维权方略。

2. 做好知识产权保护意识提升的规划工作

为了保证企业知识产权意识提升工作得以稳定、有序进行,企业应当就此制定专项规划,或者作为企业知识产权工作规划整体的一个专门部分。企业在知识产权意识提升方面应当注重分层次、分类别进行。从当前企业的实际情况看,首先需要提升的是企业领导层的知识产权意识,他们的意识决定企业对于知识产权工作的重视程度以及对于知识产权管理人员工作的支持程度;然后分别做好企业中层管理人员、知识产权相关关键岗位人员(如科研人员、营销人员等)、普通员工的知识产权意识提升工作。企业的知识产权意识提升规划应当对于知识产权意识提升的方式、进度、经费支持、奖惩等事项作好统筹安排。

3. 综合运用多种知识产权保护意识提升的方式

目前江苏及省属各地在知识产权培训方面投入了大量的资源,企业应当充分利用这些免费的资源,积极组织员工参加这些培训,并且对参加培训的员工提出相应的要求。企业还应当结合自身的特点自行组织一些培训班,对企业员工进行一些针对性较强的知识产权培训。企业应当组织专人开展一些知识产权普及宣传活动,并将普及宣传与日常生产经营活动联系起来。企业还应当结合一起本行业发生的典型知识产权案件加强对于企业员工的知识产权教育,特别是有效利用涉及本企业的知识产权案件,就知

---

❶ 李青. 企业内部知识产权保护措施研究 [J]. 管理观察,2017(2).

识产权风险防范和维权活动进行生动的教育。企业应当编印知识产权手册，融知识产权知识与案例于一体，方便全体员工日常处理知识产权事务和学习知识产权知识。

（三）构建企业知识产权管理的专业队伍

我国急需一批知识产权专业人员和管理人才，以促进我国企业知识产权工作的顺利推进，让我国企业真正拥有自己的知识产权团队。❶ 江苏的企业也急需构建各自的知识产权专业管理团队，这是做好企业知识产权保护工作的基本智力支撑。一般来说，大型企业应当设置专门的知识产权管理机构，并配备必要的专职知识产权管理人员，专门担负企业的知识产权保护工作。科技型中小企业需要处理的知识产权事务比较多，最好也能够设置知识产权管理部门，至少应当在相关部门中配备专职知识产权管理人员。对于其他的市场主体，从日常所涉及的知识产权事务及其自身的条件来看，配置专职知识产权管理人员既无必要、也无能力。但是，其他中小微市场主体有时也有知识产权维权的需要，或者需要应对来自其他市场主体的知识产权侵权指控，这些工作也需要专人管理。对于中小微主体来说，实现知识产权管理专业化的适当方式可以有两种选择：一是与特定的知识产权中介服务机构建立稳定的联系，形成类似"家庭医生"式的关系，由知识产权中介服务机构指定特定的专业人员长期为某一中小微市场主体提供服务。二是同行业或者同一地域的中小微市场主体共同组建知识产权管理联盟，共同配备一个小的知识产权管理专业团队，这样既能减轻各个市场主体在支付人员报酬上的负担，也能使每个市场主体获得专业化管理团队的服务。

对于配备知识产权专业管理团队的企业来说，还应当努力对知识产权专业人员进行合理的分工，如按照分别承担知识产权风险管理、知识产权创造管理、知识产权保护工作、知识产权运用管理等不同的事务进行分工，

---

❶ 程启智，王军武. 我国企业知识产权能力：现状、问题与对策［J］. 当代经济，2016（24）.

也可以按照专利事务管理、商标品牌事务管理、版权事务管理、商业秘密事务管理等不同知识产权类别的管理事务进行分工,借此提高企业内部知识产权事务管理和风险应对工作的专业化水平。

(四) 加强知识产权保护风险应对的物质技术保障

基于前文对于江苏企业在这方面存在问题的分析,要加强企业知识产权风险应对的物质技术条件的保障,着重需要做好两个方面的工作。

1. 增强企业应对知识产权保护风险的技术实力

知识产权不仅是企业的核心竞争力,也是跨国企业之间竞争的主阵地;在当今全球经济一体化的大环境下,企业之间对专利技术、商标权益的竞争是迄今为止最高级别的竞争。可以说,商标和专利是企业生存之本,一个跨国经营的企业如果没有自己的品牌和专利很难在国际市场站稳脚跟。[1] 国内市场的竞争也是如此,在技术和知识产权方面没有足够实力的企业,在知识产权风险的防范和化解方面往往会陷入被动。企业应当努力产出更多的自主知识产权,这样一方面可以在事实上减少侵犯其他企业知识产权的概率;另一方面也可以增加其他企业进行知识产权侵权指控的顾忌,减少企业被其他企业指控侵犯知识产权的情形。企业还应当努力在竞争对手知识产权所涉及的领域布局相应的知识产权,这样当企业面临竞争对手知识产权侵权指控时可以增加提起反诉的机会,增强企业对抗竞争对手侵权指控的能力。为了防范企业知识产权被其他企业侵害,或者在遭遇他人侵害时减少企业的知识产权被他人申请无效的机会,企业应当努力提高自身知识产权的质量,并对各项知识产权进行合理的布局,减少知识产权保护的漏洞,减少知识产权被他人以合理的理由侵害的机会。特别是江苏的外向型经营企业,在"走出去"的过程中会面临更加激烈的技术和知识产权竞争,为了给竞争对手造成心理压力、增强对抗竞争对手指控侵权的能力,企业应当在技术创新和品牌创造的基础上尽早在目标市场所在国或地区申

---

[1] 刘兆凯. 浅谈企业国际化中的知识产权保护[J]. 天津科技, 2013 (6).

请更多的专利和注册商标，并进行相应的布局。❶

2. 加强企业应对知识产权保护风险的物质技术支撑

知识产权风险的分析、防范和化解都需要一定的经费，企业在编制财务预算时应当就此作出专门安排。企业应当对于内部资源进行合理的配置和调度，保证知识产权管理部门及相关人员在进行知识产权维权或者应对知识产权侵权风险时对于交通工具、工作场所、仪器设备等方面的需求得到满足。有条件的企业，特别是大型企业，应当构建自己的知识产权检索分析系统和相应的数据库，为企业日常的知识产权风险分析和防范工作提供便捷的条件。

（五）健全企业内部知识产权保护风险应对体系

前文已经提及，企业内部的知识产权风险应对体系包括知识产权风险的分析、知识产权风险的防范和知识产权风险的化解三个方面，这三个方面构成一个完整的体系，任何一个方面的工作不到位，其他两方面的工作就会变得毫无意义，或者效果不佳。因此，企业原则上应当全面推进这三个方面的工作，大型企业更应当高度重视这三个方面的工作。对于每一个方面，在专业人员的配置、方案的设计、路径的选择、措施的采取和条件的保障都应当做好精心安排。

企业要健全知识产权保护风险分析机制，保证分析主体、分析内容、分析程序、分析方法、分析报告等各方面的要素尽可能合理。比如，分析主体要实现内外结合，并吸收科技人员或者其他相关人员参与；分析内容应当力求全面，对于风险的类别及表现、风险的来源、风险的成因、风险可能产生的危害、风险的变化及趋势、风险涉及的企业的生产经营环节或者工作岗位等都要进行分析，分析工作还应当与企业的实际情况紧密结合；分析程序应当规范，分析方法应当多样化，力求综合运用多种科学的方法；分析报告的要素应当完整，有利于企业在风险防范上做出有针对性的决策。

企业应当构建完善的知识产权保护风险防范机制，风险防范的主要环

---

❶ 董新凯. 企业"走出去"的知识产权风险及防范 [J]. 现代经济探讨，2017（5）.

节、风险防范职责的落实、风险防范基本条件的创造、风险防范具体措施的选择的实施、风险防范工作的奖惩机制，都应当考虑周全。在各种风险防范机制中，知识产权信息检索与分析是基本措施，对于每一种可能的知识产权保护风险，企业都应当在知识产权信息检索与分析方面作出安排；特别是对于海外知识产权保护风险，应当在海外本行业知识产权状况的收集与分析、海外竞争对手知识产权行动的收集与分析、海外知识产权法律规则的收集与分析、海外知识产权执法情况的收集与分析等方面进行较为详细的布置。另外，企业每一项具体的经营活动所涉及的知识产权事项都有其特殊性，应当努力弄清企业在海外每一个特定交易活动所涉及的知识产权事项，做好海外知识产权尽职调查工作。❶

企业应当建立有效的知识产权风险化解机制，为了防止仓促应对知识产权纠纷可能存在的慌乱及采取不恰当措施的问题，大型企业应当构建知识产权风险应急准备体系，预备好解决各种知识产权纠纷的方案。面对知识产权纠纷，企业在选择合适的纠纷解决途径、采取有效的纠纷化解策略、及时收集对企业有利的证据材料、灵活采取各种效果较好的措施等方面要有足够的能力。

二、加大外部支撑市场主体知识产权保护的力度

1. 帮助企业增强知识产权保护的基础

发挥知识产权在资源配置中的牵引作用，是市场经济快速发展的客观要求。❷ 政府知识产权主管部门应当依据其职能，利用其优势和影响力，通过多种方式帮助企业夯实知识产权保护工作的基础，特别是帮助解决企业自身无力满足的工作条件。结合江苏的现实情况，政府知识产权主管部门在这方面的工作应当聚焦于以下四点：一是借助"贯标"帮助企业提高知识产权管理规范化水平。加强"贯标"的宣传和动员，使更多的企业认

---

❶ 董新凯. 企业"走出去"的知识产权风险及防范 [J]. 现代经济探讨，2017（5）.
❷ 陈明媛. 论市场经济环境下知识产权行政管理部门的职能转变 [J]. 知识产权，2015（1）.

识到"贯标"的好处,并加大对于"贯标"企业的资助力度,使更多的企业利用"贯标"迅速提高其知识产权管理的规范化水平,从而保证知识产权保护风险管理工作的稳定有序开展。二是帮助企业构建知识产权专业管理队伍。主要是通过各种人才工程帮助企业培养高层次知识产权管理人才,利用其信息优势和沟通条件帮助企业引进所需的知识产权管理人才,通过优化政府部门组织的知识产权培训方案帮助企业培养急需的知识产权人才、提升现有知识产权管理人员的能力。三是帮助企业解决知识产权风险应对所需要的部分物质技术条件。通过政策引领和专业化的服务帮助企业提升自主知识产权产出的数量和质量,并从加强知识产权保护的角度优化境内外知识产权布局;通过项目引领帮助企业解决知识产权保护所需的部分经费;政府应该不断改进知识产权公共服务体制,优化知识产权公共服务的质量和数量,最大限度满足企业的需求,❶特别是加强知识产权公共服务平台的建设,构建一些服务于企业知识产权信息检索和风险分析的公共信息服务平台。四是帮助企业提高员工的知识产权保护意识。主要是面向企业加强知识产权知识的普及宣传,通过典型案例的宣传对于企业员工进行知识产权风险防范和应对的警示教育。

2. 借助公力对企业知识产权保护提供补充

知识产权作为私权,主要由企业自身通过法律途径加以维护。但是,由于各种因素的影响,企业在知识产权维护过程中会面临各种障碍与难题,甚至很多问题是企业无法解决的。政府主管部门应当在其职能范围内,在不构成对市场行为进行非法干预的前提下,给予企业以必要的帮助,采取一些有利于企业知识产权保护的补充措施。这种补充措施的典型代表是有效利用知识产权行政执法给予企业较为快捷的知识产权保护,包括在一些重要的企业集聚区或者知识产权纠纷发生较多的企业设立知识产权行政执法联络员,以保证在第一时间发现知识产权侵权行为,并迅速作出反应。另外,考虑到我国企业在境外维权所面临的巨大困难和阻力,政府知识产

---

❶ 贾辰君. 论我国知识产权公共服务供给的现状和改进[J]. 科学管理研究,2015(2).

权主管部门应当在企业的对外知识产权的纠纷、争端的解决上，要积极发挥政府的作用。❶ 比如，江苏省需与"一带一路"沿线国家和地区进行睦邻友好的知识产权合作，鼓励市场主体开展海外知识产权的知识产权布局、承接"一带一路"沿线国家和地区的技术转移，❷ 为企业在"一带一路"沿线国家和地区的维权行动提供一些具有较强针对性的帮助。

3. 推动社会力量为企业提供知识产权保护服务

政府知识产权主管部门应当加强与行业协会的沟通，加大对于行业协会知识产权宣传力度，发挥行业协会在引领成员企业集体进行知识产权风险防范和纠纷应对的作用。可以通过研究项目的设立引领高校和科研机构的力量为企业提供更多有效的知识产权保护对策。更重要的是，政府知识产权主管部门应当通过政策导向、项目招标等方式引领众多的知识产权中介服务机构为企业的知识产权保护提供较有针对性的服务，特别是引领知识产权中介服务机构为企业的知识产权保护工作提供全程服务。

三、构建市场主体知识产权保护联盟

1. 充分认识企业知识产权保护联盟的作用

我国当前企业知识产权保护联盟构建和运行的状况没有达到政府和公众预期的水平，一个重要的原因是大量的企业没有认识到企业知识产权保护联盟的重要作用，甚至很多企业对于知识产权保护联盟并不熟悉。因此，政府部门、行业组织及其他社会力量应当加大对于企业知识产权保护联盟的宣传力度，增强企业自发组建或者参与知识产权保护联盟的积极性。无论是何种宣传活动，应当着重使企业提高以下几个方面的认识：一是熟悉企业知识产权保护联盟的内涵和构造，即切实了解知识产权保护联盟是怎么一回事。二是充分认识到知识产权保护联盟在弥补单个企业在知识产权保护力量上不足的重要作用，认识到知识产权保护联盟所具有的重要的资

---

❶ 梁丰. 浙江民企知识产权保护与市场竞争力提升 [J]. 商业评论，2013（11）.
❷ 王莲峰，牛东芳. "一带一路"背景下我国企业海外知识产权风险应对策略 [J]. 知识产权，2016（11）.

源优化配置和互补功能。三是理解知识产权保护联盟具有的其他一些功能，如在政府的引导下，构建市场主体知识产权保护联盟，有利于增强市场主体之间的沟通合作联动，便于共同应对国内外潜在知识产权风险；通过联盟成员之间的优势互补，能够携手进行技术转移、投身科技创新和技术研发，通过技术进步增强知识产权质量；有利于成员企业共同打击知识产权侵权，通过联动机制降低知识产权维权成本；可以推进市场主体的海外布局和合作进程，鼓励市场主体参与国际竞争，有效应对海外知识产权诉讼与争端。

2. 有效借鉴当前一些企业知识产权保护联盟的经验

近年来，国家和地方知识产权主管部门通过政策引导等方式大力推动企业知识产权保护联盟或者类似联合组织的建立，在一些行业和地方也组建了多种企业知识产权保护联盟。如2017年多家知名互联网及电商企业在京联合发起成立"中国互联网企业知识产权保护战略联盟"，以"交流与提升、运用与保护、创新与发展"为宗旨，积极探究知识产权领域热点、难点的解决方案，为保护知识产权发挥更大价值，开展互联网领域打击假冒伪劣和侵犯知识产权工作，切实维护知识产权权利人法定权利和广大消费者的合法权益。[1] 在浙江，由于民营企业数量众多、分布广泛，以中小企业为主，单凭自身实力很难有效保护企业的知识产权，它们便通过建立中小企业知识产权保护联盟，通过中小企业抱团整合，建立专业的诉讼委员会，建立为联盟内企业服务的各种平台，对内深化交流，对外处理各种知识产权纠纷搞好各种合作和资源引进，降低单一企业的知识产权维护成本。[2] 据了解，目前，在国家知识产权局备案在册的产业知识产权联盟80多家；产业知识产权联盟根据目标和任务不同，可以分为联合创新型、标准共建型、共同防御型、专利池构建型等。根据主导因素的不同，其又可

---

[1] 叶纯青．中国互联网企业知识产权保护战略联盟成立［J］．金融科技时代，2017（3）．

[2] 梁丰．浙江民企知识产权保护与市场竞争力提升［J］．商业评论，2013（11）．

第六章　市场主体知识产权自我保护能力亟待增强的问题

分为政府主导、行业推动、企业自发等类型。❶

在江苏，也组建了一些企业知识产权联盟。2011年12月21日，江苏省物联网知识产权联盟成立，受江苏省科技厅、江苏省知识产权局、无锡市知识产权局业务指导，首批成员包括71家企事业单位，覆盖全国，涵盖物联网各相关领域以及知识产权相关代理机构等；2013年，江苏沭阳县木制品企业知识产权联盟成立，为当地木制品企业构建了一个知识产权方面的服务和互动平台。该联盟的主要任务是为联盟成员提供专利情报与预警分析；帮助联盟成员提高运用知识产权信息能力和提升规避知识产权风险能力；为联盟成员提供知识产权信息交流平台，实现资源共享；加强联盟成员自律，促进联盟成员互相尊重知识产权；❷ 2014年10月，江苏省石墨烯产业知识产权联盟成立，是由常州第六元素材料科技股份有限公司、江南石墨烯研究院牵头成立的合作组织式联盟。联盟成员以企业为主体，同时涵盖高等学校、科研单位、服务机构、金融机构等其他组织机构，共同推动相关高校院所、科研机构和产业上下游企业的联系与合作。❸ 2017年4月，江苏无锡市江阴市上市公司知识产权保护联盟正式成立。2017年12月，泰兴精细化工产业知识产权联盟成立，它是江苏省泰兴市首家开放性、综合性、非营利性的知识产权联盟组织，它的成立将有效加强开发区知识产权工作，对推动精细化工产业结构优化升级、打造区域产业发展高地具有重要意义。❹

江苏省内外的这些企业知识产权联盟形式多样，涉及诸多行业，合作的内容也有较大的差异。有些企业知识产权保护联盟运作良好，在提升成

---

❶ 李俊霖. 产业知识产权联盟：搬走企业发展的"绊脚石"[N]. 中国知识产权报，2016-11-23（8）.

❷ 晨夕. 江苏沭阳县木制品企业知识产权联盟成立[J]. 中国人造板，2013（11）.

❸ 江苏省石墨烯产业知识产权联盟[EB/OL].[2017-12-20]. http://www.ipzch.com/index.php/Home/Shops/toShopHomeAbout/shopId/41/ct1/-2.html.

❹ 张良琴. 泰兴经济开发区举办精细化工产业知识产权联盟成立大会暨企业知识产权培训活动[EB/OL].[2018-09-08]. http://jsnews.jschina.com.cn/tz/xxzx/201712/t20171222_1289550.shtml.

员企业知识产权保护水平方面取得了一定的成绩；有些企业知识产权保护联盟没有有效的组织和运作，甚至还流于形式，在推动成员企业知识产权保护方面发挥的作用很小。这些经验教训值得总结，它们是推动江苏省企业知识产权保护联盟进一步发展的重要基础。

3. 加快构建企业知识产权保护联盟的行动

结合当前江苏企业的实际情况，考虑到江苏现有一些企业知识产权保护联盟运作的效果，要推动江苏企业知识产权保护联盟进一步发展，还需要做多方面的努力：一是通过多种形式使企业对于知识产权保护联盟，特别是同行业企业的知识产权保护联盟有清晰的认识，如认识到产业知识产权联盟成立的重要目标是在联盟成员间构建专利池，形成知识产权共同运营的合作模式，提高和扩充联盟企业的创新转化能力，通过共建行业标准，形成共同抵御外来知识产权风险的能力。[1] 二是加强对企业知识产权保护联盟的理论研究，形成较为完善的企业知识产权保护联盟的架构和运作机制，使联盟提升企业知识产权保护能力的功能与企业保守商业秘密的需求不发生冲突，打消企业对于企业知识产权联盟消极影响的顾虑。三是知识产权主管部门和行业组织应将全国运作成功的企业知识产权保护联盟的经验加以宣传推广，增强企业组建知识产权保护联盟的信心，为企业组建知识产权保护联盟提供可行的参照；四是政府知识产权主管部门应当从政策导向、经费支持、专业辅导等方面加强对企业知识产权保护联盟构建和运作的指导和扶持。打造一些专业性的企业知识产权联盟是增强同行业或者同类企业知识产权风险防范与化解能力的有效途径。江苏的知识产权主管部门和相关行业组织应当针对一些影响较大的行业或者生产经营活动，有意识、有计划地组建一些能够切实发挥作用的企业知识产权联盟。面对全球化加快的趋势和我国"一带一路"倡议的深入推进，在经济上具有传统外向型特点的江苏，将有更多的企业遭遇海外知识产权风险或者涉外知识产权风险，在一定范围内组建企业海外知识产权保护联盟已经显得非常迫

---

[1] 李俊霖. 产业知识产权联盟：搬走企业发展的"绊脚石"[N]. 中国知识产权报，2016-11-23 (8).

切。企业的海外知识产权联盟可以有三种情况：一是同一个行业的"走出去"企业进行联合；二是同一个地区的"走出去"企业进行联合；三是在同一个目标国从事生产经营活动的"走出去"企业进行联合。这种联盟可以单纯在企业之间形成，也可以由企业、行业组织、中介服务机构等多种性质的主体联合组建。❶

---

❶ 董新凯．企业"走出去"的知识产权风险及防范［J］．现代经济探讨，2017（5）．

第七章　知识产权社会保护体系健全与优化的问题

第一节　知识产权社会保护体系及其价值

一、知识产权社会保护体系及其构造

1. 知识产权社会保护体系的含义

知识产权保护是一个要素多元化的体系，从保护主体的角度考量，可以将知识产权保护划分为知识产权的国家保护（公力保护）、知识产权的社会保护和知识产权主体的自我保护三种，其中知识产权的国家保护是指借助公权力进行的保护，主要指知识产权的行政保护和司法保护，知识产权主体的自我保护主要指以企业为代表的各种市场主体自行采取相应的措施保护其所拥有的知识产权。知识产权的国家保护、知识产权的社会保护和知识产权主体的自我保护共同构成一个完整的知识产权保护体系。

知识产权社会保护体系是由为知识产权保护提供服务和支持的各种社会力量组成的知识产权保护体系的子体系。知识产权社会保护体系具有以下几个特点：一是其保护主体为各种社会力量，主要是行业组织、知识产权服务机构、社会公众等。二是其保护方式一般缺乏刚性，多为指导性、服务性活动，通常是基于自愿进行的，而且具体的保护形式具有多样性。三是其保护范围非常广泛，不囿于特定的企业、地域或者领域。四是其保护活动的高度分散性，其保护活动的变化也比较大，在各种保护体系中是

最难以规范化的一种保护体系。

2. 知识产权社会保护体系的构造

从我国知识产权保护的实际情况看，知识产权社会保护体系主要由三种力量提供的保护构成，即行业组织的知识产权保护、知识产权服务机构参与的保护以及社会公众对于知识产权保护的参与。另外，一些高校、科研院所、社会培训机构也有一些知识产权服务资源，可以提供知识产权保护服务，如高校图书馆在知识产权保护方面便能发挥一定的服务作用。❶

以行业协会为代表的行业组织能够在知识产权保护中发挥一些独特的作用，是知识产权社会保护体系中的重要力量。行业协会在国家知识产权战略中的重要作用已引起政府的高度重视；如何充分利用我国当前经济社会快速发展的有利条件，更好地发挥行业协会在知识产权创新和保护中的优势与作用，是一个重要的课题。❷ 能够提供知识产权社会保护的行业组织主要有两类：一是行业协会，包括产业类行业协会和知识产权行业协会；二是以各种知识产权学术研究会为代表的社会研究团体。

知识产权服务机构的性质和特点决定了它们是知识产权社会保护的中坚力量。知识产权保护的专业性比较强，作为专业人才集聚的知识产权服务机构自然也就更能胜任这一工作。截至2017年，我国专利代理机构和商标代理机构已经分别达到1 824家和22 318家。❸ 随着创新驱动发展战略的深入实施和知识产权强国建设的不断推进，我国还需进一步健全知识产权公共服务体系，打造完整的知识产权服务链条，建立知识产权服务诚信体系、服务标准体系，壮大知识产权服务从业队伍，让知识产权服务支撑创新驱动发展的效益更加凸显。❹

---

❶ 张颖. 高校图书馆知识产权保护的管理与服务机制研究［J］. 情报探索，2018（6）.

❷ 于志强. 如何发挥行业协会在知识产权保护中的作用［N］. 光明日报，2013-03-16（11）.

❸ 陈婕. 完善知识产权服务 支撑创新驱动发展［N］. 中国知识产权报，2018-06-06（9）.

❹ 刘仁. 谱写知识产权服务新篇章［N］. 中国知识产权报，2018-06-06（9）.

社会公众不仅是知识产权创新成果的最终受益者，也是知识产权保护工作的重要影响者。社会公众参与知识产权保护的形式较为特殊，他们可以通过发现、举报知识产权侵权行为推动行政执法机关或者司法机关查处侵权人或者促进权利人及时采取维权行动，他们也可以通过拒绝、抵制知识产权侵权商品而使得侵权人因利益的缺失而减少或者放弃侵权行为。

二、知识产权社会保护体系的重要价值

1. 知识产权保护完善体系的独特部分

知识产权社会保护体系的构建是我国完善知识产权保护体系的重要行动。知识产权保护涉及面广、工作量大，知识产权保护所面临的情形复杂多样，随着我国经济社会的快速发展及国家形势的不断变化，知识产权保护所面临的挑战也越来越多。政府机关是市场规制的主要承担者，但其缺陷影响了对市场的有效规制，行业协会等社会组织介入市场规制活动是现实需要，有充分的理论依据，也是基于其自身的条件和优势；国内外的法律在事实上已经肯定了行业协会等社会组织作为市场规制者的地位。❶因此，知识产权保护工作无法仅仅依靠资源有限的相关国家机关和力量有所欠缺的知识产权人就能取得较好的效果，必须吸引各种有条件的社会力量的参与，动员一切社会保护资源。

江苏省已经意识到知识产权社会保护体系的重要性，《江苏省"十三五"知识产权发展规划》便明确要求实现"知识产权保护从执法监管向社会共治转变"；社会共治要求加强知识产权社会保护，健全社会保护机制，构建以中介机构和行业组织为基石、广泛发动社会公众的社会保护体系。

知识产权社会保护体系在整个知识产权保护体系中不可或缺，其具有知识产权国家保护和权利人自我保护所不具备的一些特有功能或者优势。以行业组织和知识产权服务机构为代表的社会组织，具有较强的民间性，在知识产权保护过程中可以完成很多不便于由国家机关承担的任务，特别

---

❶ 董新凯. 市场规制的社会化——以行业协会为例 [J]. 江苏社会科学，2006 (5).

是在一些涉外知识产权维权行动中。社会组织及其成员覆盖面非常广泛，对于行业的渗透和各方面知识产权信息的掌握远胜于国家机关和知识产权人自身，在信息资源作为知识产权保护重要基础的今天，社会组织无疑具有明显的优势。以行业协会为代表的行业组织具有很强的社会动员能力，更能胜任在知识产权保护过程中推动各种联合组织或者合作机制的构建。以知识产权服务机构为代表的社会组织，集聚了大量高层次知识产权专业人才；我国知识产权服务业始于20世纪80年代的科技服务业，虽然相较于发达国家起步较晚，但经过30余年的发展，知识产权服务机构数量显著增加，从业人员的素质不断提高，❶其所拥有的人才优势远胜于普通的知识产权人和部分知识产权执法机关。相对于国家司法机关和知识产权行政执法机关，社会力量在知识产权保护过程中更具灵活性，也更容易及时抓住一些有效的维权机会；相对于知识产权人自身，社会力量因本身没有利害关系而处于超脱地位，在知识产权保护过程中会显得更加理性、客观。社会组织能够在国家知识产权纠纷解决机制之外提供更多的纠纷解决渠道或者维权方式，如民间调解或者仲裁、行业自律与惩戒等。

2. 知识产权国家保护的重要助手

虽然国家司法机关和行政执法机关在知识产权保护中发挥了重要作用，但其很多作用的发挥离不开社会力量的帮助，或者说，如果离开社会力量的帮助，它们的保护行动可能不会产生应有的效果。我国国家与社会关系具有两重性：一方面，国家处于主导地位，依然垄断着集体行动的各种资源；另一方面，国家不再对社会实行全面干预，而是允许有限的自由，政府也不再完全包办公共物品的提供，而是更多地借助社会自身的力量。❷这种国家与社会关系的两重性同样体系在知识产权保护上，即国家是知识产权保护的主导力量，并且引导和规范社会力量参与知识产权保护，但国家也需要社会力量的帮助，以实现更好的知识产权保护效果。

---

❶ 董安琪. 中国知识产权服务业发展研究［J］. 上海商学院学报，2017（2）.

❷ 周俊，宋晓清. 行业协会的公共治理功能及其再造［J］. 浙江大学学报（人文社会科学版），2011（6）.

国家在保护知识产权过程中对于社会力量的需求体现在多个方面。以行业协会为代表的社会组织既可以促进知识产权立法的完善，也可以促进知识产权执法机制的完善。❶ 以社会公众为主的社会力量大且分布广泛，能够及时为国家司法机关和行政执法机关提供知识产权侵权的线索或者信息，从而推动国家机关及时采取知识产权保护行动。在处理知识产权纠纷过程中，司法机关或者行政执法机关由于自身力量的局限性往往需要专业技术人员的帮助，这些专业技术人员主要来自社会组织。国家和地方知识产权主管部门在知识产权保护方面所推行的示范工程、标准化行动、专项执法往往需要行业组织的配合才能取得较好的效果。国家通常需要借助行业组织来实现对于参与知识产权保护的服务机构进行规范和约束。国家组织或者推广的很多涉及知识产权保护的行动的检查、评估需要专业性社会组织的参与。国家在知识产权保护方面的宣传推广活动、培训教育活动往往需要委托给各种社会力量承担。以行业协会为代表的社会组织具有民间性、自愿性、同行业性、非营利性、合法性和自律性等六个方面的特征，这些特性使得它们在知识产权保护方面具有自己独特的优势，❷ 也使得它们能够帮助司法机关和行政执法机关完成很多知识产权保护事务。

3. 知识产权人自我保护的有力支撑

知识产权人单个的维权能力往往是有限的，其所能支配的资源不足以应付其在维权工作中的各种需求，借助社会力量的帮助也就成了绝大多数知识产权人的必然选择。社会力量对于知识产权人的自我保护所提供的支撑主要有两个方面。

一是加强知识产权人维权的整体力量。这主要是以产业类行业协会为代表的行业组织通常发挥的作用。行业协会具有较强的代表作用，行业协会以维护行业的整体利益为己任，当出现行业内多家企业都要面临的问题时，由行业协会出面代表多家企业应对问题往往能够发挥单个或者某几个

---

❶ 董新凯. 行业协会与国家知识产权战略的实施 [J]. 科技管理研究，2010（2）.

❷ 王娜. 行业协会在知识产权保护中的地位、优势与作用 [J]. 学术论坛，2011（3）.

企业所不能实现的作用。❶ 行业协会具有沟通作用，可以与相关国家或者地区的政府机关、司法机关、行业组织进行沟通交流，反映本行业企业的维权需求，从而使这些需求受到关注和重视。行业协会具有较强的整合作用，尤其是在面对美国"337调查"这种可能影响行业利益的知识产权侵权调查活动时，可以协调和联合本行业的企业共同应对调查。行业协会具有多方面的支撑作用，比如行业协会能够构建专业性的知识产权信息传播和服务体系，搭建行业知识产权信息平台，❷ 并借此提高本行业企业对于知识产权风险和维权信息的整体把握能力。

二是为知识产权人的维权行动提供专业支持。这种专业支持主要由知识产权服务机构提供，行业组织有时也可以为企业进行专利布局、把握知识产权维权动态提供一些专业性的服务。我国强化知识产权保护，严保护、大保护、快保护、同保护知识产权体系的高效运行，更加需要专业化知识产权服务支撑保障。❸ 尤其是中小企业，其知识产权保护工作更需要知识产权专业服务机构给予支持。大企业基于其经济实力，在知识产权支持体系上具有"自足"能力，中小企业才是知识产权服务领域的"富矿"，需要全方位和具有深度的服务。❹ 知识产权服务机构在知识产权保护方面能够为企业提供的专业支持是多方面的：为企业提供知识产权风险分析服务，帮助企业制订知识产权风险管理方案；为企业提供知识产权信息检索及风险预警服务，提供境内外知识产权布局服务，帮助企业提高知识产权风险防范水平；为企业培训知识产权保护人才；为企业制订解决知识产权纠纷的方案；直接作为代理人参与企业知识产权纠纷的解决；为企业组建知识产权保护联盟或者其他知识产权合作组织提供专业服务。

---

❶ 王娜.行业协会在知识产权保护中的地位、优势与作用［J］.学术论坛，2011（3）.

❷ 邓忠华.行业协会在知识产权保护中的地位［J］.中华商标，2007（4）.

❸ 刘菊芳.论改革开放背景下知识产权服务业发展［J］.中国发明与专利，2018（8）.

❹ 黄莎，代江龙.供给侧改革视域下中小企业知识产权服务模式变革［J］.理论视野，2018（5）.

第二节　江苏当前知识产权社会保护体系的问题

一、行业组织推动知识产权保护的不足

1. 江苏行业组织参与知识产权保护的情况

由于经济社会发展水平比较高，江苏的行业组织发展得也比较快，行业组织在产业发展、文化传承、社会建设等方面发挥了很大的作用。为了规范行业协会的活动，更好地发挥行业协会的作用，江苏省人大常委会于2011年专门制定（2017年修订）了《江苏省行业协会条例》，对行业协会管理的基本要求，行业协会的设立、变更和终止，行业协会的会员与组织机构，行业协会的职责，行业协会的内部管理和相关法律责任作了规定。在知识产权方面，江苏的行业组织也以各种形式发挥着多方面的作用。

第一，知识产权类行业协会或者社团的作用明显。这些行业协会有针对性地开展了多种知识产权保护工作，成为江苏省知识产权社会保护体系不可或缺的一环。江苏省专利代理人协会、江苏省发明协会、江苏省知识产权研究会、江苏省知识产权保护协会、江苏省法学会知识产权法学研究会、江苏省商标协会、江苏省版权协会等行业组织及其在省辖市的相应组织多年来积极参与或者推动以企业为代表的市场主体的知识产权保护工作。其保护知识产权职能作用的具体方式呈现多样化的态势：推动地方人大、政府部门及时出台或者完善与知识产权保护相关的地方性法规、政府规章或者政策文件。规范其成员单位的维权行动，促进其为企业提供的知识产权保护服务质量的提高。加强知识产权保护疑难问题的研究和研讨，为知识产权司法保护、行政执法及企业自身的知识产权保护工作提供对策或者方案。推动知识产权保护专业联盟或者企业知识产权保护联盟的构建，参与知识产权保护联盟建设或者提供专业指导，如在知识产权行业协会的促进下，成立了江苏省知识产权服务联盟，联合国内外知名的知识产权软件企业、知识产权代理机构、律师协会、知识产权评估与鉴定机构、金融机

构、知识产权推介机构、科研院所和高校等单位,以"立足江苏、辐射华东、服务全国"为目标,以"服务公众、服务企业、服务社会、服务政府"为宗旨,形成资源共享、优势互补的知识产权服务共同体。

第二,产业类行业组织发挥了一定的作用。江苏各行各业都有自己的行业协会,可谓种类繁多、数量巨大。部分地区的产业类行业组织在为本行业成员企业的知识产权保护提供服务方面做了较多的工作。如制定行业规范约束成员企业的行为,减少成员企业相互间侵犯知识产权的行为;通过一定的形式将本行业成员企业在知识产权保护方面的一些要求反映给知识产权主管部门;推动本行业成员企业结成知识产权保护联盟,在维权方面相互支持;支持本行业成员企业应对境外知识产权侵权指控或者进行境外知识产权维权行动;协助知识产权行政执法机关开展相关的维权行动或者专项执法活动,如很多行业协会在"正版正货"示范区创建活动中发挥了很大作用;为司法机关在审理知识产权案件时的事实认定提供了一些专业性的帮助。

产业知识产权联盟通常是在产业类行业协会推动下组建的,实际上是产业类行业协会知识产权保护功能的延伸。产业知识产权联盟是以知识产权为纽带、以专利协同运用为基础的产业发展联盟,是由产业内两个以上利益高度关联的市场主体,为维护产业整体利益、为产业创新创业提供专业化知识产权服务而自愿结盟形成的联合体,是基于知识产权资源整合与战略运用的新型产业协同发展组织。❶ 近些年,江苏在产业知识产权联盟构建方面有一定的进展,在苏南、苏中、苏北都组建了一些产业知识产权联盟,如在苏南组建的江苏省物联网知识产权联盟、江苏省石墨烯产业知识产权联盟、江阴市上市公司知识产权保护联盟等,在苏中成立的泰兴精细化工产业知识产权联盟,在苏北成立的江苏沭阳县木制品企业知识产权联盟等。截至2017年年底,江苏省在国家知识产权局备案的产业知识产权联盟接近15家。

---

❶ 陆介平. 我国产业知识产权联盟发展及运营态势分析[J]. 中国工业评论,2016(5).

2. 江苏行业组织在参与知识产权保护方面存在的问题

总体上看，江苏的行业组织在服务于企业的知识产权保护方面还存在很多问题：一是部分行业组织运作不稳定，影响了其在知识产权保护方面作用的发挥。有些知识产权行业协会内部机构不健全，领导机构对于知识产权方面的工作组织不力，难以在知识产权保护方面稳定地发挥作用。有些知识产权行业协会或者研究团体长时间不进行活动，更谈不上参与或者推动知识产权保护工作。二是部分行业组织在知识产权保护方面的工作力度不够。江苏一些地方法院在审理相关案件时发现行业协会在对成员企业知识产权违法行为监管方面的薄弱，提出相应的司法建议，要求行业协会要加强日常管理和指导，比如建立网吧知识产权保护及检查机制，通过定期清查来确定服务器上有无未经权利人合法授权的音乐、影视作品，减少网吧成为被诉对象的风险。❶ 有些行业协会是因为在知识产权保护方面关注不够、投入不足，有些行业协会则是因为对于行业协会在知识产权保护方面能够发挥的作用以及发挥作用的形式根本没有认识，不知道自己能够发挥什么作用、怎样发挥作用。三是部分行业组织在知识产权保护方面的能力不足。能力不足的突出体现是缺乏专业人才。知识产权保护问题涉及法律和技术两方面的专业知识，需要既懂法律又懂技术的复合型人才，但多数行业协会缺乏这样的人才，在帮助成员单位应对复杂知识产权纠纷时，难以提出有效的咨询意见，在进行调解时，缺少能够胜任调解工作的调解员，也很少能够为行业提供专业的知识产权预警服务。❷ 另外，经费的缺乏、技术条件的欠缺也使得部分行业组织在知识产权保护方面心有余而力不足。四是部分行业组织与知识产权行政执法机关的配合不力。部分行业组织未能及时将本行业知识产权侵权状况及时反映给知识产权执法机关，使得部分知识产权侵权行为未能在第一时间受到查处；部分行业组织未能

---

❶ 黄剑，王芳. 发挥行业协会作用，重视知识产权保护 [N]. 人民法院报，2012-03-22（5）.

❷ 李子健. 浅谈行业协会在知识产权转化和保护中的作用 [J]. 世界有色金属，2016（8月下旬刊）.

向行政执法机关提供本行业的一些准确信息,有时影响了行政执法机关对于侵权事实的判断。五是很多产业类行业组织在推动本行业企业知识产权联盟构建方面没有发挥应有的作用,这也是在江苏这么多产业中目前在国家知识产权局备案的产业知识产权保护联盟仅有寥寥的十几个的重要原因。

二、中介服务机构支撑知识产权保护的不足

1. 江苏中介服务机构支撑知识产权保护的状况

在知识产权战略实施后,江苏的知识产权中介服务机构发展很快,截至"十二五"末,江苏省各类知识产权服务机构达 1 800 多家,其中,专利代理机构 191 家,取得专利代理资格的人员达 2 230 人;商标代理机构达 685 家,是"十一五"末的 3 倍。❶ 信息检索、分析评议、质押融资、金融保险、战略咨询、产业预警等新兴知识产权服务业务快速发展。"十三五"期间,江苏的知识产权中介服务业发展更快,到 2017 年年底,专利代理机构已经达到 367 家,执业专利代理人达 1 150 人,❷ 在国家商标局备案的商标代理机构也已经超过 2 300 家。❸ 知识产权中介服务机构的集聚程度也逐步提高,形成苏州高新区知识产权服务业集聚区,南京市江宁区获批国家知识产权服务业集聚发展试验区,省级知识产权服务业集聚发展区启动建设,首批认定常州科教城等 3 个省级集聚区。❹ 尤其是在苏州高新技术开发区,自 2011 年 9 月,国家知识产权局专利审查协作(江苏)中心成立以来,短短两三年间,这里的知识产权服务机构便从原来不足 5 家增加至近 50 家,知识产权服务业从业人员从之前的数百人迅速增加到 1 800 余人。❺ 2016 年,苏州高新区作为首批国家知识产权服务业集聚发展示范区揭牌成立,同时开始运行苏州市知识产权"服务超市"平台。此外,南京、南通

---

❶ 江苏省"十三五"知识产权发展规划 [R].
❷ 2017 年江苏省知识产权发展与保护状况白皮书 [R].
❸ 整治行业乱象,江苏发布商标委托代理合同示范文本 [EB/OL]. [2018-07-19]. http://www.sohu.com/a/238088813_100188511.
❹ 2017 年江苏省知识产权发展与保护状况白皮书 [R].
❺ 黄自刚. 苏州高新区知识产权服务业集聚发展 [J]. 唯实,2014(11).

以及镇江等地也开始积极探索集聚区建设，南京开通了"我的麦田"，无锡上线"才标网"，常州运行"专利巴巴"，这些"互联网+"模式知识产权平台的开通，使得知识产权服务业集聚区发展模式日趋多元化。在知识产权中介服务力量不断增长的同时，知识产权中介服务的质量也在不断提升，服务类别不断增加，服务范围不断扩大，服务形式不断多样化，同时，很多地方都在着力推动知识产权中介服务向着高质量方向发展。不仅是专利代理的高端化要求越来越高，很多地方对于商标代理机构业务的拓展和质量提升也越来越重视，如无锡工商行政管理部门要求商标代理机构不断延伸商标代理服务领域，提高服务档次，着力推动传统的商标代理注册、续展等服务向品牌策划、知识产权质押融资、维权打假等高端化、综合化方面发展。❶

此外，一些具有知识产权中介服务机构相关职能的准知识产权公共服务机构在推动知识产权保护工作方面也发挥了很大的作用。这些机构以各地知识产权主管机构设立和管理的专利信息服务中心和知识产权维权援助中心为代表。江苏省专利信息服务中心是全国首批成立的公益性专利信息服务机构，其秉着"追求卓越服务，促进社会创新"的宗旨，联合中国（江苏）知识产权维权援助中心和国家知识产权局区域专利信息服务（南京）中心建立了江苏省知识产权公共服务平台，该平台以主动介入和按需服务双管齐下的模式，面向社会提供了以集成共享和公益性服务为主、个性化增值性服务为辅的多层次服务，引领、带动了全省知识产权服务业的发展，在全国也具有一定影响力。江苏的知识产权维权援助工作以中国（江苏）知识产权维权援助中心为主导，各地也分别设置了一些维权援助中心，包括无锡中心、常州中心、苏州中心、南通中心、镇江中心、泰州中心以及盐城中心等7家，构建了覆盖更全面的维权援助体系；中国（江苏）知识产权维权援助中心还积极吸收政府部门和社会机构以及有能力提供知识产权维权援助的组织成为合作单位，共同开展维权援助工作，并组

---

❶ 朱品昌，华晟．无锡：引导商标代理组织转型升级［J］．中华商标，2016（5）．

织成立知识产权专家库,对维权援助的有关事项进行分析研究并提出建议,为江苏省涉外或者重大知识产权案件提供咨询服务。中国(江苏)知识产权维权援助中心提供维权援助的主要内容有提供有关法律信息的咨询,提供侵权判定及赔偿参考意见,接受知识产权案件举报和投诉,资助特定当事人参与诉讼,为重大项目提供知识产权预警等。仅2016年,它们共接听咨询热线7 037个,接收举报投诉483起,受理维权援助案件468件,提供智力援助425次,出具专家意见书103份,向43家企业发放知识产权维权援助资金214.4万元,开展知识产权纠纷调解401次,进驻各类展会开展知识产权举报投诉与咨询服务35次,服务企业1 662家。❶

2. 江苏中介服务机构在支撑知识产权保护方面存在的问题

在不断发展和取得较多成绩的同时,江苏知识产权中介服务机构在支撑知识产权保护方面还存在不少问题。

第一,较多知识产权中介机构的服务质量不高。虽然全省知识产权中介服务机构数量很大,但大部分服务机构只能提供一些低端、传统的知识产权服务,没有能力为企业提供知识产权风险分析与预警、海外知识产权布局、知识产权保护的战略设计、知识产权风险应对体系的设计等高端服务。

第二,部分知识产权中介服务人员缺少应有的诚信。他们在提供知识产权保护服务时不是一切从当事人的利益考虑,不是以最有利于权利的保护为宗旨,而是更多地考虑自身的收益,更多地考虑其承担的业务能够很快有一个结果,特别是表面上的成效。

第三,很多知识产权中介机构存在服务力量不足的问题。有些中介机构的执业人员或者专业服务人员的数量明显不足;有些中介机构的专业人员不够多样化,难以应对种类繁多的知识产权保护需求;有些中介机构的专业人员缺乏应有的专业素养和专业技能,没有能力承接部分知识产权保护业务。

---

❶ 2016年江苏省知识产权局年报[R].

第四，知识产权服务市场秩序存在一定问题。部分知识产权中介机构或者专业服务人员的业务活动存在不规范问题，行业组织对于中介机构和服务人员的约束较为薄弱；部分知识产权中介机构或者专业服务人员还存在不实宣传、相互诋毁、低价竞争等不正当竞争行为。

第五，知识产权中介服务的部分应有作用发挥不够明显。比如，江苏有关知识产权服务中介机构的桥梁作用发挥不足。江苏省知识产权社会中介机构虽发展较快，但是没有完全发挥出其在政府主体和市场主体方面起到沟通桥梁的作用，尤其是在帮助企业规避知识产权诉讼风险方面不能满足市场的需要、在政府制定和提供相关知识产权服务政策时提供专业性的意见和具体信息不足。❶

第六，知识产权中介服务的规模化水平不高。知识产权服务集聚区的数量不多；与全国的情况一样，当前知识产权服务机构大多数为小微企业，大中企业很少，❷很多知识产权中介服务机构的规模还很小，专业服务人员仅有寥寥的几个人；在知识产权中介服务机构内部专业化程度较低，缺少必要的分工。

第七，知识产权中介服务的发展在地区上存在明显的不平衡。苏南与苏北在知识产权中介服务方面存在巨大的差距。大部分知识产权中介服务机构集中在江苏省南部地区，苏北地区的知识产权中介服务机构不仅数量少，而且不容易受到当地企业的信任，不少企业因此舍近求远，到外地聘请中介服务机构为自己提供知识产权保护服务。

第八，知识产权中介服务的国际化水平较低。在这方面江苏与全国的情况并没有太大差别。在知识产权服务业扩大开放的形势下，知识产权服务机构承接服务跨境转移和开展境外服务的准备不足，对本地产业参与国际市场竞争的高端服务支撑能力不强，对国际热点问题回应和贸易争端解

---

❶ 罗敏光，刘雪凤. 多元主体合作视角下的知识产权公共服务机制构建——以江苏省为例 [J]. 科技管理研究，2011（11）.

❷ 董安琪. 中国知识产权服务业发展研究 [J]. 上海商学院学报，2017（2）.

决方案的专业服务支撑能力不够。❶

三、社会公众参与知识产权保护的不足

1. 江苏社会公众参与知识产权保护的状况

江苏的知识产权主管部门积极采取措施发动群众，提高社会公众参与知识产权保护工作的热情。江苏的市场监督管理部门努力通过形式多样的宣传提高全民商标认知度，为实施商标战略打好广泛的社会基础：一是不断创新宣传手段。除平时发放宣传资料和组织法律法规培训外，充分利用各种媒体宣传商标法律法规和商标保护知识；借助市场监督管理机构的各种办事窗口，发放商标法规宣传资料；有效借助"4·26世界知识产权日"和"3·15消费者权益保护日"等机会开展一些大型商标宣传咨询活动。❷科技和知识产权主管部门畅通投诉举报渠道，为社会公众举报知识产权侵权违法行为创造条件，如淮安市科技局、市知识产权局制定出台了《淮安市知识产权市场监管实施办法》，设立知识产权维权援助举报投诉材料受理点，在市知识产权维权援助中心设立"12330"知识产权维权援助举报投诉热线。部分知识产权主管部门还设立奖励，鼓励社会公众举报假冒专利等违法侵权行为。版权管理部门在发动群众方面，针对网络侵权盗版隐蔽性强、不易发现的特点，加大举报奖励工作，积极动员广大权利人和社会公众举报网络侵权盗版案件线索。❸

社会公众的参与为国家相关行政执法机关查处知识产权侵权或者违法犯罪行为提供了较多的帮助，很多重要的知识产权案件是经社会公众举报后受到处理的。从江苏商标执法的情况看，由于消费者以及执法人员难以辨别侵权商品及被侵权注册商标商品的差别，使得商标侵权案件的来源主

---

❶ 刘菊芳. 论改革开放背景下知识产权服务业发展 [J]. 中国发明与专利, 2018 (8).
❷ 王平. 浅谈工商部门如何助推商标战略 [N]. 江苏经济报, 2015-02-10 (B03).
❸ 赖名芳. 加大打击网络侵权盗版 净化网络版权环境 [N]. 中国新闻出版报, 2012-07-05 (4).

要依赖于注册商标所有权人的投诉或者举报。❶ 2016年，江苏省徐州市公安局根据一市民对于网上售假的举报，历时1年零8个月，先后奔赴广东、山东及韩国釜山市、昌原市等地，侦破一起特大跨境制售假品牌化妆品案，先后抓获犯罪嫌疑人37名，捣毁造假、售假窝点113处，扣押假冒注册商标的化妆品一批，涉案金额达2亿元，受害人遍及多地。❷ 国家版权局"剑网2016"专项行动第一批网络侵权盗版案件查处情况的通报显示，各级版权行政执法部门接到来自权利人和社会公众的大量投诉举报线索，国家版权局初步核查网络侵权盗版案件线索950余条，并将部分重点线索移交相关地方查处，其中包括江苏的苏州"风雨文学网"涉嫌侵犯著作权案、镇江"10·26"制售侵权复制品案等影响大、案值大的案件。❸

另外，基于消费者权益保护法等法律对于假冒商品实施惩罚性赔偿的规定，在江苏也出现了一些职业"打假人"；对于他们的行为虽然有一定的争议，但他们的举动在客观上震慑了侵权假冒行为人，使部分知识产权侵权行为受到一定的抑制。

还有一些社会公众以较为特殊的形式参与知识产权保护工作。经过政府部门及社会组织的广泛宣传，江苏公众的知识产权意识得到一定的提升，有些公众自觉抵制廉价实用的侵权盗版商品，他们不是从自身利益的角度去考虑是否购买假货，而是从净化市场环境、保护权利的创新成果的角度考虑问题，"知假买假"的行为有所减少，减少了侵权盗版人获得的机会及获利的数额。

2. 江苏社会公众参与知识产权保护的问题

从江苏的现实情况看，社会公众参与知识产权保护的状况还难以令人

---

❶ 顾海巍. 浅析商标侵权案件的查处难点及对策 [N]. 江苏经济报, 2013-03-14 (B01).

❷ 江苏徐州查获制售假冒品牌化妆品案抓获犯罪嫌疑人37名 [J]. 中国防伪报道, 2017 (9).

❸ 国家版权局通报"剑网2016"专项行动第一批网络侵权盗版案件查办情况 [J]. 中国出版, 2016 (21).

满意，还存在不少问题，可以概括为以下六种主要情况。

一是社会公众对于其参与知识产权保护的方式还存在认识误区。比如，举报是社会公众推动知识产权保护工作的一种重要方式，但很多人对于举报本身并没有清晰的认识。正如有学者针对网络侵权的举报所说，在一个剽窃、抄袭已成为常见现象的资讯发达时代，"网络实名举报"可能是正风气的义举，但需要厘清的是，网络发文实名举报是否是法律意义上的举报？法律意义上的举报有着严格的内涵与外延，须满足一定的条件，比如，法定程序、特定机构、特定对象、特定场所。举报，意为检举、报告，是指公民或者单位依法行使其民主权利，向司法机关或者其他有关国家机关和组织检举、控告违纪、违法或犯罪的行为。❶ 事实上，很多举报人对此并不清楚。

二是社会公众在利用举报等方式参与知识产权保护时存在一定的顾虑。这种顾虑一方面是担心侵权人的打击报复，另一方面则是对于自己行为性质或者后果的不确定。比如，在互联网时代，网络实名举报、网络爆料行为已成为常见现象，但问题是网络实名举报知识产权侵权是否会侵犯名誉权？当举报权、名誉权、知识产权相互交织时，该如何处理？❷ 很多人因对此把握不住而对于举报采取非常谨慎保守的态度。

三是社会公众的部分知识产权保护行动出于不好的动机，可能会影响其行为在知识产权保护方面的真正效果。有些人为了谋取奖励而举报的，他们可能在未对被举报人行为的基本情况作核实的情况下就贸然举报，既可能会对事实上没有构成侵权的被举报人造成很大干扰，也可能浪费本来已经较为紧张的知识产权行政执法资源。

四是社会公众参与知识产权保护的行为因为一些主客观上的障碍而受到了局限。比如，目前对于网络侵权盗版行为的危害，许多公众并不了解，因此未能参与到打击盗版的行列之中。❸ 面对微信上出现的诸多侵权行为，

---

❶❷ 关什新. 举报侵犯知识产权与名誉侵权有待厘清 [N]. 检察日报, 2015-02-12 (3).

❸ 侯红霞. 浅析打击网络盗版机制的构建 [J]. 出版参考, 2017 (6).

复杂举报程序难坏维权人,因为微信公众平台显示,举报流程算不上轻松;如果用户想要举报对方侵权,需要填写《微信公众平台侵权投诉通知书》,证明自己对文章的原著权以及对方侵权事实,打印后加以盖章或签名,再以电子版形式上传至平台,之后再等待腾讯方面的回应。❶ 这种商家的举报程序在一些地方行政执法部门向公众公布的侵权举报程序中也或多或少地存在。另外,不少公众虽然也意识到知识产权侵权行为的危害及自身举报的意义,却抱着"事不关己、高高挂起"的漠然态度,举报热情不高。

五是社会公众出于知识产权保护目的举报的案件,行政执法机关在查处时存在一定的难度。比如,版权执法机关根据举报介入查处的著作权纠纷案件,因为权利人、利害关系人的缺位,他们很难收集著作权侵权证据;而且,著作权行政执法部门根据举报对涉嫌侵犯著作权的行为进行立案查处的可操作性存在一定争议。❷

六是社会公众还存在一些不利于遏制知识产权侵权活动的行为,对于知识产权侵权保护造成一定的消极影响。比如从目前法律规定看,公众"知假买假"是不负法律责任的,至多其只有道义上的责任,有些人便明知商品是侵权假冒却因其价格低廉而购买。❸ 这些行为实际上无意识地支持了知识产权侵权行为,因为它们使知识产权侵权商品有了市场。

第三节 发挥江苏知识产权中介机构作用的对策

一、壮大知识产权中介服务机构的力量

1. 继续扩大知识产权中介服务机构的队伍

虽然江苏的专利代理机构和商标代理机构及相应的专业从业人员在总

---

❶ 张倩怡. 别让复制粘贴毁了微信公众号 [J]. 决策探索, 2015 (1月上旬刊).
❷ 杨勇. 举报在著作权行政执法中的作用探讨 [J]. 中国出版, 2014 (2).
❸ 文清. 对于"知假买假"以及消费者的举报权的思考 [J]. 中国防伪报道, 2016 (4).

量上比较大，但相对于江苏专利与商标品牌的发展速度及相应的知识产权业务要求而言，还显得不足，更不要说版权中介服务机构的薄弱问题了。要进一步扩大江苏的知识产权中介服务机构队伍，当前主要的工作有以下三个方面。

一是进一步促进专利代理服务队伍的建设。虽然江苏的专利代理机构已近400家，但从13个地区考虑，每个地区仅仅30家；从江苏每年约50万件专利申请事务和19万件有效专利的运用与保护等方面的需要看，❶ 平均每个专利代理机构的压力是很大的。江苏需要采取措施进一步鼓励有条件的专业人员设立新的专利代理机构，通过新增专利代理机构吸引更多的专业人员参与专利中介服务，增强专利代理机构之间的竞争，促进专利代理机构的业务提升。在机构数量增长的同时，江苏应当努力促进更多的专业人员进入专利代理人队伍。一方面，江苏目前取得专利代理人资格的专业人员已近2 500人，但只有约一半具有资格的人员成为执业人员。江苏应当通过更多的激励措施使更多具有专利代理资格的人员进入执业人员的行列。另一方面，江苏还应当一如既往地加强专利代理人资格考试的推动工作，使更多的专业人员通过该项考试，从而具备进入专利代理人队伍的前提。在本地挖潜的同时，江苏还应当出台更多的激励政策，提供更多的便利条件，吸引境外和国内高水平的专利代理机构或者专利代理人才进入江苏开展业务。此外，江苏还应当通过加强培训密度、扩大专利代理人交流范围等措施全面提高专利代理人的素养和专业技能；采取措施促进中介机构实现专业人员的多样化，能够在各个主要技术领域及各个主要专利工作环节拥有相应的专利执业人才。

二是着力提高商标代理服务人员的素质。江苏虽然从事商标代理服务的人员数量很大，但很多专业人员的业务素质不高，不能提供复杂或者附加值高的商标品牌服务。这就需要政府商标品牌主管部门和商标行业组织

---

❶ 王晓映，胡兰兰. 江苏每年新增专利申请约50万件，创造为科技注入新活力[EB/OL]. [2018-09-23]. http://news.sina.com.cn/o/2018-07-25/doc-ihfvkitw5194863.shtml.

能够研究和出台更多有效的政策或者措施，特别是通过引入第三方能力评估、加大培训工作力度、加大对损害客户利益行为的追究等方式给商标代理机构及商标代理人员自行提高专业素养增加压力，创造条件。

三是加大版权中介服务队伍的建设力度。针对版权中介服务机构和版权中介服务人员的数量均不能满足江苏作为文化大省和构建版权强省需要的问题，江苏版权主管部门首先应当加大版权服务专业人员的培养、培训力度，特别是与高校合作进行版权专业服务人才的系统培养，采取一些激励措施选择一些文化从业人员加强版权知识和保护技能的培训。在版权中介服务人员数量有较大增加的基础上再采取一些扶持政策，鼓励投资人或者版权专业人员设立版权中介服务机构。

2. 加快提升知识产权中介服务的规模化水平

江苏知识产权主管部门及知识产权行业组织应当加强对律师事务所、会计师事务所等其他类型的专业服务机构的调研，借鉴扩大服务机构规模的经验。在此基础上，制定持续推进知识产权中介服务机构规模化水平提升的方案，并针对不同地区、不同类型的知识产权服务、不同服务机构的特点采取一些具体的有效措施。在知识产权服务机构规模提升方面，江苏未来一段时间的工作重点应当是商标代理机构。据统计，全省目前很多商标代理机构的从业人员只有5人左右，规模较小。❶ 政府相关主管部门或者业务部门应当通过公共服务的招标、第三方水平评估、专项业务指导等方式促进商标代理机构扩大规模，商标行业组织应当加强引导和沟通，推动现有的商标代理机构通过合并等方式实现规模的扩大。各政府知识产权主管部门、行业组织可以联合开展知识产权服务机构规模提升工作，特别是推动一些集专利、商标、版权等多方面知识产权业务于一身的综合型知识产权服务机构的设立。

3. 大力建设落后地区的知识产权中介服务机构

针对苏北地区知识产权服务机构数量少、专业人员不多、类型不全等

---

❶ 孙茂强. 全国首创！规避商标代理乱象 江苏引入"风险告知书" [EB/OL]. [2018-07-30]. http://news.jstv.com/a/20180618/5b277c91f3ca6264ac2af9de.shtml.

问题,江苏知识产权主管部门在制定知识产权服务业促进政策文件时应当有所考虑。江苏力争在"十三五"期间使从事知识产权代理、运营、策划、信息、法律服务的专业人才达到4.4万人,❶ 在落实这一规划时,应当重点考虑苏北地区的薄弱问题,从多方面给予必要的扶持。另外,针对苏北地区知识产权服务机构不容易受到当地企业信任的问题,一方面服务机构自身要通过提高其服务水平和服务效果赢得较好的声誉和客户的信任,另一方面政府知识产权主管部门及行业组织要利用其公信力和影响力,提供更多可以促进知识产权服务机构与企业沟通交流的平台或者渠道,增进服务机构与企业之间的了解。只有让苏北的知识产权服务机构能够更多地占有当地的服务市场,具有较好的发展空间,才能为现有的服务机构扩大规模增加信心,也才能吸引更多的人设立新的服务机构以进入当地的知识产权服务市场。

二、提高知识产权中介机构的服务水平

1. 提高知识产权中介机构的服务质量

首先要提高传统知识产权中介服务的质量。由国家知识产权局、中华全国专利代理人协会等起草的国家标准《专利代理机构服务规范》发布,该规范围绕提升专利代理质量这一核心目标,从服务质量管理规范性的角度出发,集中解决专利代理服务过程中存在的突出问题,如专利代理机构管理问题、专利代理服务程序、专利代理服务质量等。❷ 江苏应当加大这一规范的落实进度。江苏的商标主管部门和行业组织已经采取了一些行动,如原工商行政管理部门针对商标代理过程中一些常见的、易扯皮的事项列出了"问题清单",并据此研究出台了一份商标委托代理合同的示范文

---

❶ 具体情况参见《江苏省十三五知识产权服务业发展规划》规定的发展目标。
❷ 陈婕. 完善知识产权服务,支撑创新驱动发展 [N]. 中国知识产权报,2018-06-06 (9).

本,❶ 商标协会与标准化主管部门配合制定了商标代理的推荐性标准。在今后一段时间,应当努力将这些行动坚持下去,并不断创新。江苏各知识产权主管部门应当加大知识产权服务业发展规划的落实力度,加紧制定并推广本地的知识产权代理行业服务标准,实施针对专利申请、复审、无效代理等核心业务的质量提升工程;加强专利申请质量监测与反馈,建立专利申请文件质量评价体系,完善针对专利代理质量的反馈、评价、约谈机制;加强商标代理与品牌服务信用体系建设,完善商标代理服务约谈机制;建立客户评价系统,用市场评价方式促进服务质量提升;开展专利代理机构星级评定,强化专利代理机构分级管理;开展百件优质发明专利申请文件评选,提升专利代理文件撰写质量。

江苏有必要实施知识产权服务能力提升工程,努力改变目前大部分服务机构只能提供一些低端、传统的知识产权服务的局面,通过系统培训、业务交流等方式提高知识产权服务人员提供高附加值服务的能力,特别是增强为企业提供知识产权风险分析与预警、海外知识产权布局、知识产权保护的战略设计、知识产权风险应对体系的设计等高端服务的能力。同时,通过政策引导等方式,拓展知识产权中介服务机构的服务范围、服务类型和服务方式,比如引导知识产权服务中介机构在政府主体和市场主体方面发挥沟通桥梁的作用,在政府制定和提供相关知识产权服务政策方面提供专业性的意见和相关信息。❷

2. 提升知识产权中介服务人员的诚信度

江苏的知识产权行政主管部门负有维持知识产权服务市场秩序的职能,面对目前部分服务机构和中介服务人员存在的一些不实宣传、相互诋毁、低价竞争等不正当竞争行为,应当根据反不正当竞争法、广告法等法律加以查处。同时,政府知识产权主管部门应当制定一些地方性的知识产权服

---

❶ 孙茂强. 全国首创!规避商标代理乱象 江苏引入"风险告知书"[EB/OL]. [2018-07-30]. http://news.jstv.com/a/20180618/5b277c91f3ca6264ac2af9de.shtml.

❷ 罗敏光,刘雪凤. 多元主体合作视角下的知识产权公共服务机制构建——以江苏省为例[J]. 科技管理研究,2011(11).

务市场规范性文件，加大对于知识产权服务业的不规范行为的约束和制裁力度。江苏的知识产权行业组织，特别是知识产权服务业的行业组织，应当充分发挥行业协会的自律作用。规范行业竞争、协调行业发展向来都是行业协会的重要任务，这对提升行业竞争力，维护行业整体利益极有好处。❶ 行业协会应制定一些内部规则对本行业内部的搭便车、诋毁竞争对手、低价竞争等行为进行约束。❷ 同样，对于在执业中由于不诚信而侵害客户利益的行为，政府主管部门应当支持客户依据合同法、侵权责任法、消费者权益保护法等法律追究执业人员的责任。同时，政府知识产权主管部门和知识产权服务类行业协会还应当加强对于执业人员的职业道德教育，单独或者协调制定约束知识产权中介服务人员的执业规范。通过行业评优、优秀服务人员推介等方式从正面激励执业人员注重诚信服务。

3. 提高知识产权中介服务的国际化水平

中国正大力加快融入世界开放格局，知识产权国际交流日益广泛，企业"走出去"参与国际竞争，更加需要知识产权服务保驾护航；"一带一路"倡议的深入实施，应对美国"301"和"337"调查，扩大海外交流与参展推介，企业开拓海外市场进行专利布局、海外并购或者投资活动等，需要高端知识产权服务的预警护航。❸ 这既是对江苏知识产权服务工作的巨大挑战，也是江苏知识产权服务业发展的良好机遇。江苏作为知识产权强省建设的试点省份，应当牢牢抓住这一机遇。江苏省知识产权主管部门应当将提高知识产权中介服务的国际化水平作为一个专项工作来抓，采取一些有针对性的措施：从短期见效的角度考虑，知识产权主管部门可以与知识产权服务业行业协会密切合作，从现有知识产权代理人员中选择一批基础扎实、可塑性强、外语水平高的人员，进行提升涉外服务业务水平的

---

❶ 窦竹君. 行业协会走上前台 [J]. 经济论坛, 2003 (6).
❷ 于文萍. 政府、行业协会、企业在知识产权保护中的作用 [J]. 内蒙古师范大学学报（哲学社会科学版），2002（6）.
❸ 刘菊芳. 论改革开放背景下知识产权服务业发展 [J]. 中国发明与专利, 2018 (8).

专项培训，并将他们送到国外进行一定时间的学习、交流和观摩，在培训时加强与境外高水平知识产权中介服务机构的合作，邀请境外高水平知识产权服务专家到江苏给培训学员授课。从长期持续国际化的角度考虑，江苏知识产权主管部门及知识产权服务业行业组织应当加强与知识产权人才培养条件较好的高校进行合作，专门就国际化知识产权服务人才的培养制订系统的方案，加大资源配置力度和合作力度，形成不断向社会输送国际化知识产权服务人才的能力。

三、促进知识产权中介服务机构与企业的对接

1. 加强知识产权中介服务机构与企业的沟通交流

知识产权中介服务机构要想拓展业务，提高服务质量，就必须深入了解企业对于知识产权服务的真实需求，从而调整和优化自身的服务体系，创新服务机制，提高自己的服务能力。供给侧结构性改革不能脱离对需求端的认识，既不能忽视需求侧的现实需求，还要满足需求端的变化，更要通过创新引领主动调整供给端达到引领需求端的目标，形成"供需平衡"的理想状态。[1] 当前，在江苏的一些地方，很多知识产权中介服务机构的服务没有得到当地企业的认同，甚至得不到企业的信任，这与知识产权中介服务机构不了解企业的真实需求，没有有针对性地开展服务工作，服务内容和方式不适应企业的创新活动有很大的关系。要改变这种状况，一个重要的途径就是加强知识产权中介服务机构与企业的沟通交流，有效提高双方相互认识的程度。

加强江苏知识产权中介服务机构与企业的沟通交流，主要的路径有以下几个方面：一是经常性的座谈与对话。知识产权主管部门可以定期组织知识产权服务机构的代表与企业代表进行座谈和对话，每个知识产权中介服务机构也可以根据自己的服务面向定期邀请若干企业的代表进行座谈和对话。为了尽可能与更多的企业进行座谈与对话，对于每一次参加座谈的

---

[1] 胡鞍钢，周绍杰，任皓. 供给侧结构性改革——适应和引领中国经济新常态[J]. 清华大学学报（哲学社会科学版），2016（2）.

企业可以进行更换。二是面向企业的宣传展示。政府知识产权主管部门或者知识产权服务行业协会可以采取一些有影响的方式对于知识产权中介服务机构定期进行集体展示，宣传服务机构的业务范围、业务能力和代表性的服务活动；每一个知识产权中介服务机构应当自行采取多种有效的形式面向企业宣传推介自己，特别是向企业展示自己的服务能力、服务特长和主要的业绩，吸引企业的关注。三是定期到企业进行调研。知识产权中介服务机构应当主动走向企业、深入企业，加强对企业的日常调研，充分了解作为自己主要服务对象的企业的生产经营状况、创新成果、竞争环境和知识产权保护能力。四是共同进行知识产权事务研讨。政府知识产权主管部门应当经常举办由知识产权中介服务人员和企业代表参加的知识产权事务研讨会，共同讨论企业的知识产权保护问题及知识产权服务与企业知识产权保护需求对接的问题。五是面向企业的知识产权问诊活动。知识产权中介服务机构应当经常举办一些知识产权保护问诊活动，了解企业关心的知识产权保护问题及企业存在的知识产权保护问题，也让企业感受到服务机构对于企业知识产权保护事务的关心。六是对于产业发展情况的学习。知识产权中介服务人员必须对于其服务面向的主要行业的生产经营特点、技术发展情况、市场竞争情况等加强学习，才能对于该行业的企业在知识产权保护方面的问题和需求有更加深入的认识。

2. 建立知识产权中介服务机构与企业的稳定关系

知识产权中介服务机构与一些特定的企业建立稳定的联系，可以在第一时间发现和处理企业知识产权保护方面的问题，企业也可以在第一时间在知识产权保护方面得到专业指导或者服务。知识产权中介服务机构与企业建立稳定关系的方式可以有多种，比如知识产权服务机构在主要的客户企业设立联络员或者在企业派驻专业人员；知识产权中介服务机构可以为一些主要的客户企业设立交流专线，组织若干专业服务人员及时解答这些企业的问题；知识产权中介服务机构可以充分利用新媒体，由若干专业服务人员与主要客户建立QQ群或者微信群，及时在小范围内进行沟通。

由于中小企业量大面广，知识产权中介服务机构一般无法与个别企业单独建立稳定的联系,可以采取 QQ 群、微信群等方式与一定范围内的多个企业形成一种稳定的关系,充分利用好互联网的平台。以互联网为基础,传统的知识产权服务资源、服务人员、服务方式可以利用互联网技术的互联互通,将"点对点"的服务渠道转化为"点对面"的服务架构,进而提升知识产权服务质量水平;"互联网+"知识产权服务实现了知识产权服务供给的扁平化,不仅提升了知识产权服务质量,而且让个性化的知识产权服务更易于获取,为中小企业打开了知识产权服务高效通道。[1]

3. 实现知识产权服务类行业组织与产业类行业组织的密切合作

行业协会既不同于企业以谋取个体利益为目的,也不同于公益法人以促进公共利益为目的,行业协会的宗旨主要在于促进本行业的集体性利益或共同性利益。[2] 这就决定了行业协会具有代表性,行业协会以维护行业的整体利益为己任,当出现行业内多家企业都要面临的问题时,由行业协会出面代表多家企业应对问题往往能够发挥单个或者某几个企业所不能实现的作用。[3] 知识产权中介服务机构与企业的对接需要一定的组织推动,由于行业组织的代表性,由行业组织推动这种对接既有合法性,也容易产生较好的效果。如果代表知识产权中介服务机构利益的知识产权类行业协会和代表企业利益的产业类行业协会能够进行密切合作,就可以利用它们各自的影响力和动员能力促进知识产权中介服务机构和企业之间进行更多、更广泛的沟通、交流活动。

---

[1] 黄莎,代江龙.供给侧改革视域下中小企业知识产权服务模式变革 [J].理论视野,2018(5).

[2] 吴碧林,眭鸿明.行业协会的功能及其法治价值 [J].江海学刊,2007(6).

[3] 王娜.行业协会在知识产权保护中的地位、优势与作用 [J].学术论坛,2011(3).

第四节　发挥江苏行业组织知识产权保护作用的对策

一、提高行业组织管理者的知识产权素质

1. 行业组织管理者应有的知识产权素质

如果行业组织的管理者没有相应的知识产权素质，就不可能带领行业组织在促进知识产权保护方面发挥作用。从促进知识产权保护工作的需要看，知识产权专业类行业组织的管理者和产业类行业组织的管理者都应当具备必要的知识产权素质，❶ 但不同的行业组织的管理者所需要的知识产权素质是有差异的。

知识产权专业类行业组织的管理者一般具有较多的知识产权理论知识、知识产权法律知识、知识产权管理知识，他们还需要在法律诉讼、产业发展、国家或者某些领域的市场状况、对外贸易等方面具有较多的知识和认识。产业类行业组织的管理者一般对于本行业的经济发展、市场竞争、技术创新等情况比较熟悉，他们需要掌握基本的知识产权法律知识、诉讼法律知识、知识产权管理知识等。同时，两类行业组织的管理者都应当对于行业组织的功能及其在企业知识产权保护方面能够发挥的作用有较多的认识；行业组织的管理者都应当具有较强的知识产权保护意识，有通过行业组织的管理促进知识产权保护水平提升的强烈愿望。

2. 提高行业组织管理者知识产权素质的措施

有研究表明，行业组织的效能与行业组织的人力资本具有显著相关关系。❷ 行业组织保护知识产权功能的发挥有赖于行业组织管理人员素质的提高。政府知识产权主管部门和行业组织自身应当采取多方面的措施提高

---

❶　知识产权专业类行业组织包括专利代理协会、商标协会、版权协会等与知识产权相关的行业协会，以及知识产权研究会等与知识产权相关的社会团队；产业类行业组织主要是指由各种企业或者营业单位作为成员的行业协会。

❷　李学楠. 行业协会的效能与资源依赖［J］. 广东行政学院学报，2014（1）.

行业组织管理者的知识产权素质。一是加强专项培训。政府知识产权主管部门可以在现有的培训体系框架内增加针对行业组织管理者的知识产权培训，行业组织也应当加大对于本系统的管理者进行知识产权培训的力度。为了增强培训效果，有必要针对不同类型行业组织的特点和行业组织管理人员的知识基础对于培训内容进行有针对性的设计，并在培训方式上做出灵活的安排。二是促进行业组织管理者参加相关的研讨与交流。知识产权专业类行业组织应当更多地参与一些产业发展、经贸工作的研讨会，增强其知识产权服务的针对性；产业类行业组织的管理者应当更多地参加知识产权理论研讨会和知识产权实务工作研讨会，增加对于知识产权知识和知识产权保护实践的了解。行业组织的管理者应当加强与知识产权保护机构、知识产权服务机构和知识产权权利人的交流，更多地了解知识产权保护的现实问题和知识产权保护工作对于行业组织的需求。三是参加对于知识产权工作的调研。调研的范围包括各种与知识产权保护相关的组织和人员，增强对于知识产权保护工作的切身感受。四是增加对外交流。政府知识产权主管部门或者行业组织应当更多地组织行业协会的管理者到境外进行参访、交流，主要是与境外一些成熟的行业协会进行交流，学习它们参与知识产权保护的经验。

二、提高行业组织知识产权事务的协调沟通能力

1. 行业组织在知识产权事务方面协调沟通的主要内容

行业组织对于知识产权保护所发挥的作用往往是通过协调沟通得以实现的，这种协调沟通的内容主要有：一是在政府部门与企业之间进行沟通协调。行业协会可以发挥政府和企业之间的桥梁纽带作用，在了解企业的需求和面临的问题后，向政府有关部门反映。[1]行业组织可以将企业的知识产权保护需求加以收集与梳理，集中向政府部门反映，推动政府部门采取必要措施。二是与外国政府和行业组织进行沟通协调。作为行业的代表，

---

[1] 王娜.行业协会在知识产权保护中的地位、优势与作用［J］.学术论坛，2011(3).

行业协会等组织可以及时与外国政府和行业组织进行沟通，反映或者说明中国企业及中国市场的情况，消除外国政府和行业组织在知识产权保护方面对于我国企业存在的一些误解或者不正确看法，避免我国企业的知识产权利益免受不合理的损害。三是在知识产权服务机构与本行业企业之间进行沟通协调。通过沟通协调增进知识产权服务机构与本行业企业的了解，帮助知识产权服务机构与企业建立稳定的关系，在知识产权保护方面实现知识产权服务机构与企业更有效的对接。四是在企业与司法机关之间进行沟通协调。特别是在与本行业企业相关的某一类知识产权案件处理上，及时与司法机关沟通，将企业的呼声和需求反映给司法机关，以便司法机关在审理相关案件时能够综合考虑多方面的因素。

2. 提高行业组织知识产权事务协调沟通能力的方式

行业组织要能够有效协调政府与企业之间的关系，就要处理好其自身与政府的关系，行业协会与政府之间要形成良性的互动。[1] 行业组织能够在知识产权保护方面发挥多大的沟通协调作用，在很大程度上取决于行业组织管理人员的沟通协调能力。这种沟通协调能力可以通过适当的培训、加强与境内外相关组织或者人员的交流、增加实践操作等方式得以提升。

三、促进行业组织掌握知识产权事务管理的科学方法

1. 行业组织管理知识产权事务的主要方法

以行业协会为代表，行业组织在知识产权保护方面发挥较大的作用，一个重要的路径是在本行业内部提高成员企业的知识产权保护能力、减少行业内部的知识产权侵权行为、有效解决行业内部企业间知识产权纠纷。这种内部知识产权保护作用的发挥有赖于其能够合理利用多种有效方法进行行业内的知识产权事务管理。行业协会对于本行业知识产权事务的管理应当着重运用下列方法：一是制定行业行为规范。行业协会是一个自治组织，其自治的重要方式是制定并且实施内部规范。行业协会可以通过制定

---

[1] 郑小勇，赵立龙，陈学光. 制度理论视角下行业协会的功能解析与建设要求 [J]. 重庆大学学报（社会科学版），2011 (6).

内部规范，约束成员企业的行为，对于成员企业其他成员知识产权的行为进行内部制裁；通过制定内部规范，要求成员企业在应对境外知识产权侵权诉讼时进行相互协作；通过制定内部规范，要求成员企业相互及时告知其所了解的、针对本行业企业的知识产权侵权信息。二是设定和保护"行业知识产权"。针对因为周期比较短、不适宜申请知识产权的创新成果，可以设定为"行业知识产权"，全体成员企业予以承认，并加以保护。这种管理方法在行业协会比较成熟的我国浙江温州地区很早就开始使用。如温州剃须刀行业协会制定了《剃须刀行业维权公约》，其中规定：要求维权的产品，必须是国内外市场上未曾出现过，属自行设计制造的；维权产品经审核符合条件，予以登报承认，发给维权证书，"行业专利"立即生效；如发现他人有侵权行为，一经查实，将对侵权产品的模具和专用夹具予以就地销毁，仿冒的产品和专用零配件给予没收。[1] 三是进行专业指导。对于行业协会，为企业服务是行业协会的首要目标，服务的具体途径之一便是指导、帮助企业改善经营管理。[2] 行业协会可以单独或者联合知识产权专业机构对于成员企业的知识产权保护工作进行定期指导，行业协会甚至可以聘请知识产权专家通过现场会、网络平台、走访企业等形式对于企业的知识产权保护工作进行多样化的指导。四是加强专业培训。行业协会既要积极组织成员企业参加政府知识产权主管部门或者其他组织举办的知识产权培训班，也应当针对本行业企业在知识产权保护方面的问题自行举办专项培训班，聘请法官、律师、知识产权中介服务人员、知名企业知识产权高层管理人员等专业人员从不同角度对于企业法务人员或者知识产权管理人员进行知识产权维权知识和技能的培训。五是推动成员企业组建知识产权联盟。行业协会应当向成员企业广泛宣传企业知识产权联盟的特点、作用，引领本行业企业构建知识产权联盟，并为联盟的组建和运行创造必

---

[1] 赵坤. 行业协会在产业集群知识产权保护中的作用 [J]. 甘肃行政学院学报，2007 (1).

[2] 蔺丰奇，吕颖，仲晓芳. 行业协会的环境适应性与管理创新 [J]. 经济与管理，2009 (12).

要的条件，借助企业知识产权联盟提高本行业企业保护知识产权的整体能力。

2. 行业组织运用知识产权事务管理方法所需要的能力

从理论上说，制定和实施行业规范、设定和保护"行业知识产权"、进行专业指导、加强专业培训以及构建企业知识产权联盟是行业协会对于本行业的知识产权事务进行管理、促进成员企业知识产权保护工作的有效方法，但这些方法能否真正得到运用并发挥功效，还要取决于行业协会是否具有运用这些知识产权事务管理方法的能力。这些能力主要包括以下几种：一是对于行业协会内部规范的性质和效力范围有充分的了解，具有制定规范性文件的能力，并且对于本行业需要监管的内部侵犯知识产权的状况有较多的认识。二是对于国家知识产权法律制度在保护市场生命周期较短的创新成果方面的不足有充分的认识，有能力对于"行业知识产权"设定科学的条件、合理的保护措施和有效的执行机制。三是具有为企业提供知识产权保护专业指导的能力，行业协会自身应当具有相应的专业人员，或者能够动员成员企业中的专业人员参与指导工作，或者有相应的经费用来聘请行业外的专业人员提供专业指导。四是具有组织知识产权保护培训的能力。这种能力涉及培训策划、培训人员动员、培训内容设计、培训师资组织、培训过程管理、培训条件保障等多个方面。五是具有较强的联络动员能力。行业协会本身应当对企业知识产权联盟的功能有深刻的认识，在此基础上有能力对大多数成员企业进行说服动员，并通过科学的企业知识产权联盟组织体系和运作机制的设计将这些成员企业有效地组织起来。

3. 促进行业组织掌握知识产权事务管理方法的途径

我国的行业协会大多数是自上而下成立的，它们出于政府行业管理的需要而设置，很多企业加入行业协会都不是出于完全的自愿性，也就是说我国的大多数行业协会不是真正自愿结社的产物，会员企业的参与度低，普遍意识不到行业的发展与自我发展的关系，很难把行业事务当成自己的事务对待。❶ 在这种情况下，必须通过多种途径促进行业协会熟练掌握管理行业内部知识产权事务的方法，通过高效的管理赢得成员企业的信任，促进成员企业积极参与和配合行业协会所开展的各项知识产权保护行动。要使行业协会更好地掌握本行业知识产权事务的管理方法，第一，需要进行相应的培训。这种培训适宜由政府知识产权主管部门集中组织行业协会的管理人员开展，培训的内容除了基本的知识产权保护知识外，主要是行业协会管理本行业知识产权保护工作的优势、行业协会应当如何结合行业特点和自身优势促进各成员企业的知识产权保护工作、行业自律规范与知识产权保护的关系、行业内部知识产权设定和保护的理论与实践、企业知识产权保护联盟的组织体系及运作规范等。企业知识产权联盟的组建和运作涉及的知识与技能较多，最好能够进行专项培训。第二，充分发挥优秀行业协会的示范作用。在全国选择知识产权管理工作做得比较好的行业协会，邀请这些行业协会的知识产权管理人员对江苏的行业协会进行指导，组织江苏的行业协会代表到这些行业协会学习知识产权事务管理经验，并加强相互间在管理方法上的交流。第三，加大"走出去"学习的力度。行业协会要学会运用知识产权规则和制定知识产权战略，按照市场经济的规律优化配置各类创新资源，切实保护企业创新者的经济权益。❷ 这种学习除了通过境内培训和先进示范外，考虑到很多发达国家的行业协会在行业内部的知识产权事务管理上已经形成较为深厚的传统，形成很多较为成熟的方法和措施，国内行业协会的领导及知识产权管理人员应当更多地走出去，学习国外行业协会的先进经验。

---

❶ 胡辉华，段珍雁. 论我国行业协会自律职能失效的根源 [J]. 暨南学报（哲学社会科学版），2012（7）.

❷ 邓忠华. 行业协会在知识产权保护中的地位 [J]. 中华商标，2007（4）.

参考文献

一、著作

[1] 曹新明. 知识产权法学 [M]. 北京：中国人民大学出版社，2011.

[2] 陈晓春. 市场经济与非营利组织研究 [M]. 长沙：湖南人民出版社，2001.

[3] 陈晓军. 互益性法人法律制度研究——以商会、行业协会为中心 [M]. 北京：法律出版社，2007.

[4] 邓建志. WTO 框架下中国知识产权行政保护 [M]. 北京：知识产权出版社，2009.

[5] 范愉. 纠纷解决的理论与实践 [M]. 北京：清华大学出版社，2007.

[6] 冯雷. 中国"走出去"方式创新研究 [M]. 北京：社会科学文献出版社，2011.

[7] [印] 古干力. 知识产权：释放知识经济的力量 [M]. 宋建华，姜丹明，张永华译. 北京：知识产权出版社，2004.

[8] 郭俊华. 知识产权政策评估：理论分析与实践应用 [M]. 上海：上海人民出版社，2010.

[9] 侯仰坤. 植物新品种权保护问题研究 [M]. 北京：知识产权出版社，2007.

[10] 贾西津等. 转型时期的行业协会——角色、功能与管理体制 [M]. 北京：社会科学文献出版社，2004.

[11] 姜伟. 知识产权刑事保护研究 [M]. 北京：法律出版社，2004.

[12] 金锦萍. 非营利法人治理结构研究 [M]. 北京：北京大学出版社，2005.

[13] 孔祥俊. 中国知识产权保护的创新和升级 [M]. 北京：法律出版社，2014.

[14] 来小鹏. 知识产权法学 [M]. 3 版. 北京：中国政法大学出版社，2015.

[15] 李明德. 知识产权法 [M]. 北京：法律出版社，2014.

[16] 李明星，戴勇，傅巧琳. 区域知识产权战略管理专题研究 [M]. 镇江：江苏大学出版社，2012.

[17] 李琛. 著作权基本理论批判 [M]. 北京: 知识产权出版社, 2013.

[18] 刘亚军. 完善我国知识产权保护模式研究 [M]. 长春: 吉林人民出版社, 2008.

[19] 刘银良. 国际知识产权政治问题研究 [M]. 北京: 知识产权出版社, 2014.

[20] 刘玉安. 制度与问题: 知识产权的政府管理 [M]. 上海: 上海三联书店, 2009.

[21] 柳劲松. 行业组织市场监管职能研究 [M]. 武汉: 华中师范大学出版社, 2009.

[22] 鲁篱. 行业协会经济自治权研究 [M]. 北京: 法律出版社, 2003.

[23] 马长山. 法治进程中的民间治理 [M]. 北京: 法律出版社, 2006.

[24] 马忠法. 知识经济与企业知识产权管理 [M]. 北京: 上海人民出版社, 2011.

[25] 毛金生、冯小兵. 专利分析和预警操作实务 [M]. 北京: 清华大学出版社, 2009.

[26] 孟鸿志. 知识产权行政保护新态势研究 [M]. 北京: 知识产权出版社, 2011.

[27] 全国彤. 中国企业海外亮剑——入世后中国企业应对重大涉外知识产权纠纷案例汇编及评论 [M]. 北京: 北京教育出版社, 2007.

[28] 田力普. 中国企业海外知识产权纠纷案例启示录 [M]. 北京: 知识产权出版社, 2010.

[29] 王名, 刘培峰. 民间组织通论 [M]. 北京: 时事出版社, 2004.

[30] 王仰文. 私有财产权的行政法保护研究 [M]. 北京: 人民出版社, 2009.

[31] 王佑启, 杨治坤, 黄新波. 论行政体制改革与行政法治 [M]. 北京: 北京大学出版社, 2009.

[32] 吴锦良. 政府改革与第三部门发展 [M]. 北京: 中国社会科学出版社, 2001.

[33] 吴汉东, 胡开忠. 走向知识经济时代的知识产权法 [M]. 北京: 法律出版社, 2002.

[34] 徐家力. 论企业知识产权保护 [M]. 上海: 上海人民出版社, 2013.

[35] 徐家力. 知识产权保护研究——从传统到现代 [M]. 上海: 上海交通大学出版社, 2013.

[36] 徐家良. 互益性组织: 中国行业协会研究 [M]. 北京: 北京师范大学出版社, 2010.

[37] 余晖. 行业协会及其在中国的发展: 理论与案例 [M]. 北京: 经济管理出版社, 2002.

[38] 郁建兴等. 民间商会与地方政府: 基于浙江省温州市的研究 [M]. 北京: 经济科学出版社, 2006.

[39] 翟鸿祥等. 行业协会发展理论与实践 [M]. 北京: 经济科学出版社, 2003.

[40] 张楚等. 知识产权行政保护与司法保护绩效研究 [M]. 北京: 中国政法大学出版社, 2013.

[41] 张鹏. 专利授权确认制度原理与实务 [M]. 北京: 知识产权出版社, 2012.

[42] 张先恩. 科技创新与强国之路 [M]. 北京: 化学工业出版社, 2010.

[43] 张瑛. 知识产权保护与专利制度运用 [M]. 石家庄: 河北科学技术出版社, 2014.

[44] 朱雪忠. 知识产权管理 [M]. 北京: 高等教育出版社, 2010.

二、期刊论文

[45] 国家版权局通报"剑网2016"专项行动第一批网络侵权盗版案件查办情况 [J]. 中国出版, 2016 (21).

[46] 艾欣. 全国专利行政执法总量突破万件, 力度不断加大 [I]. 今日科技, 2015 (7).

[47] 安雪梅. 集权模式下我国知识产权行政执法公信力的考察 [J]. 广东工业大学学报 (社会科学版), 2013 (1).

[48] 包海波, 徐明华, 陈锦其. 专利保护水平与企业专利保护需求 [J]. 科研管理, 2011 (11).

[49] 蔡虹, 吴凯, 蒋仁爱. 中国最优知识产权保护强度的实证研究 [J]. 科学学研究, 2014 (9).

[50] 曹博. 知识产权行政保护的制度逻辑与改革路径 [J]. 知识产权, 2016 (5).

[51] 曹洪等. 专利微导航企业发展应用——以特高压技术领域为例 [J]. 中国发明与专利, 2016 (10).

[52] 柴小青. 老字号企业的知识产权风险与防范 [J]. 时代经贸, 2010 (4月上旬刊).

[53] 陈波. 知识产权"两法衔接"机制的立法完善 [J]. 西安财经学院学报, 2015 (1).

[54] 陈聪. 侵犯知识产权刑事犯罪入罪门槛问题研究 [J]. 法律适用, 2016 (12).

[55] 陈康, 夏建华. 行政指导巧破商业秘密保护困局 [J]. 工商行政管理, 2010 (22).

[56] 陈明媛. 论市场经济环境下知识产权行政管理部门的职能转变 [J]. 知识产权, 2015 (1).

[57] 陈泉. 新时代强化知识产权保护对策研究 [J]. 中国发明与专利, 2018 (4).

[58] 陈泽欣. 知识产权体制机制改革激发创新活力的政策研究 [J] 科技促进发展, 2016 (2).

[59] 程启智, 王军武. 我国企业知识产权能力: 现状、问题与对策 [J]. 当代经济, 2016 (24).

[60] 池建宇, 顾恩澍. 知识产权保护、经济增长与经济收敛——基于面板门槛模型的实证分析 [J]. 经济与管理评论, 2017 (4).

[61] 崔德国. 企业知识产权法律风险与防范的研究 [J]. 中小企业管理与科技, 2014 (1月上旬刊).

[62] 崔浩. 行政立法公众参与有效性研究 [J]. 法学论坛, 2015 (4).

[63] 邓建志. 中国专利行政保护制度的基础理论研究 [J]. 湖南师范大学社会科学学报, 2012 (3).

[64] 邓忠华. 行业协会在知识产权保护中的地位 [J]. 中华商标, 2007 (4).

[65] 丁辉. 充分发挥行业协会职能, 促进创新型国家建设 [J]. 甘肃科技, 2006 (3).

[66] 丁巨涛, 宋振东, 张岗. 中国知识产权发展水平主要影响因素研究——基于《中国知识产权指数报告2014》数据的实证分析 [J]. 科技进步与对策, 2016 (5).

[67] 董安琪. 中国知识产权服务业发展研究 [J]. 上海商学院学报, 2017 (2).

[68] 董涛. 中国知识产权政策十年反思 [J]. 知识产权, 2014 (3).

[69] 董新凯. 市场规制的社会化——以行业协会为例 [J]. 江苏社会科学, 2006 (5).

[70] 董新凯. 行业协会与国家知识产权战略的实施 [J]. 科技管理研究, 2010 (2).

[71] 董新凯. 谈驰名商标"创造"之悖论 [J]. 现代经济探讨, 2011 (3).

[72] 董新凯. 企业"走出去"的知识产权风险及防范 [J]. 现代经济探讨, 2017 (5).

[73] 董新凯, 田源. 知识产权强省界定及其评价指标体系构建 [J]. 科技进步与对策, 2015 (7).

[74] 窦竹君. 行业协会走上前台 [J]. 经济论坛, 2003 (6).

[75] 段庆华. 艺术作品的版权行政保护——基于云南省版权行政执法的实证考察 [J]. 云南大学学报 (法学版), 2015 (5).

[76] 段葳, 章娅彤. 知识产权行政保护的边界重构 [J]. 河南社会科学, 2014 (7).

[77] 方世南, 齐立广. 促进社会文明建设: 政府公共管理的价值诉求与目标导向 [J]. 学习论坛, 2010 (3).

[78] 郭建. 侵犯知识产权犯罪诉讼程序的缺陷及完善 [J]. 四川警察学院学报, 2010 (3).

[79] 郭霞. 植物新品种行政管理体制改革研究 [J]. 科技与法律, 2016 (2).

[80] 韩俊英. 我国知识产权行政保护路径的困境与出路 [J]. 山东行政学院学报, 2017 (2).

[81] 韩雪飞, 赵黎明. 企业竞争、知识产权保护与创新选择——基于我国制造业企业的实证研究 [J]. 经济问题探索, 2018 (5).

[82] 何培育, 涂萌. 知识产权行政管理体制变迁及其走向 [J]. 改革, 2018 (3).

[83] 贺云翱. 江苏非遗保护与传承的对策思考 [J]. 群众, 2016 (4).

[84] 侯红霞. 浅析打击网络盗版机制的构建 [J]. 出版参考, 2017 (6).

[85] 胡鞍钢, 周绍杰, 任皓. 供给侧结构性改革——适应和引领中国经济新常态 [J]. 清华大学学报（哲学社会科学版）, 2016 (2).

[86] 胡辉华, 段珍雁. 论我国行业协会自律职能失效的根源 [J]. 暨南学报（哲学社会科学版）, 2012 (7).

[87] 胡莹莹, 邹亮. 浅析江苏建设知识产权强省的路径 [J]. 中国发明与专利, 2017 (3).

[88] 黄莎, 代江龙. 供给侧改革视域下中小企业知识产权服务模式变革 [J]. 理论视野, 2018 (5).

[89] 黄自刚. 苏州高新区知识产权服务业集聚发展 [J]. 唯实, 2014 (11).

[90] 管荣齐. 新形势下知识产权司法保护体系改革研究 [J]. 天津大学学报（社会科学版）, 2017 (6).

[91] 贾辰君. 论我国知识产权公共服务供给的现状和改进 [J]. 科学管理研究, 2015 (2).

[92] 姜长云. 实施乡村振兴战略需努力规避几种倾向 [J]. 农业经济问题, 2018 (1).

[93] 姜芳蕊. 知识产权行政保护与司法保护的冲突与协调 [J]. 知识产权, 2014 (2).

[94] 江霞. 江苏发明专利授权量首次跃居全国第一 [J]. 江南论坛, 2016 (2).

[95] 蒋舸. 从地方著名商标制度的废除看商标法理论的规范评价意义 [J]. 现代法学, 2018 (4).

[96] 蒋忐宏. 我国企业知识产权法律风险防范研究 [J]. 科技管理研究, 2010 (12).

[97] 蒋志培. 中国知识产权的司法保护与展望 [J]. 中国法律, 1999 (3).

[98] 靳晶. 深化知识产权领域改革需要"全链条"打通——专访全国人大代表、国家知识产权局副局长何志敏 [J]. 小康, 2017 (7).

[99] 孔祥俊. 当前我国知识产权司法保护几个问题的探讨 [J]. 知识产权, 2015 (1).

[100] 李超. 基于事权视角的我国知识产权行政管理体制完善研究 [J]. 经济研究参考, 2015 (70).

[101] 李东. 数字版权保护存在的问题及解决措施 [J]. 中国报业, 2018 (3).

[102] 李国英. 高校知识产权人才培养模式的优化 [J]. 高教论坛, 2012 (2).

[103] 李金惠, 陈忠. 知识产权行政执法体系的合理性构建探讨 [J]. 特区经济, 2017 (5).

[104] 李俊,崔艳新.新一轮国际知识产权规则重构下的中国选择——以知识产权强国建设为目标[J].知识产权,2015(12).

[105] 李黎明.专利司法保护与产业经济发展的倒U型关系——测度与事实[J].科学学研究,2016(6).

[106] 李明德.关于《专利法修订草案(送审稿)》的几点思考[J].知识产权,2016(5).

[107] 李顺德.知识产权综合管理与市场监管综合管理应该有机结合,协调统一[J].中华商标,2017(4).

[108] 李琪,陈仁松.浅谈专利导航产业发展的方法和路径[J].中国发明与专利,2015(8).

[109] 李青.企业内部知识产权保护措施研究[J].管理观察,2017(2).

[110] 李士梅,尹希文.知识产权保护强度对产业结构升级的影响及对策[J].福建师范大学学报(哲学社会科学版),2018(2).

[111] 李顺德.对加强著作权行政执法的思考[J].知识产权,2015(11).

[112] 李薇薇,郑友德.欧美商业秘密保护立法新进展及我国的启示[J].法学,2017(7).

[113] 李翔.浅谈新常态下知识产权的新发展[J].科技展望,2016(22).

[114] 李晓锋.三维视角下天津自贸区知识产权保护机制构建战略[J].科技管理研究,2016(13).

[115] 李学楠.行业协会的效能与资源依赖[J].广东行政学院学报,2014(1).

[116] 李瑛,许波.论我国案例指导制度的构建与完善——以知识产权审判为视角"[J].知识产权,2017(3).

[117] 李永明,郑淑云,洪俊杰.论知识产权行政执法的限制[J].浙江大学学报(人文社会科学版),2013(5).

[118] 李宇华.浅谈项目立项中的知识产权分析评议[J].中国发明与专利,2016(5).

[119] 李正锋,逯宇铎,叶娇.知识产权保护对江苏区域创新能力提升的影响[J].科技管理研究,2015(1).

[120] 李卓坪.我国企业知识产权保护现状及对策[J].价值工程,2014(34).

[121] 厉宁,周笑足.我国知识产权管理协调机制研究[J].中国科技论坛,2014(11).

[122] 梁丰.浙江民企知识产权保护与市场竞争力提升[J].商业评论,2013(11).

[123] 蔺丰奇,吕颖,仲晓芳.行业协会的环境适应性与管理创新[J].经济与管理,

2009（12）．

[124] 凌金铸．美国在知识产权保护国际化进程中的作用［J］．江海学刊，2007（2）．

[125] 刘长平等．江苏知识产权服务业发展环境与发展模式研究［J］．淮阴工学院学报，2016（4）．

[126] 刘春田．知识产权制度与中国的现代性［J］．中小企业管理与科技，2012（7）．

[127] 刘钢柱．加强地方政府立法程序建设问题研究［J］．国家行政学院学报，2016（5）．

[128] 刘和东，费钟琳．江苏知识产权促进经济增长因素的实证分析［J］．南京工业大学学报（社会科学版），2014（3）．

[129] 刘介明，王雪琪．我国高校知识产权人才培养面临的问题及其解决策略［J］．教育与职业，2015（11）．

[130] 刘菊芳．论改革开放背景下知识产权服务业发展［J］．中国发明与专利，2018（8）．

[131] 刘强．国家治理现代化视角下的知识产权司法审判体制改革［J］．法学评论，2015（5）．

[132] 刘松山．立法规划之淡化与反思［J］．政治与法律，2014（12）．

[133] 刘晓春，高志达．加大知识产权损害赔偿成为大势所趋［J］．中国对外贸易，2017（9）．

[134] 刘洋，郭剑．我国专利质量状况与影响因素调查研究［J］．知识产权，2012（9）．

[135] 刘映春，孙那．企业知识产权风险控制与防范体系研究［J］．企业研究，2012（4）．

[136] 刘运华，杜伟．应用型知识产权人才培养的实证分析研究［J］．江南论坛，2015（8）．

[137] 刘兆凯．浅谈企业国际化中的知识产权保护［J］．天津科技，2013（6）．

[138] 卢海君，王飞．"走出去"企业知识产权风险研究［J］．南京理工大学学报（社会科学版），2014（2）．

[139] 卢宇，王睿婧．知识产权审判"三审合一"改革中的问题及其完善［J］．江西社会科学，2015（2）

[140] 陆介平．我国产业知识产权联盟发展及运营态势分析［J］．中国工业评论，2016（5）．

[141] 罗东川．国家知识产权战略背景下的知识产权司法保护［J］．法律适用，2006（4）．

[142] 罗敏光，刘雪凤．多元主体合作视角下的知识产权公共服务机制构建——以江苏省为例［J］．科技管理研究，2011（11）．

[143] 马佳，夏建华．加强商业秘密行政保护 服务加快经济发展方式转变——苏浙沪地区

第三届公平交易执法（经济检查）协作会议综述［J］．工商行政管理，2010（22）．

[144] 马颖．系统视角下知识产权政策协同机理解析［J］．智能城市，2017（2）．

[145] 聂洪涛．知识产权行政保护的发展趋势及我国相关制度的完善［J］．江西社会科学，2014（5）．

[146] 欧阳斐斐，薛荣．我国新媒体版权保护环境问题分析［J］．编辑之友，2016（6）．

[147] 钱建平．论高校对知识产权人才的错位培养［J］．江苏社会科学，2010（6）．

[148] 曲三强，张洪波．知识产权行政保护研究［J］．政法论丛，2011（3）．

[149] 邵建东．中国完善知识产权刑事保护的几点思考［J］．中德法学论坛，2007．

[150] 盛宇华，张秋萍，陈加伟．知识产权保护与企业创新能力的关系——基于行业生命周期的视角［J］．科技管理研究，2017（21）．

[151] 施学哲，杨晨，蔡芸．专利政策融入产业经济发展路径分析：来自江苏专利政策的实证研究［J］．科技进步与对策，2018（2）．

[152] 宋河发，沙开清，刘峰．创新驱动发展与知识产权强国建设的知识产权政策体系研究［J］．知识产权，2016（2）．

[153] 宋惠玲．我国知识产权行政保护的概念、问题及解决之策［J］．学术交流，2013（7）．

[154] 宋健．知识产权刑事案件办理程序的思考与实践［J］．人民司法，2012（21）．

[155] 宋健．知识产权损害赔偿问题探讨——以实证分析为视角［J］．知识产权，2016（5）．

[156] 宋锦花，张玉明，许明，等．江苏省农业植物新品种保护的现状与发展对策［J］．农业科技通讯，2015（4）．

[157] 宋晓明．新形势下我国的知识产权司法政策［J］．知识产权，2015（5）．

[158] 宋晓明．当前我国知识产权司法保护的政策导向与着力点［J］．人民司法，2015（13）．

[159] 宿迟．建立知识产权司法判例制度［J］．科技与法律，2015（2）．

[160] 孙彩红，宋世明．五国知识产权管理体制机制的基本特征［J］．知识产权，2016（4）．

[161] 孙那．知识产权惩罚性赔偿制度研究［J］．私法，2016（2）．

[162] 谭华霖，张军强．知识产权司法保护绩效评价研究［J］．社会科学，2012（5）．

[163] 唐永忠．面向知识产权诉讼专门化的人才培养模式研究［J］．高等教育研究，2014（9）．

[164] 陶凯元. 充分发挥司法保护知识产权的主导作用 [J]. 民主, 2016 (4).

[165] 陶凯元. 知识产权审判应坚持正确的司法政策 [J]. 紫光阁, 2016 (11).

[166] 万里鹏. 我国专利行政执法制度实证分析 [J]. 科技管理研究, 2015 (9).

[167] 王博雅, 向晶. 我国企业知识产权人才建设问题分析及政策建议 [J]. 知识产权, 2018 (2).

[168] 王冬林, 虞文武. 企业知识产权的维权援助现状、问题与对策——以常州市为例 [J]. 产业与科技论坛, 2013 (4).

[169] 王晖龙. 仓储物流企业如何做好知识产权保护工作 [J]. 中华商标, 2016 (2).

[170] 王军, 刘鑫颖. 知识产权保护与中国经济增长相关性的实证研究 [J]. 经济与管理研究, 2017 (9).

[171] 王莲峰, 牛东芳. "一带一路"背景下我国企业海外知识产权风险应对策略 [J]. 知识产权, 2016 (11).

[172] 王名, 孙伟林. 我国社会组织发展的趋势和特点 [J]. 中国非营利评论, 2010 (5).

[173] 王娜. 行业协会在知识产权保护中的地位、优势与作用 [J]. 学术论坛, 2011 (3).

[174] 王淇. 地方知识产权管理体制改革合法性研究 [J]. 科技促进发展, 2016 (4).

[175] 王青斌. 论执法保障与行政执法能力的提高 [J]. 行政法学研究, 2012 (1).

[176] 王亚玲. 军民科技融合发展的制约因素及对策研究 [J]. 西安交通大学学报(社会科学版), 2012 (4).

[177] 王艳芳. 信息网络环境下相关知识产权案件管辖法院的确定 [J]. 知识产权, 2017 (7).

[178] 吴碧林, 眭鸿明. 行业协会的功能及其法治价值 [J]. 江海学刊, 2007 (6).

[179] 吴超鹏, 唐菂. 知识产权保护执法力度、技术创新与企业绩效——来自中国上市公司的证据 [J]. 经济研究, 2016 (11).

[180] 吴汉东. 国际化、现代化与法典化：中国知识产权制度的发展道路 [J]. 法商研究, 2004 (3).

[181] 吴汉东. 利弊之间：知识产权制度的政策科学分析 [J]. 法商研究, 2006 (5).

[182] 吴汉东. 知识产权理论的体系化与中国化问题研究 [J]. 法制与社会发展, 2014 (6).

[183] 吴汉东. 中国制造业发展与企业品牌战略实施 [J]. 山东经济战略研究, 2016, (Z2).

[184] 吴汉东. 知识产权损害赔偿的市场价值基础与司法裁判规则 [J]. 中外法学, 2016

(6).

[185] 吴汉东,刘鑫.改革开放四十年的中国知识产权法[J].山东大学学报(哲学社会科学版),2018(3).

[186] 吴汉东,锁福涛.中国知识产权司法保护的理念与政策[J].当代法学,2013(6).

[187] 武善学.美日韩知识产权部门联合执法概况及其借鉴[J].知识产权,2012(1).

[188] 武善学,张献勇.我国知识产权部门联合执法协调机制研究[J].山东社会科学,2012(4).

[189] 夏雨.论版权保护中行政处罚与刑罚衔接[J].中国出版,2014(10).

[190] 向波.著作权集体管理组织:市场功能、角色安排与定价问题[J].知识产权,2018(7).

[191] 肖海,常哲维.论国家知识产权行政管理机构的优化[J].重庆科技学院学报(社会科学版),2017(8).

[192] 肖尤丹.中国知识产权行政执法制度定位研究[J].科研管理,2012(9).

[193] 肖中扬.论知识产权行政检察[J].知识产权,2017(6).

[194] 谢绍静.知识产权确认不侵权诉讼与行政处理及行政诉讼的关系之厘定[J].科技管理研究,2013(5).

[195] 徐波,刘辉.知识产权综合管理改革背景下知识产权行政执法探析[J].电子知识产权,2018(1).

[196] 徐家力.我国知识产权司法保护目前存在的问题及对策"[J].法律适用,2006(3).

[197] 许培源,章燕宝.行业技术特征、知识产权保护与技术创新[J].科学学研究,2014(6).

[198] 杨勇.举报在著作权行政执法中的作用探讨[J].中国出版,2014(2).

[199] 叶纯青.中国互联网企业知识产权保护战略联盟成立[J].金融科技时代,2017(3).

[200] 叶宗雄,丁海涛,许春明.上海浦东知识产权综合行政管理体制探索与实践[J].中国发明与专利,2015(3).

[201] 易继明."三合一"知识产权行政管理体制[J].科技与法律,2015(3).

[202] 易继明.构建集中统一的知识产权行政管理体制[J].清华法学,2015(6).

[203] 于文萍.政府、行业协会、企业在知识产权保护中的作用[J].内蒙古师范大学学报(哲学社会科学版),2002(6).

[204] 于欣华, 王世苗. 我国企业专利人才缺失原因及解决措施 [J]. 知识产权, 2014 (12).

[205] 余翔, 李伟. 中小企业知识产权保护能力建设初探 [J]. 知识产权, 2013 (1).

[206] 袁真富. 加强中小微企业知识产权保护 [J]. 社会观察, 2014 (12).

[207] 詹映. 我国知识产权保护水平的实证研究——国际比较与适度性评判 [J]. 科学学研究, 2013 (9).

[208] 张宝山. 专利事业呼唤"复合型"人才 [J]. 中国人大, 2014 (11).

[209] 张超, 周衍平. 基于创新情境下的植物新品种保护问题及对策研究 [J]. 山东科技大学学报 (社会科学版), 2016 (2).

[210] 张建华. 我国高校知识产权人才培养的反思与建议 [J]. 大学 (学术版), 2012 (3).

[211] 张健佳. 我国知识产权非政府组织发展探析 [J]. 知识产权, 2013 (10).

[212] 张平. 论知识产权制度的"产业政策原则" [J]. 北京大学学报 (哲学社会科学版), 2012 (3).

[213] 张三鑫, 汪全胜. 地方立法的立项论证探讨 [J]. 重庆社会科学, 2017 (10).

[214] 张倩怡. 别让复制粘贴毁了微信公众号 [J]. 决策探索, 2015 (1月上旬刊).

[215] 张庆林, 董健. 知识产权司法保护为何不理想 [J]. 人民论坛, 2016 (10月中旬刊).

[216] 张婷. 论地方立法的立项论证制度 [J]. 江汉大学学报 (社会科学版), 2017 (3).

[217] 张婷, 苏平. "一带一路"战略下我国与东盟国家贸易中知识产权风险防控对策探析 [J]. 电子知识产权, 2017 (5).

[218] 张颖. 高校图书馆知识产权保护的管理与服务机制研究 [J]. 情报探索, 2018 (6).

[219] 张宇红. 基于企业技术创新的知识产权风险识别与控制 [J]. 企业改革与管理, 2018 (13).

[220] 张媛. 发展与完善中国知识产权制度——评《创新型国家与知识产权法律制度》 [J]. 高等教育发展与评估, 2018 (4).

[221] 张源媛, 兰宜生. 知识产权保护、技术溢出与中国经济增长——基于东部、中部和西部面板数据的检验 [J]. 当代经济研究, 2014 (7).

[222] 赵秉志, 刘科. 国际知识产权刑法保护的发展趋势 [J]. 政治与法律, 2008 (7).

[223] 赵春兰. 知识产权纠纷行政调解服务机制的建构 [J]. 甘肃社会科学, 2013 (2).

[224] 赵光敏. AAP: 美国出版行业协会的功能与运作 [J]. 编辑学刊, 2007 (6).

[225] 赵坤. 行业协会在产业集群知识产权保护中的作用 [J]. 甘肃行政学院学报, 2007 (1).

[226] 赵浩. 房地产企业知识产权保护体系的构建 [J]. 房地产市场, 2016 (33).

[227] 郑春美, 余媛. 高新技术企业创新驱动发展动力机制研究——基于制度环境视角 [J]. 科技进步与对策, 2015 (24).

[228] 郑小勇, 赵立龙, 陈学光. 制度理论视角下行业协会的功能解析与建设要求 [J]. 重庆大学学报 (社会科学版), 2011 (6).

[229] 钟莉等. 知识产权司法保护与行政执法衔接策略研究 [J]. 科技与法律, 2009 (5).

[230] 周俊, 宋晓清. 行业协会的公共治理功能及其再造 [J]. 浙江大学学报 (人文社会科学版), 2011 (6).

[231] 周四清等. 应诉或和解——成本收益视角下知识产权诉讼策略博弈分析 [J]. 科技管理研究, 2014 (9).

[232] 周晓静. 我国中小企业知识产权保护存在的问题及其策略 [J]. 中小企业管理与科技, 2016 (10).

[233] 周莹. 关于企业加强知识产权创造和保护的思考 [J]. 江苏科技信息, 2014 (4).

[234] 朱品昌, 华晟. 无锡: 引导商标代理组织转型升级 [J]. 中华商标, 2016 (5).

[235] 朱一青. 我国知识产权人才支撑体系建设研究 [J]. 中国人力资源开发, 2015 (21).

[236] 邹龙妹. 专利行政执法自由裁量权的控制 [J]. 知识产权, 2013 (9).

[237] 邹小伟, 王莉娜. 我国高新技术出口企业知识产权保护分析 [J]. 科技创业月刊, 2013 (6).

三、报纸论文

[238] 赵俊林, 郭虹. 论公众知识产权意识与和谐创新环境构建 [N]. 法制日报, 2009-06-10 (11).

[239] 黄剑, 王芳. 发挥行业协会作用, 重视知识产权保护 [N]. 人民法院报, 2012-03-22 (5).

[240] 赖名芳. 加大打击网络侵权盗版 净化网络版权环境 [N]. 中国新闻出版报, 2012-07-05 (4).

[241] 于志强. 如何发挥行业协会在知识产权保护中的作用 [N]. 光明日报, 2013-03-16 (11).

[242] 顾海巍. 浅析商标侵权案件的查处难点及对策 [N]. 江苏经济报, 2013-03-14 (B01).

[243] 张伟. 加强知识产权保护须强化跨区域行政执法力度 [N]. 中国高新技术产业导报, 2013-05-20 (A06).

[244] 郑晋鸣, 许佳佳. 江苏: 版权产业已成为支柱产业 [N]. 光明日报, 2014-04-25 (9).

[245] 吕国强. 积极探索知识产权管理体制的改革与创新 [N]. 中国知识产权报, 2015-01-16 (12).

[246] 王平. 浅谈工商部门如何助推商标战略 [N]. 江苏经济报, 2015-02-10 (B03).

[247] 关仕新. 举报侵犯知识产权与名誉侵权有待厘清 [N]. 检察日报, 2015-02-12 (3).

[248] 陈秋伊. 江苏商标战略成效显著 [N]. 中国消费者报, 2015-05-01 (A03).

[249] 李俊霖. 产业知识产权联盟: 搬走企业发展的"绊脚石" [N]. 中国知识产权报, 2016-11-23 (8).

[250] 吴汉东. 知识产权综合管理改革势在必行 [N]. 中国知识产权报, 2017-03-29 (8).

[251] 张文燕. 全国工商联建议: 鼓励支持社会组织建立知识产权纠纷调解机制 [N]. 中华工商时报, 2017-03-11 (2).

[252] 吴珂. 江苏: "知识产权18条"释放创新活力 [N]. 中国知识产权报, 2017-04-19 (2).

[253] 杨建顺. 从"苹果佰利案"看知识产权行政诉讼的是与非 [N]. 中国知识产权报, 2017-06-09 (8).

[254] 任晓宁. 江苏: 版权执法以办案为中心 [N]. 中国新闻出版广电报, 2018-03-01 (6).

[255] 吴珂. 我国知识产权保护社会满意度进步明显 [N]. 中国知识产权报, 2018-04-27 (4).

[256] 连俊. 推进知识产权保护是中国主动作为 [N]. 经济日报, 2018-05-24 (9).

[257] 陈婕. 完善知识产权服务 支撑创新驱动发展 [N]. 中国知识产权报, 2018-06-06 (9).

四、网络文献

[258] 白龙. 江苏加大知识产权保护力度 司法助力自主品牌 [EB/OL]. [2017-08-20]. http://cpc.people.com.cn/GB/64093/82429/83083/14491848.html.

[259] 丁国锋. 法治织就锦绣江苏画卷 [EB/OL]. [2017-08-20]. http://epaper.legaldaily.com.cn/fzrb/content/20170522/Articel01002GN.htm.

[260] 雒呈瑞,许震宁.南京检方细析侵犯商业秘密案特点 80%案件发生在职工跳槽后[EB/OL].[2017-10-15].http://www.gywb.cn/content/2015-04/23/content_2919143.htm.

[261] 江苏省高级人民法院.江苏法院知识产权司法保障科技创新情况通报[EB/OL].[2018-03-01].http://www.jsfy.gov.cn/art/2018/02/28/25_93496.html.

[262] 江苏高级人民法院.2015年度知识产权司法保护十大案例[EB/OL].[2017-08-20].http://www.jsfy.gov.cn/spxx2014/sfal/dxal/2016/04/20101540594.html.

[263] 李昌桂.三年来江苏法院审理涉科技创新知识产权案件约六千件涉植物新品种案件91件[EB/OL].[2018-04-10].http://jiangsu.china.com.cn/html/jsnews/bwzg/10562535_1.html.

[264] 李彩霞.江苏法院多招破解知识产权审判难题服务创新驱动[EB/OL].[2018-05-12].http://www.wuweipeace.gov.cn/other1/12141.html.

[265] 卢志坚,李宏华.江苏检察机关强化知识产权司法保护 保障江苏高质量发展[EB/OL].[2017-06-09].http://www.spp.gov.cn/spp/dfjcdt/201804/t20180426_376701.shtml.

[266] 南京铁路运输法院课题组.知识产权侵权诉讼成本与效率分析[EB/OL].[2017-08-16].http://mp.weixin.qq.com/s?__biz=MzA5NjcyNjgwMA==&mid=2650337305&idx=1&sn=7ac3d2f3b4cd5e726e4869d437c93760&scene=1&srcid=0426Nx54mx3OUZnswVa8kmjc#wechat_redirect.

[267] 南京市中级人民法院.2016全市法院知识产权审判态势分析[EB/OL].[2017-10-14].http://www.njfy.gov.cn/www/njfy/sftj2_mb_a39170428106985.htm.

[268] 谈玮,邹伟.改革激发活力 实体经济向好 江苏市场主体增幅全国第一[EB/OL].[2018-06-28].https://www.dzwww.com/xinwen/shehuixinwen/201803/t20180330_17206685.htm.

[269] 谈玮,朱静怡.江苏工商发布2016年度商标发展与保护状况白皮书[EB/OL].[2017-12-08].http://www.js315ccn.com/html/business/detail_2017_04/25/54172.shtml.

[270] 王晓易.江苏工商部门发布"2015商标发展与保护"白皮书[EB/OL].[2017-12-20].http://news.163.com/16/0426/06/BLIE9U4M00014AED.html.

[271] 吴汉东.发挥司法保护知识产权的主导作用[EB/OL].[2017-09-20].http://www.qstheory.cn/science/2015-04/24/c_1115076435.htm.

[272] 新华社.2016年全国知识产权行政执法办案总量超8万件 我国加快构建知识产权大保护格局[EB/OL].[2017-07-12].http：//www.gov.cn/xinwen/2017-04/20/content_5187715.htm.

[273] 扬州市中级人民法院课题组.知识产权"三合一"审判机制存在的问题及对策建议研究[EB/OL].[2017-10-14].http：//fy.yangzhou.gov.cn/yzszjrmfy/fxyj/201706/46907ac290cb471aba60628a58e7dcf9.shtml.

[274] 章宁旦.未形成源头打击致制假售假犯罪多发——行政执法与司法机关存对接问题亟待解决[EB/OL].[2017-08-04].http：//news.sina.com.cn/o/2013-04-05/163626740321.shtml.

[275] 赵伟莉.江苏在全国率先实行市场主体登记信用承诺制[EB/OL].[2018-05-27].http：//jsnews.jschina.com.cn/jsyw/201703/t20170321_243870.shtml.

[276] 赵建国.迫切希望加大专利行政保护力度[EB/OL].[2017-09-12].http：//www.nipso.cn/onews.asp?id=18234.

[277] 朱晓艳.降低知识产权保护维权成本的法律思考[EB/OL].[2017-08-05].http：//www.jsfy.gov.cn/xwzx2014/llyj/xslw/2015/01/19094524925.html.

[278] 2014年江苏省知识产权十大典型案件公布[EB/OL].[2017-08-20].http：//jsnews2.jschina.com.cn/system/2015/04/10/024299297.shtml.

[279] 257件地理标志产值300余亿 成为江苏发展"摇钱树"[EB/OL].[2017-09-27].http：//jiangsu.sina.com.cn/news/general/2017-08-30/detail-ifykiuaz1848263.shtml.

[280] Intellectual Property and the U.S. Economy：Industries in Focus[EB/OL].[2018-01-16].http：//www.esa.doc.gov/reports/intellectual-property-and-us-economy-industries-focus.

[281] Intellectual Property Rights intensive industries：Contribution to economic performance and employment in Europ[EB/OL].[2018-01-16].http：//ec.europa.eu/internal_market/intellectual-property/studies/index_en.htm.

[282] WORLD ECONOMIC FORUM：Global Competitiveness Report 2015-2016[R/OL].[2018-01-22].http：//reports.weforum.org/global-competitiveness-report-2015-2016/.

五、其他文献

[283] 江苏省高级人民法院.《2012年江苏法院知识产权司法保护》蓝皮书[R].

[284] 江苏省高级人民法院.《2013年江苏法院知识产权司法保护》蓝皮书[R].

[285] 江苏省高级人民法院.《2014年江苏法院知识产权司法保护》蓝皮书[R].

[286] 江苏省高级人民法院.《2015年江苏法院知识产权司法保护》蓝皮书[R].

[287] 江苏省高级人民法院.《2016年江苏法院知识产权司法保护》蓝皮书[R].

[288] 2015年江苏省知识产权发展与保护状况白皮书[R].

[289] 2016年江苏省知识产权发展与保护状况白皮书[R].

[290] 2017年江苏省知识产权发展与保护状况白皮书[R].

[291] 江苏省区域商标品牌发展指数(2016)[R].

[292] 江苏省区域商标品牌发展指数(2017)[R].

[293] 江苏省区域商标品牌发展指数(2018)[R].

[294] 2014年江苏省知识产权局年报[R].

[295] 2015年江苏省知识产权局年报[R].

[296] 2016年江苏省知识产权局年报[R].

[297] 2017年江苏省知识产权局年报[R].

[298] 国家知识产权局.2015年中国知识产权保护状况[R].

[299] 国家知识产权局.2016年中国知识产权保护状况[R].

[300] 国家知识产权局.2017年中国知识产权保护状况[R].

[301] 国家知识产权局.2016年中国专利调查数据报告[R].

[302] 2015年国家知识产权局年报[R].

[303] 2016年国家知识产权局年报[R].

[304] 2017年国家知识产权局年报[R].

[305] 2016北京市专利代理年报[R].

[306] 中国法院知识产权司法保护状况(2016年)[R].

[307] 中国法院知识产权司法保护状况(2015年)[R].

[308] 中国法院知识产权司法保护状况(2014)[R].

[309] 中国农业知识产权创造指数报告(2017)[R].

[310] Maskus K E. Intellectual property rights in the global economy[R]. Peterson Institute, 2000: 143-170.

[311] Falvey R E, Foster N, Memedovic O. The role of intellectual property rights in technology transfer and economic growth: theory and evidence[R]. UNIDO, 2006.

后　　记

本书对于江苏省在当前知识产权保护方面的问题进行了系统的梳理，并在分析研究的基础上提出了一些解决这些问题的对策。我们对于江苏现实的分析主要基于国家和地方相关机关的统计资料或者报告、其他相关的文献资料所提供的信息以及在实际调研中收集到的一些情况。由于资料的占有可能存在缺漏，对于有些问题的界定和分析难免会有不够精确之处，请读者对此予以谅解。

本书主要针对江苏的问题进行研究，目的在于为江苏政府部门、司法机关、行业组织和企业提高知识保护水平提供对策或者启示，书中提供的相关信息及对策建议也可以对于全国其他地方的知识产权保护工作提供参考。同时，本书所整理的很多资料及研究结论也可以为其他学者深入研究我国地方的知识产权保护问题提供较多的借鉴。

本书的顺利完成得益于其他学者的相关文献，包括书中明确引用的作品，也包括为我们提供一定思路或者启示的作品，在此一并表示由衷的感谢。本书之付梓利益于很多组织和个人的帮助。邓雨亭、徐明、唐正韵、蒋冰菁、周宣辰、张宇航、何岚等同学协助我收集了一些资料，蒋冰菁同学在第四章部分内容的撰写上提供了较多的帮助，在此感谢同学们付出的辛苦劳动。同时感谢学校科学技术研究院对于本书的出版所给予的部分资助；感谢知识产权学院全体领导和同人对于本书的写作和出版所给予的各种形式的支持。

本书能够顺利出版，特别要感谢知识产权出版社刘睿主任和刘江编辑的大力支持，他们的团队为我们提供了高度专业和贴心周到的服务。特别是刘江编辑在时间较为紧张的情况下加大工作力度，既确保了质量，又使本书能够在第一时间得以付印，我们深受感动。

最后要感谢我的爱人杨艳梅老师，因本书的写作时间较紧，工作之余也就没有太多的时间与她分享，对此我深表歉意。